Femmes au pouvoir

Récits et confidences

AUTRES OUVRAGES
D'HERVÉ GATTEGNO

L'affaire Dumas, *Stock, 1998*

L'affaire Dumas, dernière édition avant procès, *Stock, 2000*

L'irresponsable, une présidence française, 1995-2007, *Stock, 2006*

Hervé Gattegno et Anne-Cécile Sarfati
avec la collaboration de Myriam Levain

Femmes au pouvoir
Récits et confidences

Stock

ISBN 978-2-234-06025-8

À la mémoire de Joëlle Deluc.

Les dialogues qui constituent ce livre ont été recueillis par les auteurs au cours de longs entretiens, entre octobre 2006 et juin 2007. Nous remercions toutes celles qui se sont prêtées à cet exercice avec sincérité et disponibilité, même quand leurs emplois du temps n'offraient guère d'espace pour l'introspection et le retour sur soi. Les témoignages de certaines d'entre elles n'ont pu être publiés ici ; nous tenons à leur exprimer notre gratitude pour la confiance qu'elles nous ont faite, ainsi que nos regrets – qu'elles aient au moins la satisfaction de savoir qu'elles n'ont pas dû céder leur place à des hommes...

Parmi toutes celles que nous avons sollicitées, une seule ne nous a jamais répondu : Ségolène Royal, en dépit d'échanges répétés avec son entourage immédiat, avant son entrée en campagne et après l'élection présidentielle. Nous ne pouvons que regretter ce silence inexpliqué.

Pour sélectionner nos interlocutrices, entrer en relation avec elles – et parfois pour les convaincre de nous recevoir –, nous avons reçu l'aide d'amis, de collaborateurs et de confidents que nous voulons aussi remercier : parmi eux, Éliane Moyet-Laffon, Anne Méaux, Arnaud Dupui-Casterès, Ludivine Olive, Bénédicte Guittard, Jacques-Emmanuel Saulnier, Marie-Noëlle Debré, Olivia Pénichou, Tanguy Cotte-Martinon, Miranda Salt, Sylvain Marchand, Fanny Overny. Qu'ils sachent qu'ils ont leur part dans la réalisation de ce projet.

Enfin, il nous paraît indispensable de souligner ce que la réalisation de ce livre doit à Myriam Levain. Son concours nous a été plus que précieux : essentiel. Ce travail est aussi un peu le sien.

H. G. et A.-C. S.

Avant-propos

Ce sont des femmes d'exception. La plupart sont des références, quelques-unes passent pour des icônes. Certaines sont célèbres, d'autres moins. Toutes sont, à leur façon, des pionnières : au cours de la décennie écoulée, dans la politique, l'entreprise, la haute administration, les médias et le monde des affaires, elles ont grimpé marche après marche jusqu'aux sommets. Dans une société qui reste profondément marquée par l'emprise masculine, leur progression n'est pas allée sans épreuves ni sans renoncements. Nous leur avons demandé d'en faire le récit.

Exceptionnelles, et pourtant étonnamment normales : rares sont celles, parmi les vingt femmes dont les confidences nourrissent ce livre, qui pourraient être qualifiées de « surdouées ». La plupart ont fait de brillantes études, mais, le plus souvent, c'est après le temps des diplômes qu'elles sont devenues les premières. Leur réussite n'est pas – ou si peu – le fruit des hasards de la naissance et de l'hérédité. Même privilégiées, quand elles le furent, elles se sont battues pour conquérir ce qui leur était *a priori* inaccessible : le pouvoir. C'est en quoi, au-delà de la renommée qui s'y attache, leurs trajectoires ont une dimension exemplaire.

Certaines se sentaient prédestinées au commandement ; d'autres ont découvert par hasard qu'elles étaient capables d'en imposer ; d'autres encore se demandent chaque jour si elles vont « y arriver » et s'efforcent de le masquer – même après des années. La question de la légitimité s'est régulièrement imposée à elles ; soit parce qu'elles doutaient, soit parce qu'elles ressentaient ce doute chez les autres. Unanimes, elles confessent, chacune avec ses mots : « Pour faire nos preuves, on nous en a toujours demandé bien plus qu'à un homme. » Le dire ne leur déplaît pas : c'est à la fois, pour elles, dénoncer une injustice et revendiquer une performance. Quand elles se retournent pour mesurer le chemin accompli, elles ne sont pas peu fières. L'exercice du pouvoir leur apporte du plaisir. Elles en ont le droit.

Les racines de leurs succès plongent aussi dans l'enfance, voire au-delà. Plusieurs de ces femmes sont venues d'un autre pays, parfois d'un autre monde, filles d'immigrés ou immigrées elles-mêmes, le cœur et la mémoire déjà emplis de souvenirs brisés et de revanches à prendre. Pour certaines, le déracinement fut un moteur puissant. Chez d'autres, les prouesses se sont forgées sur le refus d'un modèle – familial, social – qui les enfermait. D'autres encore se sont, à l'inverse, senties portées par une ambition parentale qui faisait fi des préjugés. Évadées ou investies, elles ont foncé. Mais de leurs parcours de combattantes, elles n'ont rien oublié.

Pourtant, la sincérité de leurs témoignages l'atteste : quelque chose s'est passé, qu'il nous a semblé utile de pointer. Au cours des dernières années, la revendication féminine d'un accès égal à la carrière et aux responsabilités s'est imposée dans le débat public, puis dans les mœurs, au point d'apparaître comme une juste cause. Aussi ces femmes brandissent-elles désormais leur réussite sans faux-semblants. Mieux, elles s'autorisent à en parler librement, pour expliquer de quelles souffrances, de quels doutes et de quelles fiertés entremêlés leurs victoires sont faites.

Longtemps, les femmes en vue ont singé les hommes pour afficher leurs ambitions : elles pouvaient rester féminines, en tailleur et hauts talons, mais à condition d'être tranchantes et sans états d'âme – viriles, pour tout dire. Leurs héroïnes étaient Francine Gomez, patronne chic de Waterman, Christine Ockrent, reine du 20 heures, ou Marie-France Garaud, amazone et éminence grise de la politique. Elles voulaient faire carrière comme les hommes en se comportant comme des hommes. Comme si, se sentant des étrangères dans le monde du pouvoir, elles obéissaient à un réflexe d'assimilation. Ce temps-là est passé, arrive celui de l'intégration. Celles qui comptent avouent maintenant sans déchoir leur désarroi et leurs frustrations ; elles proclament sans complexe leur désir de tout concilier : le travail, le couple, les enfants. Elles revendiquent leurs appétits et admettent leur fragilité. Cette contradiction ne les affaiblit pas pour autant.

En cela, leur exemplarité s'est modifiée, mais elle demeure. Même lorsqu'elles ne se disent pas « féministes » – le mot porte une connotation durablement péjorative –, elles expriment une solidarité de sexe. Presque toutes se sentent une responsabilité collective : quand elles le peuvent, elles agissent en faveur des femmes ; pour favoriser la diversité dans le recrutement, améliorer les conditions de travail, diminuer le poids des contraintes familiales et privées... Et ces actions-là non plus ne sont pas clandestines.

De quand date le retournement ? Il est difficile de le dire. Dans un pays où les femmes représentent 46 % des actifs pour seulement 13 % de chefs d'entreprise et 12 % de postes de direction dans la haute administration, on pourra au moins convenir qu'il était temps. Dans un livre publié en 2001, la sociologue Dominique Méda[1] évoquait déjà une « révolution silencieuse » dont elle attribuait précisément la cause à l'enrôlement d'une majorité de femmes au sein de la population active. Elle soulignait alors que l'égalité professionnelle réelle ne pouvait s'obtenir qu'au prix d'un « nouveau partage des rôles » avec les hommes qui s'étende à la sphère privée – c'est-à-dire, pour parler clair, au soin des enfants et aux tâches ménagères[2]. Un an auparavant, le Parlement

1. Dominique Méda, *Le Temps des femmes*, Flammarion, 2001.

2. Sur 100 minutes de tâches domestiques, l'homme en assume 37 et la femme 63. Source : François de Singly, *L'Injustice ménagère*, Armand Colin, 2007.

avait adopté une loi sur la parité en politique qui, en favorisant l'égale représentation des deux sexes dans les assemblées élues[1], devait constituer un autre bouleversement. Pour l'heure, les effets concrets en restent limités – l'Assemblée nationale élue en juin 2007 ne comprend que 18,5 % de femmes[2] –, mais le principe est posé et l'on doit se souvenir que ce ne fut pas sans mal : le débat national suscité par la réforme avait alors crûment révélé le décalage entre une opinion largement favorable et un corps politique réticent, voire hostile, qu'indisposait la perspective d'avoir à partager davantage les pouvoirs et les honneurs[3].

Surgie au firmament de la vie politique nationale à l'automne 2006, Ségolène Royal est sans doute l'héritière de ces avancées successives. Sa percée dans l'opinion, qui détermina largement le choix de sa candidature présidentielle par les adhérents du Parti socialiste, apparaît comme le symptôme le plus éclatant de la nouvelle légitimité des femmes à briguer les fonctions de pouvoir. Si elle a échoué à se faire élire à la tête de l'État, les 17 millions de voix rassemblées sur son nom au second tour du scrutin lui ont ouvert les portes d'un club jusqu'alors strictement réservé aux hommes, celui des présidentiables. Avant elle, ni Simone Veil ni Édith Cresson n'avaient été admises dans ce saint des saints de la politique française, pour ne citer que celles

1. La loi du 6 juin 2000, dont le texte avait été préparé par Élisabeth Guigou, ministre de la Justice du gouvernement Jospin (1997-2002).

2. Soit 105 députées sur 577 élus.

3. Voir notamment le récit d'Élisabeth Guigou dans son livre *Rallumer les étoiles*, Calmann-Lévy, 2006.

qui ont exercé de très hautes fonctions [1]. Le temps d'une longue campagne, elle a pu incarner, ne serait-ce que fugitivement, un pouvoir plausible. Durant quelques mois, on a pu songer à une femme pour personnifier la République – et ce n'était pas une statue. Pour cette raison au moins, et quoi que réserve à l'ex-candidate le destin électoral, il y aura eu un avant et un après Ségolène Royal.

La preuve : même son vainqueur l'a perçu. Aussitôt entré à l'Élysée, Nicolas Sarkozy a nommé un gouvernement dont un tiers des membres sont des femmes : onze sur trente-trois ministres et secrétaires d'État, c'est plus qu'aucun gouvernement n'en a jamais compté en France – mais sensiblement moins qu'il ne l'avait promis [2]. Encore a-t-il confié à des femmes plusieurs ministères régaliens : l'Économie à Christine Lagarde, l'Intérieur à Michèle Alliot-Marie, la Justice à Rachida Dati. Mais il a, d'un même mouvement, contredit ce symbole en supprimant le ministère de la Parité sans

1. Simone Veil a été ministre de la Santé (1974-1979), présidente du Parlement européen (1979-1982), ministre d'État chargée des Affaires sociales (1993-1995) et membre du Conseil constitutionnel (1998-2007). Édith Cresson a été ministre de l'Agriculture (1981-1983), du Commerce extérieur (1983-1986) puis des Affaires européennes (1988-1990), avant d'être nommée Premier ministre par François Mitterrand (1991-1992). Elle reste la seule femme à avoir dirigé un gouvernement en France. Elle a ensuite été commissaire européen chargée de la science et de la recherche (1994-1999).

2. Conformément à sa promesse d'un gouvernement paritaire, Nicolas Sarkozy avait nommé sept femmes sur quinze ministres dans le gouvernement Fillon, avant de compléter par la nomination de dix-sept secrétaires d'État dont quatre femmes seulement.

songer à en consacrer un aux Droits des femmes, comme ce fut plusieurs fois le cas depuis trente ans[1].

Le dossier est pourtant loin d'être fermé. Dans leur rudesse, les statistiques continuent d'établir ce que chacun devine : hors les frontières du monde politique aussi, les inégalités subsistent – sans doute même davantage. Si le taux de réussite au baccalauréat est plus élevé chez les filles que chez les garçons (81,8 % contre 77,4 % en 2004), elles sont nettement moins nombreuses qu'eux dans les classes préparatoires aux grandes écoles (41,7 % contre 58,3 %), signe que la sélection s'obstine à les dissuader. Au total, les femmes sont plus diplômées (en 2005, 23,3 % des 25-34 ans étaient titulaires d'un diplôme supérieur à bac+2, contre 18,6 % parmi les hommes), mais la réussite professionnelle les fuit encore et leurs salaires restent nettement inférieurs : elles gagnent 19 % de moins que les hommes dans le secteur privé et 14 % de moins dans la fonction publique. Enfin, le temps partiel demeure pour elles un mode de travail généralisé (30 %, contre 5,3 % chez les hommes) et le chômage les touche davantage (11,1 % contre 9 % chez les hommes en 2005). Autant de réalités qu'il est impossible d'ignorer : elles confirment que la France, patrie des droits de l'homme, n'est toujours pas le pays des droits de la femme.

Chacune à sa façon, les vingt pionnières qui se racontent ici en portent aussi témoignage. Leur réussite s'est

1. Les questions relatives aux droits des femmes, à la parité et à l'égalité professionnelles ont été confiées au ministère du Travail, des Relations sociales et de la Solidarité.

le plus souvent accomplie en milieu hostile : les écoles d'ingénieur, les grandes directions du ministère des Finances, les fonctions exécutives dans les entreprises et jusqu'aux responsabilités syndicales leur restaient *a priori* interdites. En tout cas, rien ni personne ne leur facilitait la tâche pour qu'elles s'y imposent. Quand l'obstination, la chance et la compétence se sont liguées pour les amener tout en haut, elles en ont doublement profité : leur singularité a aussi fait leur triomphe. Si demain le vent de l'histoire renverse les obstacles et banalise la réussite des femmes, elles auront été les actrices et les observatrices privilégiées d'un changement d'époque. Leurs témoignages feront date.

Michèle Alliot-Marie

« Les hommes redoutent toujours qu'une femme ait des forces qu'ils n'ont pas. »

Son maintien un peu raide, ses tailleurs classiques et sa façon de parler légèrement mécanique la font aisément passer pour distante. À son contact, c'est de la prudence qui affleure, et la vigilance qui domine : au long de son ascension politique, « MAM » a toujours préféré surprendre que risquer d'être surprise. Depuis ses premières campagnes électorales, aux côtés de son père, l'ancien maire de Biarritz Bernard Marie, à la fin des années 1960, elle y est souvent parvenue. Née le 10 septembre 1946 à Villeneuve-le-Roi (Val-de-Marne), docteur en droit et en science politique, titulaire d'un diplôme d'avocat, elle fut élue députée des Pyrénées-Atlantiques en 1986 pour devenir aussitôt secrétaire d'État à l'Enseignement dans le gouvernement Chirac de la première cohabitation (1986-1988). Invariablement réélue à l'Assemblée dans la circonscription de Saint-Jean-de-Luz – ville dont elle a aussi été maire (1995-2002) –, elle a dû attendre le second mandat de

Jacques Chirac à l'Élysée pour redevenir ministre, première femme à hériter du portefeuille de la Défense (2002-2007). Entre-temps, elle avait affirmé avec éclat, en 1999, son indépendance et son tempérament en emportant de haute lutte la présidence du RPR (1999-2002), avant que le parti ne soit fondu dans l'UMP. Après avoir caressé l'idée d'une candidature présidentielle en 2007, elle s'est ralliée à Nicolas Sarkozy, qui l'a nommée au ministère de l'Intérieur au lendemain de son élection. Elle est ainsi devenue, une fois encore, la première femme à accéder à cette responsabilité, la « première flic de France ». Divorcée, elle est la compagne du député Patrick Ollier. Elle n'a pas d'enfant.

⁂

– Avant de mener votre propre carrière, vous avez été la fille d'un homme politique. Votre père, Bernard Marie, a été député puis maire de Biarritz. Vous avez été sa colistière, sa suppléante. Est-ce à dire que votre appétence pour le pouvoir remonte à l'enfance ?

– Je ne dirais pas cela car mon père ne s'est lancé qu'assez tard dans la politique. Lorsqu'il s'est présenté pour la première fois à une élection – les législatives de 1967 –, j'avais vingt ans ! En fait, si quelque chose dans mon enfance pouvait annoncer mon parcours ultérieur, c'est plutôt l'envie précoce de relever des défis. Petite fille, j'ai voulu apprendre à skier sans moniteur. Je l'ai fait avec mon père ; c'était dur, j'en ai parfois eu les larmes aux yeux, mais je voulais y arriver. À l'école, c'était la même chose : j'avais toujours envie d'être la première.

– Vos parents vous y incitaient ?

– Ils étaient exigeants et ma famille m'a donné l'exemple de la combativité. La tante de mon père, par exemple, qui était née à la fin du XIXe siècle, voulait faire des études de médecine. Ce n'était pas très bien vu dans la bonne société. Eh bien, elle a claqué la porte de la maison ! La guerre de 14 l'a obligée à interrompre ses études, mais elle s'est retrouvée infirmière major sur les champs de bataille et elle racontait que, plus d'une fois, elle avait dû finir les opérations sur des blessés, sous les bombardements, quand les médecins s'étaient fait tuer ou s'étaient repliés derrière la ligne de feu... Durant la Seconde Guerre mondiale, mes grands-parents ont laissé leur entreprise pour rejoindre le général de Gaulle et mes parents ont fait de la Résistance. Ils en ont gardé la conviction qu'il n'y a pas de fatalité. Il est probable que j'en ai hérité.

– Avant d'être élu, quel métier exerçait votre père ? Pouvez-vous nous décrire votre milieu social ?

– Nous vivions à Paris. Mon père était à la Banque de France. Ma mère aussi, ce qui n'était pas très conventionnel à l'époque, dans la bourgeoisie de province. Je l'ai presque toujours vue travailler – elle ne s'est arrêtée qu'une dizaine d'années, après la naissance de ma sœur, avant de prendre la direction de l'entreprise de ses parents. Elle estimait qu'une femme doit être indépendante et donc avoir ses propres revenus. Elle m'a souvent répété : « Tu ne te marieras pas avant d'être docteur en droit ! »

Mon père, lui, a travaillé dur pour construire son ascension professionnelle, jusqu'à devenir chef de service. Quand j'étais petite, en dehors des matchs de rugby qu'il arbitrait [1], il passait ses week-ends à corriger des monceaux de copies, parce qu'il donnait des cours du soir au Centre d'enseignement professionnel de la banque. D'ailleurs, quand j'ai commencé mon droit, j'ai fait la même chose pour gagner un peu d'argent ; moi aussi, je tenais à mon indépendance...

– À l'école, votre envie d'être toujours la première était-elle satisfaite ?

– J'y arrivais – assez facilement, je dois dire. Quand il m'arrivait d'échouer, j'étais très vexée.

– Pourquoi avoir choisi d'étudier le droit ? Était-ce une façon, consciente ou inconsciente, de vous préparer à la politique ?

---

1. Né en 1918, Bernard Marie, député des Pyrénées-Atlantiques de 1967 à 1968, puis de 1973 à 1981, ancien maire de Biarritz (1977-1991), a également été arbitre international de rugby. Il fut le premier Français à diriger un match du Tournoi des Cinq Nations, en 1965.

– Je me voyais bien faire une carrière dans l'université ou dans la magistrature. Comprendre les mécanismes de la société m'intéressait – j'ai aussi étudié l'ethnologie – mais franchement, la politique était assez loin de moi. On en parlait peu à la maison, sauf du général de Gaulle, et encore, surtout à propos de son rôle pendant la guerre. J'en savais si peu sur le sujet que j'ai failli me planter en troisième année de droit parce qu'on nous demandait d'inscrire les noms des partis politiques en face de leurs dirigeants respectifs. Je ne les connaissais pas. J'ai tout mélangé !

– Alors c'est peut-être pour suivre votre père que vous avez opté pour cette voie ?

– Sans doute. Je me souviens en tout cas que, le jour où il nous a annoncé sa candidature à la députation, en 1967, ma mère était furieuse. Elle n'appréciait que modérément la politique et elle trouvait que le rugby la privait déjà assez de son mari. Moi, je n'étais pas très impliquée. Je préparais ma licence. Je n'ai vraiment découvert la politique qu'au moment de Mai 68 : c'est là que j'ai compris le pouvoir de la parole.

– Mais pas sur les barricades...

– Je bûchais. Mais en même temps, j'écoutais mes copains – j'en avais dans les deux camps – et parfois, j'avais l'impression qu'on était en plein délire ! Un jour, dans un des amphis du Panthéon, je me suis levée pour dire à quel point ce que j'entendais me paraissait farfelu. Et j'ai été étonnée de constater que le silence se faisait. Je ne défendais sûrement pas un point de vue majoritaire, mais on m'écoutait. Ç'a été ma première expérience. Jusqu'alors, j'avais fait des exposés, présenté des travaux ; mais parler devant un amphi bondé, c'était différent...

– Surtout pour une femme ?

– Bien sûr ! Aux élections législatives qui ont immédiatement suivi, j'ai participé à la campagne de mon père. Avec ma mère et ma sœur, nous étions la plupart du temps les trois seules femmes dans les réunions publiques. En ce temps-là, au Pays basque, les femmes sortaient peu. Lorsque je constate qu'aujourd'hui elles sont presque toujours majoritaires dans nos meetings, je vois le chemin parcouru en trente ans...

– La rareté des femmes en politique vous apparaissait-elle à ce moment-là ?

– Absolument pas. Je ne me suis jamais posé la question de savoir si j'étais une femme dans un milieu d'hommes. Ça me paraissait normal d'être là. Il m'arrivait même d'aller porter la contradiction à des adversaires de mon père. Ma mère m'a toujours dit : « Ce qu'un homme fait, une femme doit pouvoir le faire. »

Et mon père m'a fait faire du sport comme si j'étais un garçon.

Ce n'est que bien plus tard que j'ai réalisé que ma présence avait quelque chose de particulier : en 1978, quand j'ai été sa suppléante aux législatives. Entre-temps, j'avais connu les cabinets ministériels et il m'était souvent arrivé d'y être la seule femme, au milieu des préfets en uniforme. Mais je le vivais moins comme un handicap que mon jeune âge : c'est pour me vieillir que je portais de grosses lunettes et des chignons, pas pour avoir l'air moins féminine ! Un soir, pendant la campagne électorale, j'ai dû aller à sa place rencontrer les pêcheurs de Saint-Jean-de-Luz et Ciboure. Ils m'ont accueillie avec des sourires goguenards mais quand ils ont vu que je connaissais mes dossiers, que j'étais capable de répondre aux questions sur la maille du filet et les différentes formes d'appâts, ç'a été terminé. Quelques mois plus tard, ils ont demandé à mon père que je les accompagne à une réunion au ministère.

– N'éprouviez-vous pas une satisfaction particulière, presque une jubilation, à épater ainsi les hommes, à vous montrer leur égale ?

– Mon éducation m'a dispensée du moindre complexe devant les hommes. Ces situations, j'en ai fait chaque fois des défis que je me suis lancés à moi-même, exactement comme quand j'apprenais le ski ou la première fois que j'ai sauté en parachute. J'ai toujours eu envie de savoir si je pourrais dépasser une certaine limite

– qui était peut-être celle des idées reçues, des habitudes de ce milieu.

– Du coup, la réussite pouvait être encore plus valorisante, précisément parce que vous êtes une femme et que peu de femmes y arrivent.

– Bien sûr. Je ne peux pas cacher qu'en plus de la satisfaction personnelle, il peut y avoir un enjeu vis-à-vis des autres. Par exemple, quand je suis arrivée au ministère de la Défense, je savais bien que mon expérience serait observée au-delà de ma personne et que l'on jugerait à travers mon cas si une femme peut exercer une fonction pareille, qui paraissait jusque-là exclusivement réservée aux hommes.

– C'est presque une réponse féministe ! À vous écouter, la question de la place des femmes semble vous concerner bien davantage que vous le laissez croire... Avez-vous changé d'avis sur ce point ?

– J'aime montrer que les femmes sont capables de bien faire. En cela, je suis peut-être plus féministe que certains ne le pensent, même si je ne défile pas dans la rue avec une pancarte pour revendiquer telle ou telle place parce que je suis une femme. Mon objectif à moi, c'est de banaliser la présence des femmes dans les fonctions de pouvoir. Contribuer à en faire une normalité. Tant pis si, parfois, on me l'a fait payer.

– Qui ? Quand ?

– Au moment où j'ai conquis la présidence du RPR. J'avais gagné la campagne interne alors que, au départ, personne ne misait un centime sur moi. J'étais la première femme élue en France à la tête d'un grand mouvement politique et j'avais à cœur qu'on me juge en tant que chef de parti, pas en tant que femme. Mais les médias ne s'intéressaient qu'à cet aspect et j'ai refusé – contrairement à ce qu'a fait Ségolène Royal – de me prêter à ce jeu. Si bien que mes relations avec la presse se sont dégradées et que j'ai préféré garder le silence durant plusieurs mois, pour n'être plus jugée que sur mes résultats. Ça m'a valu une image de femme hautaine qui ne correspond pas à ce que je suis. J'en ai souffert.

– Vous êtes tout de même consciente qu'il est difficile de faire la part, dans l'intérêt que vous suscitez, entre ce qui revient à la femme et ce qui a trait aux fonctions que vous occupez. Quand Claudie Haigneré part dans l'espace, ou quand vous devenez ministre de la Défense, puis de l'Intérieur, il est légitime de souligner que vous êtes les premières femmes à le faire. La distinction n'est-elle pas artificielle ?

– Qu'on le souligne ne me dérange pas, mais il ne faut pas qu'on en oublie les actes ni les idées. Je ne veux pas qu'on me réduise à une représentante du sexe féminin.

– Allons un peu plus loin. N'avez-vous pas le sentiment que Laurence Parisot parvient à diffuser plus largement ses idées parce qu'elle profite de la visibilité qui est celle de la première femme élue à la tête du Medef ? Aucun de ses prédécesseurs n'a autant crevé l'écran...

– Elle a, c'est vrai, une grande visibilité ; mais je crois qu'elle a, surtout, un style et un langage différents de tous ceux qui l'ont précédée. Qu'elle soit une femme n'est évidemment pas sans importance – j'en ai bénéficié aussi, comme Ségolène Royal –, mais je veux dire que là n'est pas l'essentiel. Sans doute sommes-nous, à un moment, investies d'un désir de changement qui monte, parce que la répétition des modèles anciens, chez les patrons comme dans les partis politiques, finit par provoquer l'exaspération des nouvelles générations. Mais je ne crois pas qu'il suffise de confier des responsabilités à une femme pour que les changements attendus s'opèrent. Rompre avec les pratiques dont on ne veut plus, ce n'est pas élire des responsables qui portent la jupe ; c'est choisir ceux qui mettront leurs actes en conformité avec leurs discours. Et ça, rien ne dit qu'une femme le fera mieux qu'un homme – mais pas moins bien non plus !

– Avez-vous le sentiment que la presse et les observateurs du monde politique sont plus sévères avec les femmes qu'avec les hommes ?

– Il y a beaucoup de sexisme – et il vient autant des femmes elles-mêmes que des hommes. Quand je présidais le RPR, j'ai le souvenir d'un article dont l'essentiel était consacré à critiquer la forme de mes chemisiers et qui était signé par une journaliste du *Nouvel Observateur*. J'ai décelé aussi quelques arrière-pensées dans des critiques portées contre Patrick Ollier, parce qu'il exerçait auprès de moi des fonctions pourtant similaires à celles qu'il occupait auprès d'Alain Juppé [1] sans que personne n'y trouve à redire. Sans doute la situation inverse – un homme qui appelle auprès de lui la femme avec qui il vit – aurait-elle fait couler moins d'encre...

– Et le machisme légendaire du monde politique, n'avez-vous jamais eu à en souffrir à vos débuts ?

– Franchement, non. Je dirais même que les anciens m'ont plutôt donné un coup de pouce – sans doute parce que ça faisait bien de faire monter des jeunes et des femmes, je ne suis pas naïve. En revanche, mes petits camarades de la même génération que la mienne ont parfois été moins conciliants. Les hommes redoutent toujours qu'une femme ait des forces qu'ils n'ont pas. Et il arrive que cette crainte leur inspire de petites vilenies : pendant la campagne interne du RPR, en 1999, je sais très bien par qui ont été diffusés les tracts sur mes prétendus tailleurs Chanel – je n'en ai

1. Député des Hautes-Alpes (1988-2001), puis des Hauts-de-Seine (depuis 2002), Patrick Ollier avait été nommé, en 1990, secrétaire général adjoint du RPR chargé de l'animation auprès d'Alain Juppé, alors secrétaire général. En 1999, il est devenu « conseiller politique » auprès de la présidente du parti, Michèle Alliot-Marie.

jamais porté de ma vie ! Déjà, en 1995, quand je me suis présentée à la mairie de Saint-Jean-de-Luz, mon prédécesseur[1] avait carrément fait campagne sur le thème : « Une femme ne peut pas être maire de notre ville. »

– Quels étaient ses arguments ?

– Il n'en avait aucun. Seulement le fait qu'une femme doit rester à la maison. J'avais répondu que, en basque, « mairie » se dit *herriko-etchea*, ce qui veut dire, littéralement, « la maison de la ville » ; je pouvais donc être la maîtresse de maison !

– Revenons à vos débuts. Vous faites vos premières armes au cabinet d'Edgar Faure, une formation idéale...

– Sans doute, mais je n'avais rien calculé. La preuve : quand j'ai rencontré Jacques Chirac, en 1967 ou 1968, au cours d'un dîner avec mes parents, il m'avait proposé d'entrer à son cabinet – il était jeune secrétaire d'État. Du haut de mes vingt et un ans, je lui avais répondu que moi, la politique, je n'en ferais jamais ! Edgar Faure, je l'avais connu par mon père et je m'étais occupé, à sa demande, des groupes de jeunes au sein de son club, le Nouveau contrat social, dans les années 1970. Quand il a été nommé ministre d'État par Georges Pompidou, il m'a téléphoné un soir pour me prier de passer le voir.

1. Paul Badiola, maire de la ville de 1989 à 1995.

Je l'ai trouvé au lit avec sa femme, Lucie, en train de jouer au Scrabble. Il m'a dit, avec son fameux zozotement : « J'ai pensé à vous pour mon cabinet. » J'ai dit oui, sans vraiment savoir en quoi consisterait mon travail. J'y ai découvert les horaires impossibles des conseillers ministériels, la disponibilité totale qu'on exige d'eux, mais aussi, par chance, la faculté que j'ai d'avoir besoin de très peu de sommeil – aujourd'hui encore, où que je sois dans le monde, je me réveille chaque matin à 5 h 25 ; je ne connais pas les décalages horaires !

– À votre entrée au cabinet d'Edgar Faure, où en était votre vie privée ?

– J'étais jeune mariée. Je venais d'épouser mon professeur d'ethnologie juridique. L'histoire assez banale de l'étudiante éprise de son maître.

– Il était plus âgé que vous ?

– Il avait vingt-cinq ans de plus que moi.

– Vous vous êtes séparés en 1986. Votre réussite a-t-elle pesé sur votre mariage ?

– Je crois qu'à partir du moment où l'on a parlé de moi comme d'un possible ministre, ça n'a plus été pareil.

– Il y a eu une forme de rivalité entre vous ? Vous n'étiez plus l'élève et lui le maître ?

– Il y a sans doute eu de cela. Je crois que c'est difficile à vivre pour un homme. Je l'ai aidé autant que j'ai pu dans sa propre carrière – quand il a voulu la présidence d'une université, par exemple. J'ai trouvé normal de le faire. Lui aussi, d'ailleurs, m'a poussée au début. Mais vient un moment où l'amour-propre prend le dessus... Patrick, lui, est exceptionnel. S'il n'avait pas partagé ma vie, il ne fait aucun doute qu'il aurait été plusieurs fois ministre !

– C'est lui qui s'est effacé pour vous céder le passage...

– Il mène quand même sa propre carrière mais dans une certaine mesure, oui, il s'est sacrifié pour moi. Quand nous nous sommes connus, en 1987, peu après ma séparation, nous étions tellement conscients de ce problème que nous avions décidé de ne rien dire. J'étais ministre et il avait vocation à l'être ; notre rêve, c'était de nous retrouver tous les deux au gouvernement et, là, de nous embrasser sur le perron de l'Élysée devant les photographes, pour mettre tout le monde devant le fait accompli... Seul Chaban-Delmas était dans la confidence – Patrick le considérait un peu comme son père – et je crois que Pasqua avait deviné. Mais ce n'est finalement qu'au moment de mon accession à la présidence du RPR que nous avons été obligés d'officialiser notre relation. Douze ans après !

– Pourquoi « obligés » ?

– Parce que les journaux people voulaient absolument savoir avec qui je vivais. Le jour où nous avons aperçu un photographe caché dans un arbre en face de nos fenêtres, j'ai eu une conversation avec les gens de *Paris Match*. Ils m'ont dit : « Si on ne peut pas vous photographier avec votre accord, on prendra des photos volées. » J'ai demandé à Patrick son accord. Je savais bien que cette officialisation risquait d'entraver sa propre carrière. C'est désolant et affreusement réac, mais c'est ainsi : le monde politique n'est pas encore prêt à accepter un couple au gouvernement.

– Le pire est que vous pouvez parfois vous trouver en rivalité pour le même poste. Quand il est devenu – brièvement – président de l'Assemblée nationale[1], on a beaucoup dit que vous pourriez vous-même briguer cette fonction si vous n'entriez pas au gouvernement...

– Mais ce n'est pas ce qui s'est passé. En revanche, je peux vous faire une confidence. Quand j'ai décidé de me lancer dans la campagne pour la présidence du RPR, en 1999, nous avons dîné ensemble et, une fois à table, il m'a dit : « Je voudrais te parler de quelque chose. » J'ai répondu : « Moi aussi. » Il m'a laissé commencer et je lui ai annoncé mon intention d'être candidate. Alors

1. De mars à juin 2007, succédant à Jean-Louis Debré, nommé au Conseil constitutionnel.

il m'a dit : « Tu as raison. Je vais t'aider. » Il ne m'a raconté que bien plus tard que, ce soir-là, il voulait lui aussi m'annoncer sa candidature. Et il y a renoncé sans rien me dire. C'est vraiment un homme formidable.

– Et si, à l'inverse, il avait pris la parole le premier, que se serait-il passé, qu'auriez-vous fait ?

– J'aurais fait comme lui.

– Vous êtes un couple très égalitaire, alors.

– Je le crois.

– Qu'est-ce qui vous a donné envie de partir à la conquête du RPR ? C'était un autre défi que vous vous lanciez ?

– Sans aucun doute. C'est une époque où la vie politique m'ennuyait un peu. J'avais l'impression de tourner en rond. J'ai même pensé, quelques mois plus tôt, à arrêter. J'ai songé à revenir à l'université ou à partir à l'étranger. Et puis quelques amis m'ont incitée à me présenter. Quand j'en ai parlé à mon père, il m'a donné ce conseil : « Tu fais bien ton travail, tu peux continuer ta carrière de députée pendant très longtemps ; mais si tu veux exister, tu dois prendre des risques. » Disons que je l'ai suivi. Un autre détail a compté : on m'a rapporté qu'un de mes petits camarades – un haut responsable du parti – à qui l'on disait qu'à défaut d'être présidente je pourrais faire un bon secrétaire général, s'était exclamé : « Michèle ? Mais ça ferait rire tout le monde ! » Je me suis dit : « Toi, mon gaillard, je vais te montrer de quoi je suis capable ! » Eh oui, c'est mon caractère...

– À la présidence du RPR, vous avez favorisé l'accession des femmes dans les instances dirigeantes du parti, fait en sorte d'augmenter le nombre de femmes candidates aux différentes élections. Vous êtes pourtant réputée hostile à toute forme de discrimination positive. N'en était-ce pas quand même ?

– Absolument pas. Il y aurait eu discrimination positive si ces femmes n'avaient pas eu les compétences nécessaires. Or elles les avaient.

– Mais elles étaient déjà compétentes avant votre présidence, et pourtant elles n'étaient pas investies !

– Ça, c'est vrai. Je me souviens d'ailleurs qu'à l'époque, certains parlaient, au RPR, d'instaurer un quota de femmes dans nos statuts. J'y ai toujours été hostile, comme chacun sait. Mais je les ai mis au défi de passer aux actes : « Vous dites que, dans telle circonscription, il y a une femme très compétente mais qu'on ne peut pas la présenter parce que les responsables locaux du parti veulent pousser un type qui est pourtant moins bon ou trop vieux. Pas besoin de texte pour ça ! Ayez le courage de l'imposer – et de le faire savoir ! » Je n'ai pas besoin de vous dire que ce courage a manqué. Quand j'ai préparé les législatives de 2002, j'avais fait en sorte que nous présentions 30 % de candidates, dans le cadre d'un accord avec les centristes et les libéraux. Mais entre-temps, la création de l'UMP – qui s'appelait encore l'UEM[1] – a rendu caduc cet arbitrage et, au moment du scrutin, on s'est retrouvés avec à peine plus de 10 % de femmes...

– Quand vous constatez ces résistances, ne regrettez-vous pas d'avoir refusé de voter la loi sur la parité en politique ?

– Non. Je vous fais remarquer que, sur ce point, je suis sur la même ligne qu'Élisabeth Badinter[2]. Et je sais que beaucoup de femmes, y compris à gauche, partagent ma position. Dans de nombreux pays, on a réussi à progresser sans loi ni règlement. Je crois que l'opinion exige de plus en plus de mixité ; après tout, Ségolène Royal pour la présidentielle et moi à la tête du RPR avons été désignées par un vote – et non parce qu'un texte l'imposait. Quand une femme a les qualités nécessaires, elle n'a pas besoin de quota pour battre un

1. Union en mouvement, préfiguration de l'UMP créée en 2001 en rassemblant le RPR et la plupart des formations de l'UDF de l'époque.

2. Agrégée de philosophie, observatrice de l'évolution des mentalités et des mœurs, Élisabeth Badinter s'est opposée à la loi sur la parité en politique, qui, selon elle, considérait que les femmes étaient incapables d'arriver au pouvoir par elles-mêmes. En 2003, elle a publié *Fausse route* (Odile Jacob), un essai retentissant qui veut rappeler que la vocation du féminisme n'est pas de conduire une guerre des sexes, visant à une revanche contre les hommes.

homme. Mais, à l'inverse, je retiens aussi la leçon d'Édith Cresson[1]. Elle a fait perdre dix ans aux femmes quand, insuffisamment préparée, elle a raté son discours de politique générale. Jamais elle n'a réussi à convaincre qu'elle était à la hauteur du poste. Je répète qu'une femme compétente doit pouvoir occuper n'importe quelle fonction. Mais il n'y a pas de raison, à l'inverse, d'accepter d'une femme ce qu'on ne pardonnerait pas à un homme.

– Il n'empêche que les hommes se posent moins de questions. Ils foncent sans se demander s'ils feront le poids !

– C'est une vraie différence, vous avez raison. Souvent, d'ailleurs, la difficulté consiste à trouver des candidates parmi les femmes de qualité. C'est aussi l'une des raisons de mon scepticisme à l'égard des quotas et de la parité. Elles sont nombreuses dans les associations, mais elles gardent une piètre image de la politique. Certaines sont allées jusqu'à me dire : « La politique, c'est la lutte pour le pouvoir. Je ne veux pas que mes enfants en subissent les conséquences dans la cour de l'école. »

– Ne pensez-vous pas que cette crise des vocations s'explique aussi par les difficultés qu'éprouvent classi-

1. Nommée Premier ministre en 1991 par François Mitterrand, elle fut remplacée l'année suivante par Pierre Bérégovoy, après avoir subi de nombreuses critiques, y compris dans son propre camp. Voir ses mémoires, *Histoires françaises*, Éditions du Rocher, 2006.

quement les femmes à concilier leur carrière professionnelle avec leur vie personnelle ? Elles doivent avoir un métier, puis militer, faire des campagnes... Comment conjuguer tout cela avec une vie de famille ?

– C'est sans doute une explication. Pour celles qui vivent à Paris ou dans la région parisienne, le problème me paraît gérable – parce que le Parlement et le siège des partis sont là. Pour celles qui habitent en province, ça reste en effet un obstacle difficile à surmonter. Si vous avez des enfants en bas âge, ou même des adolescents, et que vous devez passer entre deux et trois jours à Paris chaque semaine pour la politique, je ne vois pas bien comment vous pouvez vous débrouiller. Tout dépend, bien sûr, de l'organisation familiale. Mais il faut bien admettre qu'en général ce sont davantage les mères qui assument que les pères.

– Vous-même n'avez pas d'enfant. C'est un choix ?

– Mon premier mari ne voulait pas d'enfant. Ensuite, c'était un peu tard.

– Vous le regrettez ?

– Ça m'est arrivé. Mais j'ai une vie passionnante qui me mobilise énormément. Il est vrai aussi que la maladie de ma sœur, qui a été longue et éprouvante, m'a conduite à rester toujours très proche de ses deux enfants. Ils étaient tout petits quand elle est tombée malade. Pendant toutes ces années, jusqu'à sa mort, en 2004, j'ai toujours essayé d'habiter près d'eux, pour pouvoir être là en cas de problème. Ludivine, ma nièce, est aujourd'hui ma plus proche collaboratrice. Et Patrick Ollier a de son côté un fils, qui avait onze ans lorsque nous avons commencé à vivre ensemble.

– Pourquoi tenez-vous spécialement à ce qu'on vous appelle « Madame le Ministre » ?

– Je trouve que cette manie de vouloir féminiser les titres n'a guère de sens. Outre le fait que l'Académie française soit de mon avis, je considère que la fonction est neutre. C'est bien pourquoi je ne m'en suis jamais interdit aucune.

– Quand Jacques Chirac vous a nommée ministre de la Défense, quelle a été votre réaction ?

– Je lui ai demandé : « Est-ce que vous savez bien ce que vous faites ? » Il m'a répondu : « Je suis sûr que tu peux y aller. » Le gouvernement a été formé le 7 mai. Le lendemain, c'était les cérémonies de l'armistice. Je n'avais aucune idée de la façon dont on passe les troupes en revue ni même comment on reconnaît certains grades ! C'est Patrick qui m'a montré et nous avons répété ensemble, le soir, dans les couloirs de notre appartement... Pour le reste, je connaissais les grands enjeux stratégiques du monde, pour avoir longtemps siégé à la commission des Affaires étrangères de l'Assemblée. Et sur tous les autres sujets dont j'ignorais l'essentiel, comment croyez-vous que j'ai fait ? J'ai étudié les dossiers. J'ai appris.

– Avez-vous pris des mesures en faveur des femmes dans l'armée[1] ?

– J'ai essayé de prendre en compte les difficultés de la vie de famille des militaires, notamment en doublant les constructions de logements. J'ai aussi nettement augmenté le nombre de crèches.

– Quand avez-vous compris que vous aviez gagné le respect des militaires ?

– Quelques semaines après mon arrivée, pas davantage. J'ai veillé à tous les détails – jusqu'à ma tenue vestimentaire – pour ne pas les choquer. Je voulais qu'ils acceptent en douceur cette évolution incroyable qui consistait pour eux à avoir une femme pour supérieur – au début, certains ouvraient quand même de grands yeux ! Le jour de mon entrée au ministère, un attentat

---

1. Depuis 1995, le taux de féminisation au sein des armées n'a cessé de croître. En 2005, il atteignait 13,9 %. Mais ce taux cache d'importantes disparités selon les catégories hiérarchiques. La proportion d'officiers parmi la population militaire féminine est de 7,1 % alors qu'elle est de 11,6 % parmi les militaires masculins. Par ailleurs, les taux de féminisation les moins élevés concernent les métiers du combat, de la sécurité et de la mécanique. Les taux de féminisation les plus élevés concernent les métiers liées à la gestion des ressources humaines, au secrétariat et à la santé. Source : Observatoire social de la défense.

a eu lieu au Pakistan[1] ; j'ai aussitôt pris un avion pour me rendre sur place. Je sais que cette réaction les a marqués. Puis j'ai saisi l'occasion d'une réunion budgétaire au ministère pour affirmer mon autorité devant la plupart des chefs des armées. Quand le délégué général à l'armement m'a dit, en me présentant les dossiers : « Voici ce que nous avons arbitré », je l'ai coupé sèchement en lui rappelant que j'étais la seule habilitée à rendre des arbitrages. Ça a produit son effet... Si bien qu'on a vite cessé, je crois, de me voir comme une femme commandant les armées, mais comme un ministre. Quand je suis arrivée à l'Intérieur, il me semble que personne ne s'est seulement demandé si c'était une bonne idée de nommer une femme à la tête de la police. C'est une victoire dont je suis assez fière.

1. Le 8 mai 2002, quatorze personnes, dont onze Français, avaient été tués dans l'explosion d'un bus à Karachi.

Fadela Amara

*« Je voulais me battre
contre les ordres établis. »*

C'est un sacré tempérament. Un petit bout de bonne femme énergique et gouailleuse, toujours en alerte. Moqueuse, elle aime à se dire « auvergnate » puisqu'elle est née à Clermont-Ferrand (le 25 avril 1964), mais ses racines sont en Kabylie. Nommée le 19 juin 2007 secrétaire d'État chargée de la politique de la Ville, elle siège dans un vaste bureau de l'ancien ministère de la Marine. Au mur, près de la photographie officielle de Nicolas Sarkozy, elle n'a pas accroché le portrait de Che Guevara qui ornait jadis son petit local, au rez-de-chaussée de la Maison de la mixité, dans le XXe arrondissement de Paris. Ce détail n'annonce pas pour autant les reniements : militante elle fut, militante elle veut rester. Engagée dans la lutte contre les discriminations depuis la mort tragique de son petit frère, en 1978, elle en est devenue l'une des figures les plus remuantes – et parfois l'une des plus contestées. Après avoir adhéré à SOS Racisme en 1986, elle y a créé et présidé la Commission femmes, chargée de dresser l'état des lieux de la vie des femmes dans les cités, puis s'est fait élire présidente de la Fédération nationale des Maisons des potes en 2000. Candidate sur la liste du Parti socialiste aux élections municipales de 2001 à Clermont-Ferrand, elle a claqué la porte du conseil municipal aussitôt après l'élection et lancé, l'année suivante, les États généraux des femmes des quartiers, dont le succès préludait à la création de l'association Ni putes ni soumises en 2003. Sans diplôme, elle a été faite docteur *honoris causa* par l'Université libre de Bruxelles en 2005 – titre qu'elle savoure comme une revanche sur la vie. Elle est célibataire et n'a pas d'enfant.

⁂

– Vous vous êtes longtemps définie comme une militante – associative et politique – et vous voilà devenue ministre. Votre nomination a-t-elle changé votre vision du pouvoir ?

– Je ne dirais pas ça. Dans tous mes engagements, j'avais une vision virtuelle du pouvoir. J'ai toujours pensé qu'avec de la détermination, on pouvait faire changer les choses. De toutes les phrases que j'ai entendues dans ma vie, celle qui m'a le plus marquée, c'est celle de François Mitterrand : « On ne peut rien contre la volonté d'un homme. » Et moi j'ajoutais : « D'une femme encore moins ! » Avec ces fonctions, j'ai le sentiment de détenir, pour la première fois, un pouvoir concret. C'est plus difficile : je dois agir dans un cadre – budgétaire, administratif, légal. Mais les limites, quelles qu'elles soient, on peut toujours les repousser. C'est la volonté qui fait le pouvoir.

– Vous sentez-vous une femme de pouvoir ?

– Je ne me pose pas la question de cette façon. Pour moi, être chargée de la politique de la Ville dans un gouvernement, c'est la continuité du combat que je mène depuis vingt ans. Je sais que j'en énerve certains quand je le dis, mais je m'en fiche. Je reste une femme de gauche. Libre. J'ai voté pour Ségolène Royal. Mais j'ai détesté la manière dont la gauche a traité les gens comme moi, les jeunes, les fils d'ouvriers, les enfants de l'immigration, les femmes. Et j'ai trouvé, chez Nicolas Sarkozy, l'expression d'une détermination qui répond à la mienne pour changer nos banlieues grâce à des politiques sociales.

Quant à savoir s'il existe des femmes de pouvoir, et si j'en suis une, je ne vous cache pas que c'est assez loin de moi. Je ne crois pas trop aux prétendues « valeurs féminines » d'humanité, d'écoute, de douceur. Les femmes ont peut-être un peu plus de pragmatisme, parce qu'elles ont appris, depuis des millénaires, à gérer le quotidien plus que les hommes ; mais je n'oublie pas cette jeune femme soldat américaine qu'on a vue torturer des Irakiens dans la prison d'Abou Ghraïb : elle avait du pouvoir sur eux, voilà ce qu'elle en a fait...

– Vous aussi, vous avez maintenant autorité sur les autres : vous avez un cabinet, des haut fonctionnaires à votre disposition... Éprouvez-vous une jubilation à être passée de l'autre côté ?

– Seulement à l'égard de quelques énarques un peu méprisants, mais franchement, ils sont très rares. La plupart de ceux que j'ai vus sont des gens exceptionnels, dévoués à l'État – j'en ai plusieurs parmi mes collaborateurs. Ceux qui me regardent de haut, je les emmerde !

Mais pour l'essentiel, ce n'est pas de la jubilation que j'ai en tête, c'est la peur de l'échec. Je ne voudrais pas décevoir l'espoir que j'ai pu contribuer à lever. Je me sens une responsabilité.

– Au quotidien, le statut que vous donne le pouvoir vous fait-il changer ?

– Personne ne peut me changer, sauf la vie. Je continue à prendre le métro quand je peux, à faire mon marché, à entrer dans les cafés. Ah, si : j'ai dû abandonner les jeans et me coiffer un peu mieux. Mes conseillers – et mes parents – m'ont dit qu'avec mes fonctions officielles, je ne pouvais pas garder un look pareil ! C'est ce que j'ai trouvé le plus dur... Mais attention, je n'irais quand même pas acheter un tailleur à 1 000 euros – c'est l'équivalent d'un SMIC ou de deux RMI !

– Femme, issue de l'immigration, venue de la gauche : n'avez-vous pas eu peur de faire figure de triple alibi dans un gouvernement de droite ?

– Pas du tout. Si j'avais ressenti la proposition de Nicolas Sarkozy comme une instrumentalisation, j'aurais refusé. Pour avoir souvent parlé avec lui, quand j'étais présidente de Ni putes ni soumises, des questions d'intégration, de discrimination positive – sur lesquelles nous sommes en désaccord –, je sais qu'elles le préoccupent depuis longtemps et j'ai trouvé admirable qu'il confie à Rachida Dati un ministère régalien[1]. Moi, je n'aurais accepté aucune mission autre que la mienne et, d'ailleurs, je suis convaincue que c'est la militante qui l'intéressait en moi, celle qui se bat contre les obscurantismes, pour l'émancipation, pour la laïcité – et aussi celle qui connaît les cités, tout simplement parce qu'elle en vient.

– Racontez-nous d'où vous venez, justement.

– Je suis la quatrième d'une fratrie de onze enfants, tous nés en France, de parents immigrés – avec carte de séjour, j'y tiens – venus d'Algérie, de Kabylie plus précisément. Je suis née à Clermont-Ferrand, dans un de ces bidonvilles qu'on appelait « cité de transit » mais qui, pourtant, existe encore aujourd'hui. Mon père était ouvrier en bâtiment et ma mère nous élevait. C'était la

1. Rachida Dati a été nommée ministre de la Justice dans le gouvernement de François Fillon, le 18 mai 2007.

galère, la saleté, les rats. Il fallait aller chercher du charbon dehors à 5 heures du matin ; il n'y avait pas de salle de bains, on se lavait dans des bacs d'eau chaude. Et les quatre filles dormaient dans le même lit – j'en ai gardé l'horreur de la promiscuité. On devait rester à la maison, apprendre à faire la cuisine, à coudre, à tricoter, pour pouvoir s'occuper d'une maison plus tard, pendant que les garçons faisaient leur vie.

– Vous vous révoltiez déjà ?

– Bien sûr ! Dès que ma mère tournait le dos, je me sauvais. Et je m'affrontais sans arrêt avec mon père. Je l'ai toujours adoré mais il y avait une incompréhension entre nous. À la maison, je vivais comme une Arabe, mais j'allais à l'école républicaine, je parlais français, j'avais des copines et là, dehors, tout était autrement. Je voyais la différence avec les autres filles. Chez nous, les luttes d'émancipation de la France des années 1970 – la liberté sexuelle, le féminisme –, on n'en voyait pas les conséquences. Quand je regardais les informations avec mon père, dès qu'on voyait les images de ces femmes qui défilaient en brûlant des soutiens-gorge, il éteignait la télé.

– Et votre mère, avait-elle d'autres ambitions pour ses filles ?

– Elle ne voulait pas qu'on devienne comme elle. Évidemment, il y avait le poids de la tradition : elle souhaitait qu'on se marie, qu'on ait des enfants, qu'on soit des filles bien. Mais elle tenait aussi à ce qu'on sache se débrouiller. C'est sûrement de sa vie que j'ai tiré la conviction qu'il ne faut jamais dépendre d'un homme : je l'ai vue demander de l'argent à mon père qui disait non, quémander, négocier – ça m'a marquée.

En tout cas, son idée fixe était que tous ses enfants aillent à l'école, sachent lire et écrire pour avoir une meilleure vie.

– Une meilleure vie, ça ressemblait à quoi pour la petite fille que vous étiez ?

– Institutrice. C'était mon rêve. J'avais une maîtresse géniale, que j'admirais énormément : élégante, bien maquillée, douce et qui donnait l'impression de tout savoir sur tout. Je me disais : « Si mon père la rencontre, il va être épaté. » Je pensais qu'il verrait de quoi une femme est capable. Il m'a fallu du temps pour comprendre que, en fait, il était trop complexé pour discuter avec une femme qui savait lire et écrire. Ça n'était pas dans ses schémas. Mais ça ne l'empêchait pas d'exiger que ses enfants travaillent bien à l'école.

– Est-il fier de votre parcours ?

– Je crois que oui. Mais je suppose qu'il considère encore que je suis sortie du droit chemin. Dans sa culture, l'homme est là pour nourrir sa famille et la femme, pour faire des enfants et s'en occuper ; ne pas assumer la responsabilité qui vous incombe, c'est faillir. Il ne désespère pas qu'un jour je lui annonce que je vais me marier. En attendant, il s'y est fait. Il m'a toujours vue comme une forte tête. Quand il veut me faire un compliment, il dit : « Fadela, c'est dix hommes. » Le jour où il dira enfin : « Fadela, c'est dix femmes », ce sera ma victoire.

– Le mariage, des enfants, vous y pensez ?

– Je vis avec quelqu'un mais je n'en parle pas. Ce sont mes affaires. Chez moi, tout est cloisonné. Le militantisme d'un côté, la vie privée de l'autre. Je ne mélange pas. J'assume mes combats, mais je ne veux pas y entraîner ceux qui m'entourent.

– Iriez-vous jusqu'à renoncer à une vie de famille pour vous consacrer à vos engagements ?

– Si vous voulez dire que le militantisme représente 90 % de ma vie, je confirme. Mais ça n'a rien à voir avec la philanthropie : sortir des gamines de la merde, réconcilier des familles, faire avancer de grandes causes, c'est aussi éprouver des satisfactions extraordinaires. J'en ai connues. Je n'ai jamais eu l'impression de me sacrifier.

– Même si, finalement, vous n'avez jamais d'enfant ?

– Qui vous dit que je n'en aurai jamais ? Rien n'interdit de choisir, à un moment, de prendre le temps qu'il faut. Si Fadela s'arrête un peu, le monde ne s'arrêtera pas de tourner... Et s'il est trop tard pour en faire un naturellement, l'adoption m'irait bien aussi. Je rêverais d'adopter un petit Juif et un petit Palestinien !

– Revenons à votre jeunesse. Pourquoi n'êtes-vous pas devenue institutrice ?

– J'étais trop fainéante. J'aimais vraiment l'école, les livres, l'histoire, mais j'étais mauvaise élève. Nulle en maths, bonne en français, mais surtout en décalage complet par rapport à l'enseignement qu'on nous donnait : le savoir que les profs nous communiquaient n'était pas celui que j'attendais ; je voulais comprendre ce qui se passait maintenant, pas trois siècles plus tôt ! Alors je les bombardais de questions sur les injustices, les ratonnades de ma cité, nos conditions de vie, etc. – pas vraiment les centres d'intérêt de l'élève modèle. Moins je recevais de réponses, plus je m'indignais. Les profs n'en pouvaient plus...

J'ai fini par préparer un CAP-BEP d'employé de bureau que je n'ai même pas passé à la fin de la troisième année ; de toute façon, je ne me voyais pas dans un bureau. À ce moment-là, je m'imaginais plutôt infirmière en Algérie ou avocate – des causes perdues, bien sûr !

– Vous avez souvent raconté que votre prise de conscience politique remontait à la mort tragique de votre frère, en 1978. Pouvez-vous nous raconter ?

– Malik avait cinq ans. Il s'est fait écraser par un chauffard ivre en traversant la rue, en haut de la cité. Quand je suis arrivée, il était couché par terre, dans le sang. Il vivait encore, je lui ai parlé. Tout le quartier était là. Et puis mes parents l'ont vu et ma mère s'est mise à hurler de douleur. Pour la faire taire, un flic l'a secouée et lui a dit : « Ça suffit, c'est pas les Bougnoules qui commandent ici. » C'est cette phrase qui m'a fait basculer. De ce jour, j'ai compris que si on ne se battait pas contre les discriminations, personne ne le ferait à notre place.

Quelques mois après, la mairie a inauguré un passage pour piétons à l'endroit où mon frère est mort. Mon père nous a interdit d'y aller mais j'ai sauté par la fenêtre et, quand le maire est arrivé, j'ai lancé des pierres et j'ai craché sur lui. Ç'a été mon premier acte militant !

– Vous vous êtes senti une vocation politique ?

– Ça dépend de ce que vous entendez par « politique ». Je voulais agir autour de moi, me battre pour la liberté, contre les ordres établis, mais pacifiquement. Mes héros, c'étaient Martin Luther King, Gandhi, Mère Teresa – pas Malcolm X, contrairement à beaucoup de jeunes des cités. Ma conception, c'est qu'il faut parfois avoir une grande gueule pour se faire entendre dans un monde dur, violent même ; mais je ne crois pas qu'on change la société par la force. Il faut vouloir s'en sortir, ne pas compter uniquement sur les autres, en finir avec la posture de la victime, prendre sa vie en main pour être respecté. C'est pourquoi j'ai toujours voté, à toutes les élections.

À seize ans, avec des copains, j'ai même créé une petite association pour la réhabilitation de notre quartier, que la mairie voulait raser. L'année suivante, j'ai organisé la première marche civique à Clermont-Ferrand ; on a fait inscrire plus de quatre cents jeunes sur les listes électorales. Je leur tenais le même discours : « N'attendez pas qu'on fasse des choses pour vous. Ne soyez plus des citoyens passifs, devenez des citoyens actifs. » Je n'avais qu'une peur, c'est que mon père l'apprenne.

La manifestation a eu tellement de succès que le maire, Roger Quillot[1], a voulu recevoir les organisateurs. Là, j'ai tremblé à l'idée qu'il reconnaisse la petite qui lui avait craché dessus ! Quand je me suis trouvée en face de lui, il n'a rien dit mais je suis sûre qu'il avait compris qui j'étais.

– La condition des femmes était-elle un sujet qui vous préoccupait ? Vous sentiez-vous déjà féministe ?

– La condition des filles dans les cités m'avait toujours paru injuste. Le patriarcat, les frères qui avaient tous les droits et nous aucun, nos mères soumises... En 1981, j'avais eu une idée pour les faire sortir de la maison :

1. Roger Quillot (1925-1998), ancien maire de Clermont-Ferrand (1973-1997), ministre de l'Urbanisme et du logement (1981-1983) dans le gouvernement de Pierre Mauroy, sous la présidence de François Mitterrand. Il fut le promoteur de la loi du 12 juin 1982 – dite « loi Quillot » – qui régit les relations entre bailleurs et locataires.

l'Association de femmes pour l'échange intercommunautaire, un projet collectif qui nous a permis d'organiser des visites – les volcans d'Auvergne, des musées, et même un tour de Paris ! –, de leur faire respirer l'air en dehors de la cité. C'était une démarche plus affective que politique mais c'était mon premier engagement féministe.

Par la suite, dans mon parcours de militante, j'ai bien vu que la question de la place des femmes ne se pose pas seulement dans les banlieues, dans les familles. Dans les mouvements antiracistes, l'égalité des sexes n'était pas vraiment une priorité. Moi, je ne demandais qu'à militer à la base. Mais certaines de mes copines qui briguaient des responsabilités dans leurs associations étaient écartées. Au moment de la Marche des Beurs [1], je me suis fâchée au cours d'une réunion en disant : « C'est bien beau d'exiger de la République l'égalité des droits pour les enfants d'immigrés, mais moi j'exige aussi de vous, les garçons, l'égalité des droits pour les filles. » Je n'ai jamais abandonné cette position depuis. À SOS Racisme, puis au PS, ça n'a pas plu à tout le monde.

– Pendant ces années de militantisme, de quoi viviez-vous ?

---

1. Lancée le 15 octobre 1983 par SOS racisme, la Marche pour l'égalité et contre le racisme, dite « Marche des Beurs », partit de Marseille pour s'achever à Paris le 3 décembre suivant par un défilé qui réunit soixante mille personnes. Après une rencontre avec les leaders du mouvement, le président François Mitterrand instaura la carte de séjour et de travail valable pour dix ans.

– Je suis passée par tous les dispositifs d'aides publiques – jeunes volontaires, TUC, etc. –, comme une sorte de cobaye pour expériences étatiques... Après avoir quitté l'école, j'ai fait des ménages pendant un an dans des bureaux, puis des boulots d'été dans des hôtels. Je gagnais juste assez d'argent pour aider ma famille et faire ce que je voulais. Je ne m'inquiétais pas vraiment des aspects matériels ; je n'ai pas de gros besoins et je savais qu'avec mes parents j'aurais toujours de quoi manger. Quand on rêve de changer le monde, on ne s'arrête pas à ces détails !

– Cet idéalisme aurait pu vous conduire au Parti communiste, voire à l'extrême gauche, mais vous avez choisi le Parti socialiste. Pourquoi ?

– Il se trouve que j'ai, dès le début, évolué dans un milieu qui était proche du PS. Dans ma cité, pourtant, c'étaient plutôt les Jeunesses communistes qu'on croisait. Mais il y avait la figure de Mitterrand, qui nous avait « libérés » avec la carte de séjour de dix ans, et SOS Racisme, bien sûr, où j'ai rencontré Julien Dray, Harlem Désir, des hommes que j'ai trouvé attentifs à la question sociale. À leur contact, puis chez les socialistes, j'ai appris énormément. Je n'ai pas fait d'études, je n'ai pas lu Trotski, je n'ai reçu aucune formation politique. J'ai tout appris sur le terrain, en m'imprégnant de l'expérience de ceux que j'ai croisés. J'étais silencieuse, j'écoutais, je faisais l'éponge. Et je travaillais sur le terrain. Je ne me suis jamais laissée emporter par les grandes idéologies. Ma chance – si j'ose dire –, c'est que j'ai quatre Rmistes dans ma famille : si j'attrapais la grosse tête, il me suffirait de rentrer à la maison pour qu'elle dégonfle. J'ai un frère qui est mort, un qui est allé en prison. Des frères et des amis dans la galère. Présidente d'association ou secrétaire d'État, on me voit à la télé, mais ça n'efface pas tout.

– Votre candidature à Clermont, en 2001, sur la liste du PS aux élections municipales, était-elle dans votre esprit, la première étape d'une carrière politique ?

– Sûrement pas. J'avais accepté de figurer sur la liste à condition d'être déléguée à la politique de la Ville. On avait fait appel à moi dans le cadre des négociations entre courants – au PS, je militais au sein de la Gauche socialiste[1] – et parce que je représentais quelque chose dans les cités. Tout le monde était d'accord. Mais après la victoire, le maire[2] a expliqué que, finalement, la répartition des responsabilités était changée et que siéger au conseil municipal, pour moi, c'était déjà une chance. J'ai refusé cette magouille et j'ai claqué la porte. Je leur ai dit : « Fadela ne sera jamais l'Arabe de service. Avec personne. » Je le pense toujours.

– D'où est venue l'idée de l'association Ni putes ni soumises ?

1. Courant du Parti socialiste fondé en 1988 par Julien Dray et Jean-Luc Mélenchon, considéré comme l'aile gauche du PS.
2. Serge Godard (PS).

– Le mouvement est parti d'un constat terrible : la dégradation de la situation des filles dans les quartiers. À Clermont, je tenais une permanence où les filles venaient me demander de l'aide : « Fadela je suis enceinte », « Fadela je ne peux pas aller à l'école », « Fadela mon père veut me marier »... J'avais l'impression d'un retour en arrière. Au début des années 1980, on avait gagné beaucoup de batailles : les filles pouvaient faire des études, très peu portaient le voile, les mariages mixtes étaient mieux acceptés. Mais tout a basculé dans la décennie suivante. La décomposition sociale, le chômage et la discrimination ont fait des dégâts énormes ; ensuite est arrivée l'islamisation.

Dans les familles, on a vu le durcissement. Même chez moi : deux de mes frères ont commencé à fréquenter les islamistes. L'un s'est laissé pousser une barbe, il me faisait des remarques sur mes jeans. Quand mon père a trouvé que ça allait trop loin, il l'a attrapé et il l'a rasé ! Mais j'avais aussi récupéré des gamines qui s'étaient enfuies, avec leurs frères aux trousses – s'ils les rattrapaient, ils les massacraient ! J'ai vu le retour en force du mythe de la virginité, les jeunes filles séquestrées par leurs grands frères, empêchées d'aller à la piscine, privées de toute sexualité. J'ai alerté tout le monde, pendant des années ; mais dans les collectifs féministes, on passait la moitié des réunions à parler de l'Europe et au PS, on prenait ce que je disais avec des pincettes.

– Pourquoi ?

– Ils me soupçonnaient de dérive droitière parce que pour eux, poser la question de l'émancipation des femmes dans les banlieues, c'était violer un tabou. Combien d'intellectuels de gauche nous ont expliqué que, en dénonçant les comportements archaïques, on se faisait complice de la stigmatisation des populations des cités ! Résultat : on ne touche à rien et on laisse la situation s'aggraver. C'est le drame du relativisme culturel : au nom de la tolérance, on tolère la polygamie, l'excision – autrement dit : la domination masculine et l'inégalité des droits.

Dans nos cités, les politiques – de droite comme de gauche – ont pensé acheter la paix sociale en fermant les yeux. Pire : avec le concept du « grand frère », ils ont réintroduit le patriarcat et sous-traité le maintien de l'ordre et la résolution des conflits aux imams autoproclamés. Avec ça, le sort des femmes peut difficilement s'améliorer : elles se retrouvent face à trois pouvoirs masculins – l'élu, l'imam et le grand frère.

C'est pour dénoncer cet enchaînement que j'ai organisé les États généraux des femmes des quartiers : on a fait circuler des livres blancs dans toutes les cités de France, pour libérer la parole, confronter les expériences – pour que toutes celles qui étaient victimes de discriminations sachent qu'elles n'étaient pas seules – et on a fini à la Sorbonne, tout un symbole... Enfin, avant la présidentielle de 2002, on a lancé une pétition nationale qu'on avait intitulée « Ni putes ni soumises ». Le nom est resté.

– Comment l'aviez-vous trouvé ? C'était une provocation ?

– Non, c'était pour appeler un chat un chat. Puisque les filles qui veulent s'émanciper se font traiter de « putes », il n'y a pas de raison de ne pas garder le mot – ma mère a été un peu choquée, mais bon. « Soumises », c'était en référence à certains propos d'intellectuels que j'avais entendus, qui disaient que si les femmes étaient sous domination dans les cités, c'est qu'elles ne se révoltaient pas. Un mensonge de plus : la plupart des associations y sont animées par les femmes ; ce sont elles qui sont sur le terrain – il suffit d'assister à leurs réunions pour le savoir, mais encore faut-il y aller...

– Les féministes aussi, pourtant, vous ont critiquée.

– Mais je m'en moque ! En France, le féminisme a totalement échoué dans les quartiers. Dans les pays arabes et dans le monde entier, c'est pourtant devenu un enjeu crucial dans la bataille contre l'obscurantisme et la défense de la démocratie. Alors, je me passe de leurs leçons et je fais ce que je crois bon. Quand on vit dans une société où des jeunes filles sont brûlées vives parce qu'elles portent des jeans et des décolletés, il est temps de faire bouger les choses !

Moi, je refuse tout ce qui revient à intérioriser les formes d'oppression contre les femmes, des violences conjugales au port du voile. Pourquoi les féministes n'ont-elles pas soutenu notre combat contre le voile ?

Pour des raisons idéologiques qui ne m'intéressent pas. Or le féminisme n'est ni de droite ni de gauche. Si le voile n'est rien d'autre qu'un instrument d'oppression, le signe visible de l'humiliation des femmes – ce que j'affirme –, le dénoncer est un devoir. Au-delà du voile, il y a les mariages forcés, les viols collectifs, toutes ces atteintes que personne ne voulait voir et que Ni putes ni soumises a contribué à mettre en évidence. Face à ces menaces-là, je le dis franchement : le débat sur la parité ou le plafond de verre me paraissent aussi décalés que de vouloir aller faire les soldes chez Hermès !

– Vous êtes contre la loi sur la parité ?

– Je suis pour, mais du bout des lèvres. Disons que, puisque les femmes ne sont pas une minorité mais la moitié de l'humanité, la parité est un juste retour des choses. Mais elle ne règle pas tout : à Vitrolles, quand Bruno Mégret n'a pas pu se présenter, il a mis sa femme à sa place ! Je préfère de loin qu'on s'attache aux compétences qu'au sexe des personnes. C'est pourquoi je suis aussi, par principe, hostile à la discrimination positive – je ne me vois pas dire au petit Benoît : la place, tu l'auras pas ; t'avais qu'à être arabe !

– Quand vous vous projetez dans l'avenir, où vous imaginez-vous dans dix ans ?

Fadela Amara

– J'aurai sûrement une cause à défendre. Je serai sans doute encore dans la politique, mais rien n'est sûr. Quand on n'a pas fait d'études, on n'a pas de plan de carrière. J'espère en tout cas que Ni putes ni soumises n'existera plus – parce qu'on n'en aura plus besoin.

Armelle Carminati-Rabasse

« Mes chefs m'ont dit : "Un deuxième enfant, ça risque d'être compliqué..." »

Elle reçoit dans une petite pièce aux cloisons vitrées, spécialement réservée pour la durée de l'entretien, avec seulement les trois sièges nécessaires. Un bureau, un ordinateur, un téléphone, rien de plus. Dans l'univers impersonnel des cabinets de consulting internationaux, la fantaisie n'a guère de place : on gère le temps et l'espace avec la même rigueur. Si, depuis 1986, cette jeune et jolie femme s'y est fait une place de choix, on devine donc qu'elle en avait à la fois l'ambition et le tempérament. Née le 9 septembre 1961 à Dijon, dans une famille issue de l'immigration italienne, elle est entrée dans le métier du conseil après de brillantes études d'ingénieur – elle est diplômée de Centrale Lyon (1985) et de la Cornell University of New York – et a grimpé un à un, en vingt ans, les étages qui la séparaient du sommet. En 2000, elle est devenue la première femme associée chez Andersen Consulting. Rebaptisé Accenture, le cabinet américain – l'un des leaders mondiaux du conseil en stratégie – l'a ensuite portée au comité exécutif en 2003, puis, en 2005, à la vice-présidence de sa filiale française. De sa propre expérience, elle a tiré un engagement – qui est aussi, aujourd'hui, un projet stratégique. À la tête du programme Accent sur Elles, elle incarne la politique de diversité d'Accenture, dont l'objectif affiché est de « favoriser la progression des femmes et leur accession aux postes de responsabilités ». Nommée en 2006 directrice du programme de diversité et de management pour l'Europe, elle a été promue en 2007 responsable des ressources humaines et de la diversité d'Accenture au niveau mondial. Elle est mariée et mère de trois filles.

⁂

– Existe-t-il, selon vous, une définition de la femme de pouvoir ?

– Pour moi, le pouvoir n'a pas de sexe. Je ne suis donc pas très sûre qu'il existe un genre féminin dans l'exercice du pouvoir. D'expérience, il me semble que les personnes que je connais et qui exercent des responsabilités – essentiellement des hommes, d'ailleurs – ont des façons de le faire très différentes les unes des autres. Ce que je leur ai toujours envié, moi, c'est la liberté d'innover, l'autorisation permanente qu'ils se donnent de faire, de changer, d'avancer, de ne pas se borner à exécuter les désirs d'un autre, d'être un meneur plutôt qu'un « suiveur ». Si je regarde mon parcours, je crois que c'est cette envie-là qui m'a guidée, instinctivement.

– Vous voulez dire que vous l'avez toujours éprouvée, dès l'enfance ?

– Je n'ai jamais eu envie d'attendre les ordres, en tout cas. Même si, paradoxalement, j'ai suivi au départ un cursus ultraconformiste – l'école d'ingénieurs, c'est la formation type des « obéisseurs » –, je crois avoir eu très tôt le souci d'échapper au contrôle. Sans doute le contrecoup de mes racines italiennes, avec un mode d'éducation très verrouillé, surtout pour une fille...

– Vos parents sont des immigrés italiens ?

– Ils sont tous les deux nés en France, mais avec la nationalité italienne. Ils ont été naturalisés par la suite, au gré des lois successives. Leurs parents avaient fui la pauvreté et l'oppression politique des « chemises noires » avec un baluchon sur le dos. Ils ont fait partie de cette génération d'immigrés « macaroni » qui a voulu s'intégrer à toutes forces. Chez leurs parents, ils n'avaient pas le droit de parler italien ! À la mort de mon grand-père, mon père a repris, avec ses deux frères, la petite entreprise de bâtiment qu'il avait créée à Dijon. Ils l'ont développée et l'ont rendue prospère. Il est resté, je pense, dans ma famille, un attachement à la construction, le goût qu'éprouvent les déracinés à bâtir quelque chose – d'ailleurs, mon frère travaille dans ce secteur et ma sœur est architecte.

– Votre mère travaillait-elle ?

– Non, par tradition. Elle s'est mariée à vingt ans et a été précipitée aussitôt dans une vie de mère de famille. Avant cela, elle était l'audace incarnée : elle partait seule à cheval, pilotait des petits avions ; elle était belle et coquette – elle m'a dit avoir possédé jusqu'à vingt paires de chaussures. Et pourtant, moi, enfant, je ne l'ai connue qu'habillée tout en noir, vouée à sa maison et à sa famille. Elle avait encore de l'allure, mais elle avait abandonné sa féminité.

– Vous la sentiez malheureuse ?

– Non. Elle était d'un tempérament passionné et son univers, c'était son foyer. Donc elle y travaillait du matin au soir. Ça ne semblait pas lui coûter.

– Dans cet environnement très méditerranéen, avez-vous souffert du statut d'infériorité dévolu à la femme ?

– De l'absence de liberté, oui, surtout à l'adolescence. Mon frère, lui, avait toutes les autorisations ! Cette inégalité me révoltait. Quand je suis née, ma mère était seule pour accoucher – mon père faisait son service militaire en Algérie. La légende familiale raconte qu'elle a reçu un coup de fil de sa belle-mère qui voulait connaître le sexe de l'enfant ; quand elle su, elle a dit :

« Eh bien, vous ferez mieux la prochaine fois ! » En fait, je crois que ma grand-mère n'a commencé à s'intéresser à moi qu'à l'instant où elle a vu que j'allais devenir ingénieur : le métier qu'exerçait son premier fils, le frère aîné de mon père. Le modèle familial, c'était plutôt : les jeunes filles doivent se préparer au mariage et les femmes s'occuper de leur maison.

– Vos parents ne vous communiquaient-ils pas de l'ambition, comme c'est souvent le cas des immigrés, pour qui la réussite sociale des enfants est le comble de l'intégration ?

– Ma mère tirait énormément de fierté de mes résultats scolaires. J'étais l'aînée modèle : sérieuse, bonne en tout, scientifique mais adorant le latin et le grec, dévorant tellement de bouquins qu'on m'avait surnommée l'« encyclopédie ». Mon père aussi était fier, mais toujours sobre. Quand j'ai eu mon bac avec mention très bien, il m'a dit : « Ah bon, c'est tout [1] ? »

Plus tard, en y réfléchissant, je me suis demandée si, en passant tant de jours et de nuits à travailler, je ne courais pas, encore et toujours, après la satisfaction de mon père. Après tout, c'est un moteur comme un autre. J'essaie en tout cas, avec mes propres enfants, de transmettre autre chose, de souligner autant ce qui va que ce qui ne va pas. Mais, sur le coup, dans ma jeunesse, ça ne me pesait pas. J'adorais travailler, apprendre,

1. Après la mention très bien, existe la mention très bien avec les félicitations du jury.

comprendre. Je souffrais bien plus de l'absence de libertés.

– Comme beaucoup, vous avez conquis votre liberté en faisant des études qui vous ont éloignée de vos parents.

– Sans doute. J'ai suivi la filière classique des classes préparatoires scientifiques et là, j'ai dû batailler avec mes parents sur les horaires parce que j'habitais encore chez eux et que je commençais à sortir le soir – j'avais rencontré mon futur mari. Ensuite, c'est le hasard des concours qui m'a conduite à Centrale Lyon. Mais il faut croire que je ne me sentais pas encore assez émancipée, puisque j'ai choisi de faire ma dernière année d'école aux États-Unis. Je voulais grandir. Je l'ai dit à mon futur mari avant de partir. Il était triste mais il s'est incliné. Et il a patienté : nous ne nous sommes mariés que sept ans après !

– À Centrale, au début des années 1980, y avait-il beaucoup de filles dans votre promotion ?

– 7 ou 8 %, pas plus [1].

1. Selon une étude parue en 2003, sous la plume de Catherine Marry, directrice de recherche au CNRS, « la lente féminisation des écoles d'ingénieurs ne s'amorce vraiment qu'à partir du milieu des années 1970. [De nos jours] une minorité croissante, notamment parmi les diplômées des plus grandes écoles, accède à des responsabilités importantes, techniques, financières, humaines. Pour autant, au fil des années de vie professionnelle, l'écart de carrière et de salaire avec les hommes s'accroît. »

– Savez-vous ce que sont devenues vos copines, celles qui étaient avec vous ?

– Pas vraiment. Je sais seulement que l'une d'elles occupe un poste d'ingénieur à la Snecma [1], avec un statut et un rythme de quasi fonctionnaire, et qu'une autre s'est arrêtée de travailler à la naissance de son deuxième enfant – elle en est à son cinquième !

– Aviez-vous, dès ce moment-là, un objectif professionnel, une idée précise de votre future carrière ?

– Pas la moindre. J'ai choisi Centrale parce que c'est une école généraliste. Je ne voulais pas me spécialiser dans l'informatique ou dans l'aéronautique ; j'avais envie d'emmagasiner encore des connaissances. À mon retour des États-Unis, mon projet était de créer, avec deux camarades de promotion, une petite entreprise de conception de matériel médical. C'était une jolie aventure mais, au bout d'un an, on n'arrivait toujours pas à se verser un salaire... Entre-temps, à la sortie de l'école, j'avais refusé toutes les offres des compagnies d'assurances et des banques qui se battaient pour m'avoir – le genre de boîte où l'on vous annonce fièrement votre plan de carrière pour les vingt ans à venir, ça m'a fait partir en courant ! Et, finalement, c'est parce qu'aucun secteur ne m'attirait en particulier que j'ai choisi le consulting : pour avoir accès au plus grands nombres

1. Société nationale d'étude et de construction de moteurs d'aviation, fusionnée en 2004 avec Sagem pour former le groupe Safran.

de métiers différents, en espérant que j'en trouverais un qui me plaise. En somme, c'était un non-choix.

– Vous entrez donc chez Arthur Andersen[1] en 1986. Un univers réputé entièrement voué à la productivité et à la rentabilité et dont on a, vu de l'extérieur, une image plutôt masculine. Est-ce une fausse impression ?

– À cette époque-là, pas entièrement. Les femmes étaient assez rares – à peine plus de 10 %, je crois – et on ne peut pas dire qu'on faisait grand-chose pour les encourager. Deux ans après mon arrivée, quand j'ai décidé de me marier, j'ai demandé à mon manager deux semaine de congés pour le voyage de noces. Il m'a fait lanterner jusqu'à la veille et quand, finalement, il a pris le papier que je lui tendais, il m'a dit en bougonnant : « On a quand même pas mal de boulot, mais enfin, dis-moi où je dois signer. Tu gères ta carrière comme tu l'entends. » Vous voyez le genre ?

– Ces remarques suscitaient-elles une solidarité entre les rares femmes que vous étiez ?

– Nous étions trop peu nombreuses et trop dispersées pour ça. Mais il y avait une solidarité de génération : les jeunes trouvaient ça énorme – et sans doute les filles un peu plus que les garçons. Surtout, je ne me posais pas vraiment la question en ces termes. Je ne me suis

1. Par la suite, la branche conseil d'Arthur Andersen est devenue Andersen consulting, laquelle a finalement été rebaptisée Accenture.

rappelé ces détails-là qu'après-coup, depuis que je m'occupe des carrières des femmes chez Accenture. En répondant aux questions des autres sur ma propre expérience, je retrouve des épisodes et je comprends, rétrospectivement, que c'étaient des signaux.

Un autre exemple : deux ans plus tard, j'étais candidate pour passer à l'échelon supérieur dans la hiérarchie interne. Un soir, mon manager de l'époque entre dans mon bureau en veine de confidences et me livre son pronostic : « Je te vois bien y arriver : t'es une fille, t'es pas un cageot et, en même temps, t'es pas trop une fille. » On ne pouvait pas mieux dire que, pour progresser, il valait mieux ne pas trop montrer qu'on est une femme. C'était tellement franc que c'en était touchant. Et en effet, ça correspondait au comportement que je m'étais imposé, d'instinct.

– Vous voulez dire que vous gommiez volontairement votre féminité dans l'apparence physique ?

– Je gérais ma respectabilité. Je n'avais surtout pas envie d'être la gosse de service, celle à qui on allait demander de prendre des notes pendant la réunion – parce que quand vous êtes la seule fille du lot, et qu'en plus vous êtes jeune, ça se passe toujours comme ça... Alors je me fixais une limite : fille mais pas trop. De toute façon, comme toutes les sociétés américaines, Arthur Andersen imposait un code vestimentaire très strict, qui interdisait aux femmes de porter des pantalons mais aussi d'avoir les jambes nues. J'ai donc choisi des tailleurs féminins, mais en évitant les décolletés. En revanche, j'ai toujours porté des talons hauts. Juste le dosage nécessaire pour être reconnue comme fille sans faire peur à ces messieurs.

– Parce qu'ils avaient peur des femmes ?

– Ils avaient peur de tout ce qui pouvait surprendre, déranger. Dans tous les métiers, vous accédez au cercle supérieur par cooptation. À un certain moment, les membres du club se disent que vous représentez une valeur ajoutée, mais non un risque. Dans la plupart des autres professions, ce mécanisme de sélection relève du non-dit ; dans mon métier, la cooptation est explicite. Je l'ai intégré très tôt et, par conséquent, j'ai veillé à inspirer de l'envie autant que de la confiance, à ne jamais être vue comme pouvant constituer un danger pour la structure.

La question du look avait son importance : je voulais être identifiée pour ce que je suis, parce qu'être la seule fille du coin, c'est un sacré avantage – on ne voit que vous ! Mais il fallait rester dans les limites pour ne pas susciter le malaise et perdre toute chance d'être cooptée.

– Vous parliez d'« inspirer l'envie »... Le mécanisme de sélection que vous décrivez exige-t-il de jouer sur le registre de la séduction ?

– Les jeux de séduction sont omniprésents. Pour qu'on vous désire dans le club des managers, des directeurs, il faut être désirable. Sans compter que vous devez sans cesse convaincre le client de faire appel à vous plutôt qu'à d'autres ; pour cela, il doit avoir du plaisir à travailler avec vous, être prêt à vous voir tous les jours... Là aussi, il doit simplement y avoir une limite. Pas de problème quand c'est un client qui me demande de l'aider à choisir la couleur de ses bagages – j'ai longtemps eu un bureau au-dessus du magasin Vuitton, aux Champs-Élysées. Quand c'est un type qui profite du fait que je travaille tard, seule à l'étage, pour se montrer pressant, c'est plus gênant...

– Des incidents de ce genre se produisent encore souvent ?

– Oui. Les jeunes femmes qui sont dans nos équipes vivent souvent des situations embarrassantes, pour ne pas dire plus. Depuis l'attitude odieuse du client qui dit, en avisant une des filles : « On n'a pas de table, mets-toi à quatre pattes », jusqu'au jeune homme romantique mais un peu collant qui insiste pour l'inviter à dîner pendant la mission. Le problème, c'est que le contact avec le client est si important que certaines entendent leur manager leur dire : « Tu la fermes, je ne veux rien savoir. » C'est l'un des sujets sur lesquels j'essaie, chez Accenture, d'améliorer les règles éthiques et la formation de nos cadres.

– La carrière dans ces grandes sociétés de conseil suppose-t-elle, comme on l'imagine, une guerre permanente pour le pouvoir ?

– Ah ça, oui ! Comme dans la filière grandes écoles, c'est un concours tous les ans. La règle du jeu, c'est *up or out* – « T'es plus fort ou t'es dehors. » Ça ne veut pas dire éliminer ses collègues, mais faire la différence. Et pour cela, à un moment donné, produire d'excellents rapports ne suffit plus. Vous êtes l'élève face à ses maîtres. Et quand tous les élèves sont bons, la différence se fait sur le comportement.

– À quel moment avez-vous perçu que la vie privée pouvait constituer un handicap dans votre carrière ?

– Il y avait eu la première alerte au moment de mon mariage. Il y en a eu une seconde quand j'ai été enceinte de ma première fille. Je venais d'être admise comme manager. J'ai pris l'intégralité de mon congé de maternité et j'ai enchaîné sur des vacances. Résultat : j'ai repris quatre mois et demi après la naissance. À mon retour, j'étais sur un nuage – promotion + bébé = le bonheur ! – mais j'avais oublié que, dans ce métier, les mères de famille ne faisaient pas de vieux os... Mes chefs m'ont cueillie à froid : « Carminati, vous êtes un très bon élément ; nous aimerions investir sur vous mais, avec un bébé, comment allez-vous faire ? Il va falloir nous donner des preuves. En tout cas, si vous en voulez un deuxième, ça risque d'être compliqué. »

Il m'a fallu ce choc pour réaliser ce que je n'avais pas voulu voir auparavant : j'avais vu des filles quitter l'entreprise, mais une seule était partie en plein succès ; les autres s'en allaient parce qu'on les avait laissées de côté, qu'on ne faisait plus appel à elles...

– Placardisées ?

– Un placard, c'est un faux job qu'on vous donne pour vous retirer celui que vous occupiez. Un consultant, lui, est sur le banc, comme un footballeur qui attend d'être sélectionné pour le prochain match. Si vous restez sur le banc pendant des mois, votre perdez votre estime de soi, donc vous perdez votre attrait, vous entrez dans un cercle vicieux. Quand vous vous décidez à partir, les autres disent que, de toute façon, vous aviez fait votre temps. Les mécanismes psychologiques internes masquent d'autant plus facilement la dureté de ces situations que dans les grands cabinets, les départs sont fréquents. Il faut mettre les statistiques sur le papier pour constater que, étrangement, celles qui ont eu des enfants sont presque toutes parties. Mais quand vous voulez absolument un bébé, vos yeux ne le voient pas.

– Comment avez-vous réagi ?

– J'aimerais vous dire que j'ai protesté, que je les ai renvoyés dans leurs buts. Mais je me suis sentie comme la jeune femme qui a grillé un feu devant le policier qui lui fait la morale. J'ai trembloté sans pouvoir dire un mot. Heureusement, j'ai raconté la scène à l'un de mes confrères, lui aussi jeune manager, et le fait de voir combien il était choqué m'a à la fois rassurée et aidée à me sentir révoltée. Ensuite, l'histoire s'est répandue dans les couloirs et les associés ont été tellement embarrassés que l'un d'eux a fini par me glisser, au bout de trois jours : « Je crois que vous avez dû mal entendre.

Personne, chez nous, n'a pu vous dire une chose pareille. » L'incident était clos.

– Mais les « preuves » dont ils vous avaient parlé, vous les a-t-on réclamées ?

– Hélas, oui. J'ai passé les trois mois qui ont suivi à attendre qu'on m'envoie sur une mission. Autour de moi, tout le monde s'agitait, grattait ses rapports, et moi, rien. Pour ne pas déprimer, j'ai profité de ce temps libre forcé pour caler mon organisation familiale : recrutement et formation de la nounou, gestion de l'intendance. Et puis est venue la mission impossible : celle qu'ils avaient proposée à tous les garçons et que tous les garçons avaient refusée. Il s'agissait d'assister une grande firme pharmaceutique à remonter toutes ses équipes de management à Paris, à Francfort et à New York. Autrement dit, je devais faire la navette entre les trois villes en permanence – une semaine par pays. La mission a duré un an. J'en ai vraiment bavé, physiquement et moralement, mais ç'a été un succès. J'ai regagné ma place.

– Vous aviez intégré que vous, l'éternelle première de la classe, vous repartiez de zéro ou presque...

– D'une certaine façon, oui. Ils voulaient incontestablement voir si je n'étais pas devenue un risque. Saura-t-elle donner le coup de collier nécessaire pour le client maintenant qu'elle a une famille ? Dans cet univers, la question de la maternité représente une menace symbolique : si vous êtes indisponible plusieurs mois à cause d'un accident ou d'une maladie, vous ne l'avez pas choisi ; quand vous faites un bébé, vous l'avez voulu ; vous avez donc commis un acte qui prouve qu'à vos yeux quelque chose compte plus que le travail, l'entreprise, les associés... Dès lors, le soupçon vous suivra toujours[1].

– Votre « mission impossible » n'a-t-elle pas abîmé votre vie privée, votre vie de famille ?

– Nous avons souffert. Ma fille avait à peine quelques mois. Le jour où, après avoir jeté mes valises, épuisée, et m'être précipitée pour lui donner sa purée, elle a tourné la tête en grimaçant, j'ai vraiment douté. Mais mon mari m'a beaucoup soutenue. Il s'est montré très généreux. Il assurait à la maison avec la petite et chaque fois que j'avais du mal à refaire mes bagages pour repartir, il a su m'encourager.

– A-t-il dû mettre sa propre carrière entre parenthèses ?

– Nous avons eu de la chance. Lui aussi est consultant et à ce moment-là – c'était en 1992 – il était sur une

1. Depuis, d'après les dirigeants, la culture d'entreprise aurait beaucoup changé chez Accenture. La maternité ne serait plus un tabou. Dans le cadre du programme Accent sur Elles, les femmes sont accompagnées durant leur grossesse et à leur retour de congé de maternité. La volonté de l'entreprise est de les aider à continuer à faire carrière, tout en étant mère.

longue mission avec des clients à la Défense. Il avait des horaires à peu près fixes et n'avait pas à voyager. Sans cela, je ne sais pas comment nous aurions fait. Par la suite, mon mari a créé sa propre entreprise, aujourd'hui cotée en bourse, mais il a toujours compris mes contraintes. Je lui en serai éternellement reconnaissante.

– En tout cas, vous n'avez pas été dissuadée d'avoir d'autres enfants, malgré la menace que vos chefs vous avaient lancée...

– En aucune façon. Si j'avais dû renoncer à quelque chose, ça n'aurait pas été à avoir des enfants. La seule question que je me suis posée, c'était : « Est-ce que je sors de ce système de fous ? » Je suis restée. Mais lorsque nous avons décidé de faire le deuxième, je n'ai rien dit jusqu'au dernier moment – j'ai la chance d'avoir des grossesses légères. J'ai terminé la première phase d'une mission en cours et je suis partie en congé de maternité. J'avais tout organisé de telle manière qu'à mon retour, je reprenne la mission là où je l'avais laissée pour la terminer. Et trois ans après, pour la troisième, j'ai utilisé à peu près la même méthode. À ceci près qu'il n'y avait pas de césure possible dans le déroulement de la mission : alors j'ai pris un jeune prometteur – assez brillant pour assurer, mais trop junior pour me piquer ma place – à qui j'ai confié la responsabilité de l'équipe et j'ai géré le travail à distance.

– Au total, vos trois grossesses ont-elles retardé votre ascension ?

– Je n'en ai pas l'impression. Quand j'ai été enceinte de la dernière, en 1997, ma candidature était proposée au niveau mondial pour que j'intègre l'échelon des associés partners – le dernier stade avant la partnership, qui consiste à prendre une part du capital. C'est mon patron lui-même qui m'a suggéré qu'on se taise. La décision devait être prise aux États-Unis, par des gens qui ne nous rencontreraient pas, alors à quoi bon le dire ? J'ai donc été cooptée sans qu'ils le sachent et, cette fois encore, j'ai joué le fait accompli. J'avais fait des progrès depuis la première fois...

La preuve : quelques années plus tard, j'ai refusé une mission énorme et stimulante parce qu'elle couvrait simultanément dix-sept pays. J'avais grandi, j'avais les moyens de dire non. J'ai expliqué au client que son projet me passionnait mais que j'avais trois enfants petits et que, dans ces conditions, je lui souhaitais bonne chance... Alors il a rappelé mon patron en lui disant qu'il me voulait absolument et on a trouvé un terrain d'entente : j'ai tout piloté depuis Paris, à coups de conférences téléphoniques et sans prendre un avion. J'y ai gagné une visibilité supplémentaire auprès des poids lourds d'Accenture et, quelques mois plus tard, j'ai été admise parmi les partners, le saint des saints.

– Comment est née l'idée du programme Accent sur Elles, qui consiste à donner aux femmes qui travaillent chez Accenture les moyens de progresser autant que les hommes ?

– Le projet est parti des États-Unis en 1999. En 2000, le président d'Accenture en France, Benoît Gemini, a considéré qu'il fallait prendre le sujet de la diversité à bras-le-corps – autant pour nous faire évoluer dans le bon sens que pour nous éviter les critiques des Américains ! Lui avait réellement le souci de la place des femmes dans l'entreprise, de la mixité des équipes. Un jour, il m'a demandé d'aller représenter l'entreprise à une conférence internationale qui se tenait à Paris sur le sujet – c'était en avril 2001. J'étais très réticente. À cette époque, je me méfiais beaucoup de ces démarches, que je trouvais trop féministes à mon goût.

– Vous ne vous sentez pas féministe ?

– Depuis, si. Mais à ce moment-là, j'étais relativement indifférente à ces préoccupations. J'étais fière d'être la première associée française[1], mais je ne le considérais pas comme une victoire parce que je suis une femme. Quand je suis montée à la tribune de cette conférence, je me suis retrouvée côte à côte avec des femmes épatantes, expérimentées, avec des parcours bien plus impressionnants que le mien. Mais j'ai été très touchée de constater qu'après mon intervention de nombreuses jeunes femmes m'ont assaillie de questions. Elles voulaient savoir comment j'avais fait pour mes enfants, mon mari, mes voyages, mes promotions... Moi qui, jusque-là, avais toujours considéré mon parcours

1. En 2006, Accenture comptait 9 % de femmes associées en France – et 14 % aux États-Unis.

comme une somme de coïncidences non reproductibles, je me suis mise à penser que j'avais peut-être des choses à leur apporter. C'est de là que, pour moi, tout est parti.

– La course à la diversité, aujourd'hui de plus en plus répandue dans les grandes entreprises, n'obéit-elle pas encore essentiellement à des objectifs de communication ? Y a-t-il, selon vous, une volonté réelle d'améliorer la situation des femmes ou s'agit-il d'un effet de mode, voire d'un effet d'optique ?

– J'assume la part de communication que contient la démarche d'Accent sur Elles. Pour améliorer le sort des femmes dans le monde du travail, il faut faire le plus de bruit possible ; c'est ainsi que nous pourrons inspirer, peu à peu, une attention plus grande à leurs difficultés dans les entreprises. Pour le reste, la diversité est désormais une nécessité. Le vivier des grandes écoles est devenu trop limité pour que les entreprises continuent à se priver de la moitié des surdiplômés de la planète à cause de leur sexe. Et quand le monde change, les entreprises changent aussi.

Quand je revois ma carrière, je dois reconnaître que toutes les occasions que j'ai eues, ce sont des hommes qui me les ont offertes – et pour cause : ils contrôlaient tous les postes de décision ! Aujourd'hui, chez nos clients, dans les grandes banques, les multinationales, les laboratoires internationaux, nous avons de plus en plus de femmes comme interlocuteurs. Elles ne se contentent plus de trouver que la reproduction à l'infini des mêmes équipes masculines en costume bleu marine est un facteur de blocage de l'innovation, un frein à la créativité ; elles ont le pouvoir de le dire – et croyez-moi, elles ne s'en privent pas !

Arlette Chabot

« Certains hommes pensent qu'obéir à une femme, c'est anormal. »

C'est une antistar de l'écran. Depuis vingt ans, elle est l'une des journalistes les plus connues de l'audiovisuel français sans avoir vraiment recherché la lumière. Née le 21 juillet 1951 à Chartres (Eure-et-Loir), elle a débuté à France Inter en 1973, a dirigé le service politique de TF1 (1984-1989), celui de FR3 (1990-1992), puis celui de France 2 (1992-1997), présenté de nombreux talk-shows à la radio et à la télévision, couvert cinq campagnes présidentielles, fait défiler devant elle mille et un politiques, vu débuter tous les futurs ténors, interviewé les grands et les petits. On la dit autoritaire, voire revêche, mais elle ne cherche pas à cacher un relatif manque de confiance en soi – qu'elle affronte par le travail et l'autodérision. La tendance au recrutement par casting des présentateurs de journaux télévisés l'amuse plutôt, elle qui dit avoir compris de longue date qu'elle n'avait « pas le physique pour le 20 heures ». Depuis 2004, elle est directrice générale adjointe chargée de l'information à France 2. Elle est célibataire et n'a pas d'enfant.

⁂

– Vous voyez-vous comme une femme de pouvoir ?

– Absolument pas. De toute façon, pour moi, homme ou femme de pouvoir, c'est la même chose : des personnes qui exercent une responsabilité. C'est la pratique qui diffère – en tout cas, je veux le croire.

– Pourquoi ?

– Parce qu'il me semble que, jusqu'à présent, les femmes qui ont eu un pouvoir ont eu le souci d'en faire vraiment quelque chose. Mais peut-être que ça va changer au fur et à mesure qu'elles seront plus nombreuses...

– Précisons : vous voulez dire que les hommes, eux, seraient davantage préoccupés par l'apparence du pouvoir ?

– Les titres, les grands bureaux, les chauffeurs, les assistantes, les hommes adorent ça. À terme, quand il y aura autant de femmes dans ces postes-là, peut-être qu'elles y succomberont aussi, mais, pour l'instant, j'ai l'impression que, quand on accepte des fonctions, c'est d'abord pour les exercer ; plus pour *faire* quelque chose que pour *être* quelque chose.

– En même temps, les femmes restent plus souvent dans une forme d'attentisme, voire d'autocensure, qui les empêche de se porter candidates à des fonctions dirigeantes...

– C'est un peu en train de changer, il me semble. Mais c'est vrai qu'en général les femmes ne vont pas présenter spontanément leur candidature. Mais c'est aussi parce que, comme je le disais, elles ne s'arrêtent pas au titre et à la fonction : même quand on leur propose une promotion, elles veulent savoir précisément ce qu'elles pourront faire dans ce poste, en quoi ça consiste, quels moyens elles auront... et elles acceptent ou elles refusent en fonction de cela. C'est arrivé récemment ici, à France 2 : une femme à qui on offrait une responsabilité, avec le titre et salaire correspondants, a posé des tas de questions sur la définition du poste, le champ de compétences ; elle a fini par trouver que c'était flou. Elle nous a dit : « Je ne sens pas le truc », et elle a refusé.

– Un homme aurait accepté sans hésiter ?

– Je crois. Il m'est même arrivé d'en entendre certains me dire : « J'en ai marre, j'ai fait des tas de choses, j'ai tel âge, je veux un titre de directeur. Si on me le propose, j'y vais. » À l'un d'eux, j'ai demandé pour quoi faire exactement ; il m'a répondu en termes très généraux et a conclu : « Les postes, ils sont ce qu'on en fait. » Ce que ça voulait dire, c'était que si je le nommais, il aurait de toute façon le sentiment d'avoir progressé dans sa carrière – et après on verrait...

Avec les femmes, c'est différent. Elles ne me disent pas : « J'ai envie de tel poste », mais plutôt : « Ça m'intéresserait de faire ça et je vais t'expliquer pourquoi ce serait bien que ce soit moi qui le fasse ». Il est rare qu'elles demandent spontanément quel titre elles auront et, le plus souvent, elles ne s'interrogent sur le salaire que dans un deuxième temps. Enfin, le monde n'est pas coupé en deux aussi nettement mais les exemples que j'ai vus autour de moi me montrent que c'est assez largement comme ça. Et franchement, je trouve ça bien que cette différence-là continue d'exister. Moi-même, j'ai fini par accepter ce poste alors que je n'en avais pas vraiment envie, que j'étais bien plus heureuse comme journaliste – et surtout, je n'avais rien demandé du tout !

– Parlez-nous de votre enfance. Quels modèles parentaux en avez-vous gardés ?

– J'ai grandi dans la région parisienne, dans un milieu plutôt bourgeois. Mon père dirigeait une PME qui fabriquait du matériel de soudage et qui avait été créée par le père de ma mère. Mes parents s'étaient connus à l'usine. Ils se sont mariés juste avant la guerre, puis mon père a été mobilisé. Ma mère, qui était du genre intrépide, a pris sa bicyclette puis un train pour aller le voir à Bar-le-Duc où il était soldat. Mais il a ensuite été fait prisonnier et envoyé en Allemagne. Ils ne se sont retrouvés qu'à la Libération.

Ma mère, qui avait travaillé comme sténodactylo pendant la guerre, a quitté l'usine familiale peu après le retour de mon père. Lui était fils de gendarme ; il devait avoir son math-élèm, qui était l'équivalent du bac, et il avait cherché du travail aussitôt après. C'était aussi un milieu où la culture classique était très présente. Et où le gaullisme dominait. Pour mes parents, le général avait sauvé la France, rétabli les institutions, mis un terme à la guerre d'Algérie ; la gauche, c'était le désordre. Mon père était le plus charmant, le plus gentil des hommes, mais il n'y avait pas de discussion possible sur ce sujet. D'ailleurs, il détestait les conflits – je pense que je lui ressemble assez sur ce point.

– Vous êtes fille unique ?

– Oui, et c'est un grand malheur. On est sans arrêt sous le regard de ses parents. Les miens étaient assez âgés quand ils m'ont eue. Ils s'étaient mariés tard, puis la guerre les avait séparés ; et aussi parce qu'ils ont eu du mal à avoir un enfant. Quand je suis née, en 1951, ma mère avait quarante ans. Mon arrivée était un quasi miracle. Donc ils m'ont beaucoup gâtée mais aussi beaucoup couvée. Ils étaient très sévères : il fallait se coucher tôt, il ne fallait pas sortir...

– À l'école, vous étiez bonne élève ? À quel avenir rêviez-vous ?

– J'ai eu un parcours scolaire sans histoire, pour l'essentiel dans le privé. Mes parents n'étaient pas très catholiques mais ils pensaient que je serais mieux élevée dans une école religieuse : ils m'ont inscrite au collège à Nogent, chez des dominicaines qui étaient très cool – tellement qu'elles ont fini en civil l'année de mon bac ! C'est dire que ça ne m'a pas traumatisée.

J'étais assez bonne élève mais je faisais aussi des trucs moins conventionnels : un petit journal dans l'école, un spectacle tous les ans. J'avais très envie de faire du théâtre. J'étais très timide et, sans faire de psychologie de comptoir, je crois que ça m'aidait à vaincre ma peur. Je faisais rire mes camarades en imitant les profs, ce qui me rendait assez populaire, mais je ne savais pas très bien ce que j'allais faire dans la vie. Mes copines, elles, rêvaient d'être médecin, avocate, professeur ou mère de famille.

Le jour du bac, je suis revenue en pleurant toutes les larmes de mon corps, persuadée que je ne l'aurais jamais. Mais je l'ai eu et comme je n'avais toujours pas d'idée, j'ai dit à mon père que je voulais devenir avocate. Je me souviens qu'il m'a dit : « Tu sais, les avocats ne gagnent pas d'argent, tu vas crever de faim toute ta vie et puis, une femme avocat... » C'étaient les stéréotypes de l'époque. Enfin, il ne m'a pas désapprouvée. Alors je me suis inscrite en fac de droit. Mais en même temps, la télévision m'intéressait et j'avais entendu parler d'une école spécialisée qui s'ouvrait dans l'Essonne. C'était un monde qui m'était totalement étranger mais qui m'attirait. L'établissement proposait des formations à tous les métiers de l'image : journalisme, réalisation, montage, etc. J'avais choisi la réalisation, sans bien savoir pourquoi, mais ça me paraissait intéressant. Et finalement, c'est une erreur d'inscription qui m'a aiguillée vers le journalisme !

– Vraiment ? Expliquez-nous cette erreur providentielle...

– Personne ne me croit jamais quand je raconte ça : le premier jour, je suis arrivée et quand ils ont fait l'appel, mon nom était sur la liste de la section journalisme. Et moi, j'étais supertimide, je n'ai pas osé dire qu'ils s'étaient trompés !

J'ai suivi la formation, assez générale, et petit à petit j'ai commencé à trouver que le journalisme, c'était amusant. J'ai dû passer trois ans dans cette école ; je ne suis pas sûre d'y avoir appris grand-chose, sauf à me familiariser avec ce milieu. Et puis, grâce à une relation de mon père, j'ai décroché un stage dans un organisme qui s'appelait la Direction des affaires extérieures et de la coopération – un peu l'équivalent du Radio France Internationale d'aujourd'hui, mais avec un service de télévision. Après quelques mois, ils m'ont embauchée. C'était un autre temps : pour peu que vous ne soyez pas trop nulle, vous trouviez vite du travail...

– Il y avait d'autres filles, dans cette école ?

– Une seule.

– Et dans la profession, dans les médias – nous sommes au début des années 1970[1] ?

---

1. Selon une étude réalisée en 2000 par l'Association des femmes journalistes, la télévision et la radio emploient chacune 30 % de femmes journalistes. Les quotidiens régionaux emploient quant à eux 36,5 % de femmes journalistes.

– Pas beaucoup non plus. Dans cette première boîte, on travaillait dans le cadre de la coopération, donc surtout avec l'Afrique. Quand j'ai suggéré de partir en reportage là-bas, on m'a fait comprendre que c'était impensable sur le thème : « En Afrique, il y a plein de Noirs ; donc, impossible d'envoyer une femme blanche. Tu vois ce qu'on veut dire... » [Rires.] Heureusement, je n'y suis pas restée plus d'un an. Je suis entrée à France Inter en 1973. C'était Jacqueline Baudrier qui présidait Radio France. Le directeur de la rédaction était Roger Gicquel. Arrivait 1974, qui – en plus d'être une année présidentielle – avait été décrétée année de la Femme. Ils se sont dit qu'il faudrait peut-être un peu plus de filles sur l'antenne.

À ce moment-là, la rédaction de France Inter ne comptait que trois malheureuses femmes, plutôt âgées puisqu'elles avaient servi pendant la guerre... Une au service politique, une chargée de la mode – normal ! – et une autre qui suivait les questions de santé. En guise de féminisation, j'ai été recrutée en même temps qu'une autre fille mais la question était surtout de trouver quelque chose à nous faire faire. Comme ils cherchaient une voix féminine, je me suis retrouvée à lire les télégrammes et le rappel des titres toutes les demi-heures dans la tranche d'informations matinales qu'animait Philippe Gildas. C'est là que j'ai vraiment appris le métier. Il y avait Jean-Luc Hees, qui démarrait comme moi, Alain Danvers, Patrick Poivre d'Arvor, Yves Mourousi, Jean-Pierre Elkabbach...

Les horaires étaient terribles : j'arrivais à 3 heures du matin pour être à l'antenne à 5 h 30. Ensuite, il fallait tenir jusqu'au journal de 13 heures ; sans compter qu'à partir de 9 heures, il y avait les conférences de rédaction où on distribuait les sujets aux reporters – et les filles, on ne savait jamais quoi leur donner...

– Là, comment réagissez-vous ? Vous vous sentez frustrée, vous vous soumettez à cet ordre des choses, vous intériorisez ?

– Tout au long de ma vie professionnelle, mon attitude a toujours été la même : « Je ne vois pas où est le problème. » Pour quelle raison ne serais-je pas capable de faire le même job qu'un homme ? Et, finalement, c'est une grève des détaillants en fruits et légumes qui a lancé ma carrière : parce que les mecs ne pouvaient quand même pas aller en reportage à Rungis pour interviewer des marchands de tomates ! Quand le rédacteur en chef a dit qu'il fallait y aller, d'un seul coup, tous les regards ont convergé vers moi. J'ai fait mes preuves. Ensuite, on m'a confié les portraits des candidats à l'élection présidentielle de 1974 ; je n'y connaissais rien, mais je l'ai fait avec plaisir, un peu inconsciente. Puis il y a eu les grands débats autour de la loi Veil et de l'avortement et là, ça tombait bien, il y avait pour les chefs une justification évidente à faire appel à moi. J'ai fait une série de reportages dans les hôpitaux et les maternités de Paris en me présentant comme une jeune femme qui voulait avorter – le truc facile et sympa, vous imaginez ! – avec un micro caché dans mon sac. Ce que je ramenais était très vivant ; tantôt on m'insultait, tantôt on me disait : « Ma pauvre petite, il ne faut pas que tu restes là ; va plutôt voir tel médecin à telle adresse... » La seule fois où j'ai eu vraiment la trouille, c'est quand je me suis retrouvée dans le cabinet d'un type et qu'il m'a ordonné de me déshabiller !

C'était dur, mais j'avais vraiment l'impression de ne pas avoir le choix. C'était serrer les dents ou perdre sa place...

– Il n'empêche, la loi Veil et les controverses qu'elle suscitait, c'était le sujet du moment et c'était là-dessus qu'on vous faisait travailler...

– Oh oui, sûrement, la bataille politique qui divisait la droite, ça c'était un vrai sujet qui passionnait les hommes de la rédaction, mais ce n'était pas vraiment mon registre. Moi, c'était plutôt la nana qui court les hôpitaux en pleurnichant : « J'ai déjà trois gosses alors un quatrième, c'est pas jouable... » Le même sujet, mais version loge de concierge, aiguilles à tricoter, hémorragies de bonnes femmes... Il fallait bien une fille pour faire ça !

Ensuite, tout naturellement, on m'a confié l'actualité sociale : d'ailleurs, c'étaient aussi des filles qui couvraient le secteur à Europe 1 et à RTL. On se téléphonait souvent, on s'entraidait, on était très solidaires. On a couvert des grèves, dans les usines ou dans les prisons, et chaque fois il fallait convaincre qu'on pouvait le faire. Mais ils se sont vite aperçus que, comme j'étais une femme, les gens m'en racontaient plus et donc que je rapportais des témoignages un peu plus personnels... Au moment des grandes grèves chez Renault, je disais à mes chefs : « Pourquoi j'irais pas dans une usine occupée ? Ils ne vont pas me taper dessus, je les connais ! » Tout se gagnait petit à petit. Je vous rappelle quand même qu'en ce temps-là les femmes n'étaient pas admises à la bourse, seuls les hommes pouvaient donc traiter l'actualité économique ou financière. Une fille en politique étrangère, ça n'était pas jugé crédible. Quant à la politique intérieure, on commençait à voir des signatures féminines dans la presse écrite, mais dans l'audiovisuel, il y avait juste quelques alibis, pas plus... Et quand j'ai commencé à présenter des journaux, en 1976-1977, on m'invitait surtout à ne pas trop faire appel à des journalistes femmes parce que, n'est-ce pas, une voix de femme sur une voix de femme, ça ne passe pas...

– Avec la présidence de Valéry Giscard d'Estaing, beaucoup de choses changent pour la situation des femmes. La loi Veil, bien sûr, mais aussi la réforme du divorce, ou la création d'un ministère de la Condition féminine, confié à Françoise Giroud – une journaliste. Comment observez-vous alors ces évolutions ?

– De près : on m'a tout de suite confié la rubrique ! Plus sérieusement, on voyait les changements s'opérer. Quand on évoque cette période, ça peut vous faire sourire mais on a l'impression que c'est les années 1930, alors que ce n'est pas si vieux. Les femmes arrivaient au compte-goutte dans les rédactions, il fallait arracher chaque amélioration. On ne nous faisait pas de cadeau. Un jour, dans le journal de 9 heures que je présentais et qui était destiné aux femmes, j'ai fait un sujet sur l'excision ; j'ai vu le rédacteur en chef débouler, furieux qu'on ait osé parler de ça à l'antenne !

– Pendant toute cette période, votre métier laisse-t-il une place pour la vie privée ?

– Sur le plan personnel, c'est une succession de désastres. Il faut dire que quand le réveil sonne à 3 heures du matin tous les jours, il faut expliquer à l'autre que tu ne vas sûrement pas abandonner ce que tu as eu tant de mal à gagner. Alors le soir, tu te couches tôt et le week-end, tu n'es pas tellement fraîche. J'ai vite compris que la différence fondamentale avec les hommes qui vivent de cette manière, c'est que leurs femmes sont à leurs pieds : « Chéri, il faut que tu dormes, sinon tu vas être fatigué... », alors que, pour toi, le mec ne comprend pas pourquoi, quand vous dînez ensemble, tu veux aller te coucher à 23 h 15.

Aujourd'hui, ça n'a plus rien à voir : j'ai cinq femmes dans la rédaction en congé de maternité ; elles m'annoncent qu'elles sont enceintes, je dis : « Ah bon, super, pas de problème », et tout se passe bien. Moi, si j'avais dit à mes chefs que j'attendais un bébé, je n'aurais pas retrouvé mon boulot. Et en plus, j'avais un rédacteur en chef qui venait me voir à 4 heures du matin pour me dire, faussement compatissant : « Je ne comprends pas pourquoi une femme accepte de faire ça. » Moi, je me disais surtout : « J'avance et je ne me pose pas trop de questions... » Alors on est fière de tenir mais, une fois sur deux, on rentre seule parce que le mec est parti et on se dit que c'est cher payé...

– De fait, vous ne vous êtes pas mariée, vous n'avez pas eu d'enfant.

– C'est vrai. Ce sont des choses qu'on enfouit, on essaie de ne pas trop y penser. Je suis d'une génération qui aimait vraiment le boulot ; moi, je ne partais jamais en vacances en août parce que la plupart des autres n'étaient pas là et que c'était une chance formidable – surtout pour les filles. Très vite, on est prise par le système : on avance, on nous propose des sujets, des voyages, des émissions et il est de plus en plus difficile d'arrêter, même pour fonder une famille. Toutes celles que j'ai connues ont sacrifié leur vie personnelle, ou alors elles sont parties faire autre chose.
Certaines ont aussi décidé d'adopter des enfants assez tard, avec des vies comme la mienne, un peu compliquées ; en général, elles sont heureuses parce qu'elles se disent que c'est ce qu'elles ont fait de mieux dans leur vie. Moi, je ne l'ai pas fait parce que je me suis posé la question un peu tard : je me suis sentie trop vieille. C'est un sacrifice.

– Dans vos responsabilités successives, vous avez eu à cœur d'aider les femmes ?

– Toujours. Il y a une solidarité qui est normale : on en prend tellement plein la gueule ! Les préjugés sont coriaces : un homme qui passe sa vie au bureau, c'est un bosseur. Mais si c'est une femme, ça devient vite : « C'est normal, elle a rien d'autre à faire, sa vie est un désastre. » Mais je l'ai dit, je trouve que les femmes, quand on leur donne des responsabilités, s'investissent différemment ; elles se donnent souvent plus de mal, elles y mettent un affect que les hommes n'y mettent pas. C'est aussi pour ça que j'ai nommé, à France 2, des tandems mixtes à la tête de chaque service.

– En matière de mixité, la presse semble plutôt en avance par rapport à la plupart des milieux professionnels...

– Petit à petit, les barrières ont cédé, mais les rédactions restent à l'image de la société française : les filles sont de plus en plus nombreuses, mais il a fallu du temps pour qu'elles accèdent à des responsabilités importantes – et encore... Elles ont investi la plupart des rubriques, jusqu'au grand reportage à l'étranger, dans les pays en guerre, et maintenant, c'est même devenu un argument marketing sur toutes les chaînes : « Regardez ces nanas qui ont du talent et du courage ! »

– Le plus souvent, elles sont belles, en plus – à la télévision, il faut bien dire que c'est un critère qui compte[1]...

1. Selon une enquête « Global Media Monitoring Project » réalisée dans 70 pays en 2000, les femmes sont majoritaires en tant que présentatrices (56 %) et à égalité en tant que reporters dans la tranche d'âge des 20-34 ans, mais leur place diminue à partir de 35 ans et après 50 ans, les hommes présentateurs sont majoritaires. « L'apparence reste donc un prérequis plus important pour les femmes journalistes que pour les hommes à la télévision », déplore l'Association des femmes journalistes.

– Oui, même quand elles sont obligées de porter le voile dans le désert d'Afghanistan, elles sont ravissantes ! Et c'est un plus à l'image... Elles sont surtout très courageuses. Certaines ont réussi à concilier ce job avec la vie de famille ; celles qui veulent vraiment faire ce métier, elles se débrouillent toujours. Aujourd'hui, c'est quand même plus simple : les femmes de la nouvelle génération peuvent se marier, avoir des gosses, continuer à partir en reportage, prendre un congé de maternité et revenir sans difficulté pour retrouver leur place. Quant au physique, il faut bien reconnaître que c'est une question qu'on aborde seulement à propos des femmes. On en a quand même vu, des types au physique pas possible faire des commentaires en plateau au 20 heures, et ça n'a jamais suscité la moindre question ! En réalité, de plus en plus de chaînes essaient à présent de recruter des filles mais aussi des garçons qui soient mignons à l'antenne. Le genre Barbie et Ken, ça n'est pas réjouissant ; il ne faudrait pas qu'on en arrive aux bimbos et à miss France présentant le journal ! Mais bon, je crois que les filles ont assez prouvé qu'elles pouvaient être à la fois belles et intelligentes...

– Diriez-vous que, dans votre engagement professionnel en faveur de la cause – et de la carrière des femmes –, vous allez jusqu'au féminisme ?

– Oui, au sens où je trouve insupportable qu'on n'ait toujours pas l'égalité de droits. Pour moi, la question se résume toujours à : « Est-ce que je sais le faire ou non ? » Le reste, je ne veux même pas l'entendre.

– Vous avez dirigé le service politique de TF1, de France 3, puis à présent la rédaction de France 2. Y avez-vous appris l'exercice du pouvoir ?

– Encadrer les autres, j'ai découvert que c'était compliqué. Plus encore – je le crois vraiment – quand on est une femme. Au début, une partie des garçons le vit mal. Ils pensent que devoir obéir à une femme, c'est anormal. Maintenant, ça va mieux, parce que, depuis Jacqueline Baudrier et Michèle Cotta, d'autres femmes ont eu des postes de direction dans l'audiovisuel. Mais il reste un malaise. Entre hommes, on s'engueule et puis on se tape sur l'épaule et on va boire un coup. Avec une femme, tout est différent. Certains ne savent jamais comment faire ; ils ne supportent pas qu'une nana leur dise : « Tu fais ça et puis c'est tout », comme si c'était une atteinte à leur virilité. Et moi, je suis de nature un peu autoritaire – quand on est femme, ça se traduit vite par « autoritariste », alors qu'on dira d'un homme qu'il a « de l'autorité ». Je n'aime pas beaucoup les compromis ni les rapports de séduction pour obtenir ce que je veux. J'ai une responsabilité, je l'exerce.

– Pourtant, vous avez souvent affirmé n'avoir jamais cherché, jamais demandé les fonctions importantes qu'on vous a confiées...

– J'en suis désolée mais c'est la vérité. Chaque fois, j'ai commencé par me dire : « Je ne saurai pas le faire. »

– La fameuse autocensure féminine !

– Oh, chez moi, l'absence de confiance en soi est caricaturale ! Quand le président de France Télévision[1] m'a proposé la direction de la rédaction, je lui ai d'abord dit que je n'en avais pas très envie : j'avais une émission sur Europe 1, j'animais « Mots croisés » sur France 2, ça m'allait très bien. Quand j'en ai parlé à Catherine Nay, elle m'a dit que j'étais folle, qu'une occasion pareille ne se représenterait pas. Si j'ai fini par accepter, c'est aussi parce que j'avais offert mon aide à un candidat qui était pressenti et qui m'avait repoussée avec un mépris absolu – le genre : « Non ma cocotte, je n'ai pas besoin de toi. » Cette condescendance m'a horripilée. Alors j'ai fini par accepter et là, le directeur général m'a dit un truc qui m'a stupéfiée. Comme je négociais péniblement mon salaire, il m'a dit : « On va regarder tout ça mais tu sais, tu auras une voiture de fonction. » J'ai répondu : « Mais j'ai déjà une voiture ! » Alors lui, complètement à côté : « Justement, tu peux y renoncer et prendre la voiture de fonction. » Ça, c'était un vrai propos de mec. Je crois qu'une femme m'aurait plutôt conseillé de prendre un abonnement de taxis...

– Et depuis ?

– J'ai gardé ma voiture [rires]. J'ai essayé de faire de mon mieux, apporté quelques changements au

1. Marc Teissier.

20 heures, lancé quelques émissions, donné quelques orientations nouvelles. Mais je sais bien que je partirai sans avoir réussi tout ce que j'aurais aimé réussir. Le pouvoir laisse toujours des frustrations, c'est comme ça.

Teresa Cremisi

*« J'ai passé des années à refuser
les postes qu'on m'offrait. »*

C'est une femme de lettres, l'une des plus influentes du monde de l'édition en France. Seize années durant, elle a régné aux côtés d'Antoine Gallimard sur la prestigieuse maison de la rue Sébastien-Bottin, avant de partir pour Flammarion. Née le 7 octobre 1945 à Alexandrie (Égypte), cette Italienne charmeuse et passionnée a vécu sa carrière comme une aventure, avec ce qu'il faut de hasards, d'épreuves et de rebondissements. Diplômée de langues et de littérature comparée, entrée comme lexicographe débutante chez l'éditeur milanais Garzanti en 1963, elle en est partie en 1989 après y avoir exercé presque toutes les fonctions les plus importantes, jusqu'à la codirection générale (1985-1989). Elle a porté le titre envié de directrice éditoriale de Gallimard de 1989 à 2005, date à laquelle elle a pris la présidence des éditions Flammarion. Elle a été, par ailleurs, vice-présidente d'Action contre la faim (ACF). Elle est mariée et mère de deux fils.

⁂

– Êtes-vous une femme de pouvoir ?

– Je pense l'être devenue. Avoir du pouvoir, c'est simplement avoir un nombre de décisions supérieur à la norme à prendre dans une journée, en sachant que, petites ou grandes, elles peuvent changer le cours des choses. On peut donc en faire le meilleur ou le pire. Mais si demain je n'ai plus ce pouvoir, ma personnalité ne changera pas. Le pouvoir, c'est comme une investiture : c'est toujours temporaire. Un ou deux échecs et vous disparaissez ; vous n'êtes plus sur la photo, vous n'existez plus.

– Rêviez-vous de pouvoir quand vous étiez enfant ?

– Mon enfance *était* un rêve ! Une sorte de jardin enchanté... Je vivais à Alexandrie, dans une famille de banquiers et d'intellectuels. C'étaient les dernières années d'un monde cosmopolite, cultivé, extravagant, qui a été dévasté en quelques semaines. J'en garde des images de courses en bateau, de voyages, de fêtes, d'art. Ma mère était sculpteur ; mon père avait une société de négoce – il importait des métaux, exportait du coton. Quand il a fallu quitter l'Égypte et qu'on s'est retrouvés en Italie, ç'a été terrible. J'ai détesté Milan, de toute mon âme.

– Pourquoi vos parents avaient-ils choisi l'Italie ? Ils n'avaient pas de racines italiennes...

– Non. Ma mère avait un passeport britannique, parce que son grand-père banquier avait eu un comptoir en Inde ; mon père, lui, avait un passeport italien, que ses ancêtres avaient acheté, comme beaucoup de Juifs du Moyen-Orient à ces époques. En fait, nous sommes allés là où il pouvait trouver un travail – une petite place d'employé chez des employés de ses anciens employés... Il ne s'est jamais plaint, mais je devine qu'il a dû serrer les dents. Nous n'avions plus rien. Nous vivions dans un deux-pièces, ma mère était perdue : elle avait même oublié de m'inscrire à l'école !

– Vraiment ?

– Elle ne savait pas qu'il fallait une inscription ! Comme je ne parlais pas l'italien, on en avait déduit que j'étais un peu demeurée. Mes parents ne savaient pas quoi faire pour moi. Alors à onze ans, je suis allée moi-même me présenter dans une école de bonnes sœurs. En trois mois, j'ai appris la langue et j'ai été première de la classe. Et comme je ne voulais pas rester seule à l'heure du catéchisme, je me suis fait baptiser.

– Vous vouliez vous intégrer à tout prix.

– Oh, oui ! Je cachais d'où je venais, je mentais tout le temps. Les autres élèves avaient des voitures, des maisons de campagne. C'était l'Italie des années 1960, l'essor industriel, les bourgeois s'enrichissaient. Le statut de première de la classe m'a aidée, mais j'ai vite senti que je risquais de passer pour une emmerdeuse : comme le plus important pour moi était de m'intégrer, j'ai appris à ne jamais rendre une copie parfaite ; à partir de douze ou treize ans, j'ai ajouté une erreur à la fin de mes devoirs de maths, de mes versions latines. Les profs disaient : « Quel dommage, cette distraction ! » Mais au milieu des autres, j'avais une paix royale.

– Vous souffriez ?

– Je m'accrochais. J'étais très seule : mes copines d'école étaient gentilles mais à quinze ans, elles ne parlaient que d'avoir des enfants et des chalets à la montagne ! Moi, j'avais des rêves de gloire, parfois même de guerre... Je lisais Napoléon, Lawrence d'Arabie, des destins qui transforment le monde. *La Condition humaine*, de Malraux, m'a bouleversée. Je me sentais handicapée d'être une fille.

– Pourquoi ?

– Franchir des déserts, conquérir des pays – et même arpenter les trottoirs d'une grande ville la nuit –, c'est quand même plus facile pour un garçon ! Le jour de mes règles, je me suis sentie entravée : devoir penser à ça tous les vingt-huit jours quand on veut partir à l'aventure, quelle cruauté ! J'ai détesté.

– Est-ce la solitude de ces années-là qui vous a inspiré le goût des livres ?

– C'était plus ancien. En Égypte, déjà, mes parents avaient une superbe bibliothèque, avec toute la NRF. Le samedi, on achetait des livres à la librairie française. À neuf ans, je lisais Molière – je me souviens d'avoir ri comme une folle avec *Le Médecin malgré lui*. En Italie, la lecture est devenue mon seul centre d'intérêt : j'en achète, j'en emprunte, je lis tout. Il faut dire que ma vie sociale se limite à l'école et aux fêtes d'anniversaire de mes copines. Mes parents n'ont pas d'amis et ma mère, dépressive, ne sort pas de son lit. Je m'ennuie terriblement. Mon souci du moment, c'est d'apprendre l'anglais. J'ai même dit aux bonnes sœurs de l'école que je n'allais pas revenir ! Alors elles m'ont laissée suivre mes cours d'anglais à condition que je présente les examens de fin d'année. C'est ainsi que j'ai eu mon bac, que je me suis inscrite à l'université et que j'ai commencé à travailler, à dix-huit ans, pour gagner un peu d'argent. Je voulais être éditeur.

– Vous aviez déjà trouvé votre voie ?

– J'aimais écrire mais j'avais décidé que je ne serais pas un bon écrivain – je trouvais que je manquais d'inspiration... J'étais jeune, je parlais trois langues : aux trois CV que j'ai envoyés, j'ai eu trois réponses positives. J'ai choisi la maison d'édition la plus proche de chez moi, Garzanti. J'y ai passé des années merveilleuses. Je travaillais à la rédaction d'un dictionnaire italien-français, au sein d'une équipe. Deux jours par semaine, j'allais à la fac – j'ai suivi des études de lettres et de littérature comparée. C'était la jeunesse dont j'avais été privée : enfin, j'avais des camarades de travail, des copains de fac, des amoureux... Je voulais profiter, être libre. Et j'ai fait l'inverse : je me suis mariée à vingt et un ans !

– C'était aussi le moyen de vivre enfin votre vie, non ?

– Sûrement. J'avais dit à Giovanni : « On vit ensemble. Mais surtout, on ne se marie pas. » Mais les garçons sont ainsi faits qu'il suffit de leur dire ça pour qu'ils veuillent vous épouser ! Il était paléontologue, conservateur du musée d'histoire naturelle de Milan. Aujourd'hui, nous vivons à mille kilomètres de distance mais il reste mon mari. Et le père de mes enfants.

– Vos enfants, justement ; ils sont nés plusieurs années après votre mariage. Vous aviez peur d'aliéner encore davantage votre liberté ?

– Évidemment ! J'avais trop de choses à faire. Renoncer à mes rêves de conquêtes, d'accord, mais devenir mère de famille... Au début, mon mari était d'accord ; nous n'avions pas du tout besoin d'enfants. Et puis à vingt-huit ans, j'ai décidé d'en faire un. J'ai été enceinte. Mais il n'y avait pas d'échographie à l'époque : je n'ai su que quelques jours avant d'accoucher qu'il y en avait deux. Nous n'avions pas beaucoup d'argent, on vivait dans un trois-pièces, personne pour nous aider. Comme je maigrissais à vue d'œil, Maria, qui venait faire quelques heures de ménage chez nous, m'a dit : « Vous ne pouvez pas continuer comme ça. » Elle m'a proposé de rester à la maison la journée pour les garder. Sans elle, jamais je n'y serais arrivée.

– C'est que, dans le même temps, vous commencez à grimper les échelons chez Garzanti...

– Ça a pris du temps parce que je résistais énormément. Dans mon équipe de lexicographes, c'était le bonheur absolu. Nous étions vingt-cinq, j'étais la plus jeune ; j'apprenais beaucoup et j'étais une sorte de mascotte. Quand le dictionnaire a été fini – ça a duré quatre ou cinq ans –, le patron m'a proposé de diriger une autre équipe. J'ai dit non. Et encore non la fois suivante. Entre vingt et trente-cinq ans, on n'a pas arrêté de m'offrir des responsabilités et moi, je n'ai pas arrêté de dire non.

– Le pouvoir vous effrayait ?

– C'était plus romantique. On était dans l'ambiance de Mai 68 : ceux qui étaient beaux et intelligents ne s'imaginaient pas enfermés dans des hiérarchies pyramidales. Moi, je détestais obéir, donc je ne me voyais pas imposer à d'autres ce tourment – c'est-à-dire commander. C'était absurde ! La vie m'a appris que la plupart des gens aiment, au contraire, qu'on les guide, qu'on leur dise ce qu'il faut faire. Et que plus on les laisse décider pour eux-mêmes, plus ils se sentent abandonnés.

– Donc, vous avez fini par accepter des responsabilités.

– Mon patron m'a dit : « Ça suffit, maintenant, de faire la diva ! Tu as des enfants, il est temps de grandir. » Il avait raison. Jouer les mascottes, les petites filles douées qui peuvent se montrer insolentes parce qu'on les admire, ça n'a qu'un temps. Et ceux qui vous offrent des promotions ne comprennent pas, finissent par se vexer ; ils prennent ça pour du mépris.

En fait, la vie m'a poussée vers là où je ne voulais pas aller. À chaque étape, j'ai connu une période de recul, de dégoût. Les responsabilités, c'est fatigant et ça trouble le sommeil. Puis on s'y fait, on entre dans une sorte de conformisme. Je me suis retrouvée à trente-deux ans directrice de la production : j'avais en charge toute la fabrication des livres, la typographie, les maquettes. Je n'y connaissais rien du tout.

– Vous avez eu une période d'apprentissage ?

– On n'en a jamais. Personne ne prend jamais le temps de vous enseigner ce que vous avez à faire.

– Et l'exercice de l'autorité, il vous a bien fallu l'apprendre !

– Au début, on se trompe : on essaie d'être gentil avec tout le monde, de demander à chacun ce qu'il souhaite. Une moitié sort de votre bureau en pensant que vous ne savez pas diriger, les autres se disent qu'ils vont continuer à ne faire que ce qu'ils veulent. C'est très féminin, mais ça ne marche jamais !

– Pourquoi serait-ce « très féminin » ?

– Vouloir séduire ceux avec qui on travaille, j'ai vu cela chez beaucoup de femmes. On dira d'abord : « J'ai beaucoup aimé ce que tu as fait » avant d'arriver à dire : « C'est autre chose qu'il faut faire. » Les hommes sont moins préoccupés de plaire. Moi, je m'efforce d'être simple. Courtoise, mais directe. C'est plus efficace et les gens vous en veulent moins quand vous devez leur dire des choses désagréables.

– Dans l'univers professionnel, le pouvoir qu'on vous confie est aussi une forme de reconnaissance du travail accompli. Vous n'y avez jamais été sensible ?

– Longtemps, j'ai pensé que l'idéal serait d'être un très bon second. Je l'ai été, chez Garzanti – où j'ai fini codirecteur général –, puis durant seize ans chez Gallimard. Je n'ai jamais eu d'élan naturel vers le pouvoir. Chacune de ces étapes m'a coûté bien plus d'efforts que si j'étais restée là où j'étais. Je me suis habituée au pouvoir. Et je n'ai pris goût aux responsabilités que très récemment.

– Peut-être que, quoi que vous en disiez, une certaine peur ne vous avait pas quittée...

– La peur de rater, peut-être. L'échec, j'ai horreur de ça.

– Et la peur de la violence – celle qui va généralement avec le pouvoir ?

– Disons qu'avec les responsabilités le degré d'exposition augmente et le degré de violence en proportion. On découvre la jalousie, la cruauté, tout le monde se sent autorisé à juger ce que vous faites, ce que vous êtes. Un jour, au Café de Flore, j'ai surpris la conversation de deux hommes qui parlaient de moi comme s'ils me connaissaient, racontant toute une histoire qui n'existait pas, à un mètre de moi. C'était affreux.

– Avoir des responsabilités, au sens propre, c'est aussi assumer les décisions, supporter les critiques, affronter les difficultés...

– Je suis d'accord. Mais rien n'interdit d'avoir une stratégie : quand on est en difficulté, on n'est pas obligé de l'étaler, de convoquer des réunions en série, de dramatiser. Il vaut mieux se concentrer, travailler sans rien montrer, ne se confier qu'à quelques collaborateurs de confiance. Les dossiers délicats, je les emporte chez moi. Et j'essaie de les traiter vite, pour avancer. Le pire ennemi, c'est la bureaucratie. Elle vous ralentit, vous empêche d'aller de l'avant. Quand vous passez plus de la moitié de votre temps à des choses ennuyeuses, à quoi sert d'avoir un beau métier ? Et à quoi sert d'avoir du pouvoir ?

– Le tournant de votre carrière, c'est 1989 : vous quittez l'Italie pour Paris, où vous devenez le bras droit d'Antoine Gallimard. Vous aviez quarante-trois ans, votre vie était en Italie. Comment avez-vous fait ce choix ?

– C'est l'aventure qui m'a tentée. Je le connaissais depuis longtemps. On s'était rencontrés dans des salons d'éditeurs, on avait sympathisé. Chez Gallimard, c'était la crise. Lui avait été désigné comme successeur par son père ; ses frères et sœurs ont vendu leurs parts ; il était en train de perdre sa maison. Tout était à reconstruire. Il m'a dit : « Je ne peux pas te payer plus que ce que tu gagnes et si on n'y arrive pas, tu perds tout. » Ça m'a tentée. Je n'ai pas été déçue. Gallimard, pour moi, ç'a été un autre jardin enchanté. J'ai aimé travailler avec lui, j'ai aimé l'aider, j'ai aimé cette maison, ses auteurs...

– Philippe Sollers vous avait surnommée « le Premier ministre ». L'expression vous convenait-elle ?

– Antoine Gallimard ne m'a pas embauchée comme un Premier ministre est nommé par un président. Notre deal était que j'inventerais mon poste. C'était comme toujours dans ma vie : « Tu te débrouilles. » Quand j'étais enfant, mon père disait : « La petite se débrouillera toujours » ; ça m'exaspérait, mais peut-être qu'il avait raison... En tout cas, c'était le défi plus que le pouvoir qui m'avait attirée. Porter un projet comme celui-là, accompagner une renaissance, c'était très gratifiant. J'étais comblée.

– Vos enfants vous ont-ils suivie à Paris ?

– Je suis d'abord venue seule. Je me suis installée à l'hôtel. Au bout de six mois, leur père les a emmenés visiter Paris et leur a proposé de rester avec moi – en leur promettant qu'ils pourraient toujours changer d'avis. Il a donné à ces deux adolescents la chance extraordinaire de ne pas avoir à choisir entre leur père et leur mère. Je lui en serai toujours reconnaissante. Ils sont restés. Je les ai inscrits au lycée italien et à leur tour, ils se sont... débrouillés ! Après le bac, ils ont continué leurs études en France et ils ont fait leur chemin. Ils ont été très courageux. Aujourd'hui l'un enseigne le droit à l'université de Rotterdam, l'autre fait de la recherche en physique à Berlin. Je peux être fière, non ?

– Petite, vous nous avez dit que vous vous étiez sentie « handicapée » d'être une fille. Avez-vous parfois éprouvé le même sentiment dans votre carrière professionnelle ?

– Jusqu'au moment où je suis sortie de la partie difficile de ma maternité, j'ai pensé qu'il valait mieux être un garçon. Par la suite, ça ne m'a jamais gênée. Si je suis complètement sincère, je dirais même que ça m'a plutôt aidée. À mes débuts, le fait que je sois une jeune femme dynamique et endurante me rendait plus visible : ça épatait tout le monde ! Les mêmes auraient trouvé parfaitement normal qu'un jeune garçon soit endurant... Chez Gallimard aussi, ça a dû m'aider : rétrospectivement, je pense qu'être une femme m'a permis d'être un bon numéro deux pendant seize ans. Ça aurait peut-être été moins évident si j'avais été un homme.

– Parce qu'Antoine Gallimard vous aurait moins fait confiance ? Il aurait eu peur qu'un homme essaie de lui voler son pouvoir ?

– Il avait confiance. Il avait raison. De toute façon, c'était lui le propriétaire !

Non, je voulais juste dire que les femmes supportent bien plus de choses... en silence. J'ai été proche de Françoise Giroud durant les dernières années de sa vie. Quand on comparait, elle me disait à quel point ça avait été dur pour elle. Mais elle affirmait, elle aussi, que, à partir d'un moment, être une femme peut devenir un atout : on gagne moins, on subit plus, mais on résiste mieux – et quand on réussit, on nous remarque plus !

– Finalement, vous avez quitté Gallimard... pour devenir numéro un chez Flammarion. C'était l'envie d'être enfin votre propre chef ?

– Je suis partie parce que l'histoire n'était plus ce qu'elle avait été. J'ai aimé le tandem que nous formions avec Antoine : nous étions en confiance et très complémentaires. Les choses ont changé, voilà tout. Les ruptures d'amitié, ça existe. Peut-être n'avait-il simplement plus besoin d'un numéro deux. Partir chez Flammarion, c'était une nouvelle aventure qui s'offrait à moi. Mais c'était aussi un exil.

– Un départ douloureux, donc...

– Très dur. C'était tout recommencer à soixante ans, plonger dans l'inconnu – c'était la seule maison d'édition de Paris où je ne connaissais personne ! Pendant plusieurs semaines, je n'ai rien pu manger. Sans compter les angines à répétition. Quand je me suis réveillée, le 2 janvier 2006, avec un objectif de 230 millions de chiffre d'affaires à réaliser dans l'année et sept cents personnes à diriger, je me suis dit : « Pourquoi ? Pourquoi moi ? » Je n'ai aucune illusion sur le monde qui m'entoure, si je me casse la figure, ce sera tellement facile de conclure : « Elle faisait un bon second, mais pas plus. » Ou encore : « Elle connaît les livres, mais diriger une entreprise, c'est autre chose. » D'ailleurs, ces questions, je me les suis posées : défendre son budget, présenter ses chiffres, discuter avec les actionnaires, ce n'était pas le rêve de ma vie quand j'avais quinze ans – c'est loin de Lawrence d'Arabie !

– Quand avez-vous vaincu cette peur ?

– À l'heure où je vous parle, je ne l'ai toujours pas vaincue.

– Qu'avez-vous gagné à devenir numéro un ?

– De l'autonomie dans la gestion de mon temps. Je ne savais pas à quel point c'est délicieux. Avoir énormément de choses à faire et pouvoir dire : la réunion commence à 10 heures mais finira à 10 h 30 ; si ça n'est pas terminé, je pars et vous me raconterez la fin... La vraie liberté. Et de l'argent, aussi. De quoi acheter un appartement, apporter du confort. En contrepartie, c'est plus de solitude.

– Le pouvoir de l'éditeur ne constitue-t-il pas aussi, d'une certaine façon, la compensation des livres que vous n'avez pas écrits ?

– J'ai renoncé à ce rêve depuis longtemps, sans vrai regret : je ne crois pas avoir le talent d'un grand écrivain. Or il m'a toujours semblé qu'il vaut mieux écrire deux pages inoubliables que passer sa vie à publier des livres moyens. Mais j'ai choisi le métier le plus proche de la création littéraire et j'en suis plutôt comblée. Être la première à tenir un grand livre entre ses mains, c'est un privilège tellement rare...

– Comme chef d'entreprise, considérez-vous qu'il est de votre devoir de contribuer à la carrière des femmes, à l'égalité professionnelle hommes-femmes ?

– Pour être très franche, ce n'est pas une question qui me préoccupe particulièrement – sans doute parce que, comme je vous l'ai dit, je n'en ai pas vraiment souffert. Mais à compétence égale, j'essaie de nommer des femmes et, en tout cas, je privilégie la mixité. Mon directeur financier est une femme – c'est même mon véritable bras droit. Les rédacteurs et éditeurs de la maison sont en majorité des filles, mon assistante directe pour l'édition est une femme. Chez Flammarion, il y a beaucoup de jeunes femmes accrocheuses et pleines d'humour. C'est une chance. Je sais bien que la plupart auront des bébés dans les années qui viennent ; non seulement c'est la vie, mais c'est merveilleux.

– Pensez-vous que c'est encore une entrave à leur carrière ?

– C'est entré dans la normalité. Mais après l'accouchement, la vie des jeunes femmes reste très difficile. Entre vingt-cinq et trente-cinq ans, on exige d'elles des prodiges de santé, d'énergie, d'équilibre pour mener de front un métier et la vie de famille. C'est là qu'elles auraient besoin d'être aidées – et le plus souvent, elles n'en ont pas les moyens. Les courageuses font comme si de rien n'était. Mais vous voyez les cernes sous leurs yeux, vous remarquez qu'elles regardent plus souvent leur montre. J'essaie d'être attentive. Surtout, je leur demande de me prévenir en cas de problème : je préfère qu'elles rentrent chez elles plutôt qu'elles restent au bureau en ayant la tête ailleurs. Nous avons des métiers qui le permettent...

– Vous êtes l'un des éditeurs de Ségolène Royal[1]. Diriez-vous que sa candidature et sa campagne prési-

---

1. Flammarion a coédité en 2007 avec Hachette Littérature *Maintenant*, livre d'entretiens avec Ségolène Royal recueillis par la journaliste Marie-Françoise Colombani.

dentielles ont fait progresser la cause des femmes en France ?

– Je n'en suis pas sûre. L'histoire est belle, de cette femme qui parvient à s'imposer à son parti, à soulever des foules... Je l'ai souvent trouvée impressionnante. J'ai moins aimé son côté autoritaire et parfois confus, son narcissisme et sa volonté manifeste d'utiliser trop ouvertement sa féminité m'ont gênée – le fait, par exemple, d'avoir décidé du jour au lendemain de ne plus porter que des jupes alors que je l'avais souvent vue en pantalon auparavant... Un petit côté Evita Perón, aussi... J'ai constaté aussi que les femmes n'ont pas vraiment porté sa candidature. Il doit y avoir des raisons... Mais si elle a donné l'idée, voire l'envie, à des petites filles d'aujourd'hui de se présenter demain à l'élection présidentielle, alors oui, elle aura fait avancer les choses.

Mercedes Erra

« Mes associés avaient partagé les stock-options sans moi. »

Avec ses cheveux courts et décolorés, ses minijupes et ses talons aiguilles, elle a tout d'une héroïne de Pedro Almodovar – jusqu'au sang espagnol qui coule dans ses veines. Tonique, passionnée et affranchie, cette fille de pub devenue businesswoman continue de flirter avec l'excentricité ; bousculer les idées reçues n'est pas pour lui déplaire. Née le 23 septembre 1954 à Barcelone, sa première réussite fut celle de l'intégration par l'excellence : arrivée en France à l'âge de six ans, elle a suivi des études brillantes qui l'ont conduite jusqu'au Capes [1] de lettres en 1977 puis, après le rêve manqué de l'agrégation, au diplôme d'HEC en 1981. Recrutée comme assistante de publicité par l'agence Saatchi & Saatchi, elle en était directrice associée cinq ans plus tard, avant d'en être promue directrice générale en 1990. En 1995, elle fonde avec Rémy Babinet et Éric Tong Cuong une agence baptisée de leurs initiales respectives, BETC,

1. Certificat d'aptitude au professorat de l'enseignement secondaire.

filiale de Havas. Présidente de BETC-Euro RSCG (Roux Séguéla Cayzac et Goudard) depuis 2000, elle est nommée en 2002 à la tête de Euro RSCG France. En 2005, elle devient coprésidente (avec Stéphane Fouks) de Euro RSCG Worldwide et directrice générale du groupe Havas. Outre sa percée dans le monde de la communication, ses prises de position parfois provocantes ont fait d'elle une figure des réseaux de femmes – de même qu'un autre signe très particulier : son compagnon, père de trois de ses quatre fils, a choisi la vie d'homme au foyer.

⁂

– Femme d'entreprise, femme d'influence, femme de réseaux, femme de pouvoir : tous ces qualificatifs pourraient convenir pour vous présenter. Lequel préférez-vous ?

– Je ne me préoccupe pas tellement des mots. Ce qui m'intéresse, c'est ce que je fais. Et ce que je suis. Du pouvoir, j'en ai sans doute. Mais à mes yeux, le pouvoir compte moins que la gloire : je voudrais être reconnue pour mon travail. Je préfère être respectée qu'honorée. Mais il y a toujours un problème pour évoquer la relation des femmes avec le pouvoir : on préfère le plus souvent parler d'influence, ou d'un pouvoir indirect, qui s'exercerait sur les hommes, par en-dessous... En réalité, j'ai tendance à penser que les femmes sont moins dans le pouvoir qui s'affiche et plus dans la construction que les hommes. Il faut dire que, depuis des siècles, elles sont en charge de toute la partie privée de nos existences, la maison, la famille... Leurs enjeux sont plus ceux de la vie que ceux du pouvoir.

Du coup, quand elles débarquent dans l'entreprise, une partie de leur tête est ailleurs ; elles sont moins libres. Quand on se demande sans arrêt si les enfants vont bien, on est moins disponible pour le pouvoir.

– Vous pensez que les hommes se fichent de la santé de leurs enfants ?

– Non, mais ils pensent qu'il y aura toujours quelqu'un pour s'occuper d'eux, alors qu'une femme se sent responsable. C'est quand même bizarre, parce que l'enfant, c'est bien un homme et une femme qui l'ont fait ensemble, non ? Mais regardez le poids de l'éducation : même moi, qui rejette ce modèle, moi qui vais jusqu'à contester sa lecture psychanalytique – l'autorité, c'est le père, l'écoute c'est la mère –, je n'arrive pas à ne pas me sentir investie de la maison, de la famille.

– Vous le vivez comme une entrave ?

– Oui. Malgré tout ce que j'ai fait, je considère qu'être une femme et une mère m'a handicapée. C'est une charge mentale qui pèse. Elle impose une priorité : si mes fils ont un problème, je laisse tout en plan et j'y vais. Un père ne raisonne pas comme ça. Donc je le dis sans hésiter : j'aurais été plus loin si j'avais été un homme.

– Avec un mari, quatre enfants et vos responsabilités éminentes, vous passez quand même pour un modèle de conciliation réussie entre la vie privée et la carrière...

– Il faut se méfier des modèles. D'abord, je ne vois pas pourquoi on jugerait qu'une femme qui n'a pas d'enfant a raté sa vie. Il y a bien d'autres façons de réussir sa vie ! C'est insupportable, cette façon de définir la femme par sa maternité. Moi, j'ai adoré faire des enfants, mais chacun est libre de ne pas être du même avis. Je sais bien que certains disent de moi : « C'est bien ce qu'elle a fait ; elle a quand même un mari, des enfants... » Et alors ? Si je ne les avais pas, je serais moins bien ?

La réalité, c'est que les femmes ont toujours travaillé beaucoup plus que les hommes mais que dans l'histoire, quand certaines – très rares – ont eu du pouvoir, c'était par accident ou en tout cas par exception. Les femmes ont été habituées à ne pas en espérer davantage. Regardez le monde d'aujourd'hui : sur la moitié de la surface de la Terre, les femmes sont opprimées, traitées comme des êtres inférieurs, privées de droits et de libertés. Et le reste du monde est à peine choqué !

– Parlez-nous de vos origines, de votre enfance. Vous revient-il des images qui pourraient éclairer ce que vous êtes devenue ?

– Je suis née à Barcelone, dans une famille de la petite bourgeoisie catalane. Ma mère s'était mariée très jeune, elle aimait les fêtes, les belles robes. Quand les affaires de mon père – une petite entreprise de textile, je crois – ont mal tourné, nous sommes partis pour la France. D'un seul coup, nous n'avions plus rien. Nous avons habité dans un village, à la campagne. Mon père est reparti de zéro, il est devenu peintre en bâtiment et, petit à petit, il s'est refait une situation. Il montait des petites sociétés, on déménageait sans arrêt, il rentrait épuisé mais il avait l'air heureux.

Pour ma mère, c'était très dur : elle n'avait rien d'autre à faire que de s'occuper de la maison et elle n'était pas très douée pour ça, alors elle comptait sur moi. Elle détestait préparer les repas, rien n'était jamais rangé. Quand mon père rentrait, elle m'appelait : « Vite, viens m'aider, j'ai oublié de faire la vaisselle ! » Je crois que c'est de là que je tiens mon obsession de l'ordre.

– Vous sentiez votre mère malheureuse ?

– C'était un gâchis. Elle était intelligente, belle, sensible, elle avait voulu se marier tôt pour être indépendante et elle se retrouvait cloîtrée avec quatre enfants, à faire le ménage du matin au soir. Elle voyait bien qu'elle n'était ni une bonne épouse, ni une bonne mère, ni une bonne femme d'intérieur, et elle le disait. Et puis mon père est reparti : il nous a quittés pendant près de dix ans – il avait encore des soucis dans ses affaires, des dettes, il était dans une logique de fuite... Il a fallu que je prenne en charge la famille. C'est sûrement l'origine de mon autre manie : m'occuper de tout.

– Il vous a fallu grandir très vite.

– Ma mère m'a expliqué, des années après, que j'avais eu « un déclic d'immigration » à notre arrivée en France. J'avais à peine six ans, mais j'ai pris ma vie en main. Je n'ai pas vraiment eu d'enfance. J'ai appris la langue en écoutant France Inter – les six premiers mois, je ne disais pas un mot à l'école, j'avais peur qu'on se moque de moi ; tout le monde croyait que j'étais autiste ! Mais le jour où j'ai ouvert la bouche, je parlais parfaitement. Ensuite, j'ai été la meilleure en orthographe, en grammaire, en art... J'ai décidé seule de faire du latin et du grec. Ma mère m'a demandé pourquoi, j'ai répondu : « Pour aller dans les meilleurs écoles. » Plus tard, quand j'ai passé mon Capes pour devenir prof de lettres, je me suis retrouvée avec beaucoup d'immigrés ; j'en ai gardé l'idée que seul l'étranger comprend à quel point la langue est un instrument de pouvoir.

– Dans le contexte familial que vous nous décrivez, il allait de soi pour vous que travailler était une nécessité ?

– C'était si évident que je ne me suis jamais posé la question. À voir mon père, ça avait l'air super de travailler. Et à voir ma mère, rester à la maison pour élever les enfants n'avait rien d'un paradis !

L'avantage de l'enseignement, c'est qu'il y avait un concours à la fin de la première année qui permettait que vos études jusqu'au professorat soient payées par l'État. Je l'ai réussi et, à dix-huit ans, j'étais indépendante. J'avais un poste de prof de français dans un lycée, j'étais toute jeune, j'aurais pu être ravie mais je me suis vite sentie frustrée : j'avais du mal à supporter que tout le monde soit payé au même niveau – j'ai toujours préféré la méritocratie – et je voulais tellement bien faire que j'espérais que l'inspecteur passe dans ma classe tous les jours ! J'ai compris que ça ne pourrait pas durer longtemps...

– Vous avez alors opté pour des études commerciales. Ce choix répondait-il à la volonté d'acquérir une aisance matérielle, à la frustration de l'argent qui vous avait manqué durant l'enfance ?

– C'était plutôt l'inverse ! À l'époque, je me sentais du monde de la culture, j'avais rêvé de l'agrégation, j'adorais Proust : pour moi, HEC, c'était presque une compromission avec l'argent. Non, ce qui m'attirait, c'était l'entreprise. J'avais l'intuition que je pourrais y recycler le petit don que je pensais avoir pour l'enseignement – communiquer quelque chose aux autres...

– Dans votre promotion, y avait-il beaucoup de filles ?

– Près de la moitié, je crois, mais je n'y faisais pas attention[1]. Aujourd'hui, ce sont des détails qui intéressent mais il faut comprendre que moi, je n'ai jamais eu le sentiment d'être élevée par mes parents comme une fille plus que comme un garçon – sauf pour les tâches domestiques, parce que ma mère ne demandait rien à mes frères : elle était persuadée qu'ils ne sauraient pas ! Donc je ne cherchais pas à savoir s'il y avait une concurrence ou un rapport de forces entre les mecs et les filles, je ne me voyais tout simplement pas comme quelqu'un de différent. Je m'imaginais mariée avec des enfants, et aussi avec un métier que j'aimerais, et je ne voyais pas où était le problème. Je suis sûre que c'est l'une des raisons de mon succès : je suis entrée dans le monde du travail avec une grande naïveté.

– Quand avez-vous pris conscience de la difficulté pour une femme de tout concilier ?

– Très tard. De toute façon, j'ai toujours travaillé énormément. J'adore ça ! Et puis il faut être honnête : les postes à responsabilité exigent une très grande disponibilité. Il faudrait quand même arrêter de raconter aux filles qu'elles vont pouvoir accéder aux plus hautes fonctions en demandant des congés de maternité de six mois et des tiers temps ! La réalité, c'est autre chose. Moi, je ne décroche jamais. Même quand j'ai eu mes

1. Depuis l'ouverture d'HEC aux femmes, en 1976, celles-ci représentaient environ un cinquième des diplômés (5 100 sur 25 000 diplômés) en 2006. Source : HEC au Féminin.

enfants, je ne me suis jamais vraiment arrêtée. Mes associés et mes collaborateurs savent qu'en cas d'urgence ils peuvent m'appeler à toute heure, y compris le week-end. Diriger les autres vous impose des devoirs. En tout cas, moi je le vis comme ça. Est-ce que je le dois à mes origines immigrées ou au fait que je suis une femme ? Je n'en sais rien, mais il y a chez moi une obsession du mérite – je veux prouver que je mérite ce que j'ai.

– Aujourd'hui encore ?

– Avec le temps, j'ai fait des progrès. Mais je ne suis pas tout à fait guérie.

– Racontez-nous votre rencontre avec l'univers de la publicité.

– Quand j'étais à HEC, j'ai fait un stage chez Saatchi. Au bout d'un mois, je me trouvais très à l'aise. Je bossais comme une folle et j'avais l'impression de m'amuser. J'ai tout de suite aimé ce mélange de concret et d'abstrait – le produit et l'idée –, l'émulation de la concurrence, le contact avec les clients. Le jour où l'un d'eux a dit à mon patron : « La petite, vous devriez la garder », il a voulu m'embaucher sur-le-champ. J'ai terminé l'école en travaillant pour l'agence le soir ; ça commençait bien !

– La capacité de travail, c'est peut-être une autre raison de votre réussite...

– Je crois surtout que j'étais bonne. Ça peut paraître prétentieux, mais il m'a toujours paru évident qu'il faut aller vers le métier pour lequel on est doué. À l'école, déjà, j'étais très bonne élève et en même temps, j'étais déléguée de classe et je harcelais les profs au moindre problème, je voulais tout régler, aider tout le monde. Eh bien, j'ai continué sur ma lancée. J'ai déboulé chez Saatchi comme si l'agence m'appartenait. L'autorité ne m'a jamais impressionnée : je suis une rebelle. J'ai le sens des responsabilités, mais pas de l'obéissance ; donnez-moi un ordre et je fais le contraire. Très vite, j'ai eu de plus en plus de budgets sur mes épaules. On me disait : « Il y a un type qui est parti, on a une urgence ; tu crois que tu pourrais le faire ? » Et moi je répondais : « Pas de problème, j'essaye. »

– Vous n'avez jamais connu la fameuse autocensure qui ralentit si souvent la carrière des femmes ?

– Jamais. J'ai eu, bien sûr, des expériences difficiles, quelques échecs. Mais j'avais une chance – dont je ne me rendais pas totalement compte : je pouvais bosser un jour et une nuit sur un projet sans qu'on en voie une trace sur mon visage. J'arrivais le matin gaie et fraîche, comme si de rien n'était. Je travaillais par passion bien plus que pour le salaire de misère qu'on me donnait. C'était une grande force.

J'en avais une autre – qui rejoint la naïveté dont j'ai déjà parlé et aussi l'indifférence à l'égard des hiérarchies officielles : même à mes débuts, je ne me suis jamais sentie en bas de l'échelle ; je me sentais partie prenante d'un ensemble, dans lequel il y avait des choses à faire. Alors parfois, j'agissais sans qu'on me l'ait demandé : j'ai commencé par organiser le secrétariat, dont personne ne s'occupait, puis je me suis mise en tête de classer toute l'agence. Je vous l'ai dit : j'aime bien les choses bien rangées !

– Vous aviez une stratégie de conquête ?

– Je n'ai jamais voulu conquérir des territoires. J'ai plutôt la culture du partage – et ça vaut pour les responsabilités. Je voulais progresser, mais dans mon job plus que dans l'organisation ou le salaire. En faire toujours plus. Je pensais que je n'avais aucune limite. J'ai passé des années à grimper sans être capable de demander un poste ni de réclamer une augmentation. Un poste au-dessus du mien se libérait, je l'occupais, ça marchait et on officialisait ensuite. Je suis montée de cette façon jusqu'à la direction générale ! Tout est allé très vite. Chaque fois que des chasseurs de tête m'appelaient pour me proposer un poste plus élevé dans une autre boîte, je répondais : « Vous arrivez trop tard, j'ai déjà ça chez Saatchi... »

– Finalement, vous avez quitté Saatchi & Saatchi quand vous avez pensé que vous ne pourriez pas monter plus haut. Vous aviez enfin trouvé une limite ?

– On peut le voir comme ça. En fait, j'avais progressé si vite que je n'avais jamais eu le temps de me poser la question de l'après. Je ne regardais pas l'horizon. Ce qui m'intéressait, c'était de faire bouger l'agence tout de suite et de me faire bouger avec elle. Quand je me suis retrouvée directrice générale, j'étais la reine : j'avais à peine plus de trente ans, un patron que j'appréciais, et j'avais tout organisé, tout rangé, choisi des tas de gens. J'étais obligée de me demander ce que j'allais faire de la deuxième partie de mon histoire professionnelle : je ne pouvais pas m'arrêter là... Un autre argument a pesé : j'avais envie de contribuer à défendre la publicité française face aux Anglo-Saxons. Je sais, c'est un peu bêtement nationaliste, mais c'est ainsi – peut-être encore un raisonnement d'immigré qui exprime sa reconnaissance à la terre qui l'a accueilli...

– Diriez-vous que l'univers de la pub est plus accueillant pour les femmes que le monde de l'entreprise en général ?

– On pourrait le croire parce qu'en effet, il y a énormément de femmes dans les agences. Mais comme partout ailleurs, plus on s'approche du sommet, moins il y en a. Quand j'ai siégé pour la première fois au conseil de l'association des agences de conseil en communication, j'ai eu un choc en entrant dans la pièce : tous les patrons étaient des hommes et la seule femme était une secrétaire ! J'ai repensé à un épisode que raconte Françoise Héritier[1] : elle participe à une réunion et, autour

1. Anthropologue célèbre, Françoise Héritier a été l'élève de Claude Lévi-Strauss. Elle a consacré l'essentiel de ses recherches aux fondements de la domination masculine. Elle est notamment l'auteur de *Masculin, Féminin. La pensée de la différence*, Odile Jacob, 1996.

d'elle, il n'y a que des mecs ; sur le papier, tous sont à égalité mais à l'instant où on décide qu'il faut prendre des notes, tous les regards se tournent vers elle... Alors elle répond : « Je n'ai pas été plus que vous programmée pour faire la secrétaire ; donc, si vous voulez des notes, prenez-les. » Vous savez comment ça s'est terminé ? Personne n'a pris de notes ! J'ai trouvé sa réaction géniale – encore que moi, les notes, je les aurais prises tout de suite, sans qu'on me le demande ; en fait, je me serais dit : « Il vaut mieux que tu le fasses ; avec eux, on ne va pas s'en sortir... »

Parfois, on me fait remarquer que je suis un cas. Je n'en suis pas spécialement fière. Je trouve choquant que, dans ce métier, les femmes soient si peu nombreuses dans les postes de pouvoir alors que précisément il y en a tant à la base. Dans la finance, c'est différent : il y en a très peu dès le départ ; comment s'étonner que les hommes trustent les places au sommet ? Finalement, ce qui se passe dans la pub est plus révélateur.

– Depuis la création de votre agence, BETC, en 1994, vous avez constamment partagé les responsabilités de dirigeant avec des hommes. Avez-vous parfois ressenti l'inégalité de traitement que vous évoquez ?

– Absolument. D'abord, j'ai mis des mois à comprendre que certains – y compris parmi mes associés – profitaient d'un de mes traits de caractère que j'avais la bêtise de prendre pour une force : à l'extérieur, devant les clients ou avec les journalistes, je ne cherchais jamais à revendiquer mon travail ; je ne disais pas : « Les bébés Evian, c'est moi » ; je ne m'attribuais pas un travail que j'estimais collectif, même quand j'y avais pris une part décisive. Chez moi, ça n'est pas de la modestie mais de l'orgueil. J'aurais honte de me sentir obligée de défendre mon travail, comme j'ai longtemps eu honte de demander de l'argent et des titres – il me semble que c'est une attitude assez féminine. Jusqu'au jour où j'ai découvert que, en mon absence, d'autres s'attribuaient mon boulot. Ça m'a ouvert les yeux.

J'ai subi d'autres injustices sur le plan financier. J'ai découvert – avec retard – que mes associés avaient partagé les stock-options sans me dire qu'ils en avaient plus que moi. J'ai été horrifiée. Cette capacité qu'ont les garçons à se trouver très beaux et meilleurs que les autres m'a toujours stupéfiée. J'ai exigé qu'on me remette au même niveau, mais la confiance était rompue. Maintenant, je ne me laisse plus marcher dessus.

– Forte de votre propre expérience, avez-vous une politique particulière, au sein d'Euro RSCG, pour promouvoir les femmes ?

– Je vais vous étonner : l'une des choses que je fais pour aider les femmes, c'est que... j'engage des garçons ! Les métiers de la communication et de la publicité se sont énormément féminisés. Or dans la langue masculine dominante, une profession qui se féminise s'appauvrit ; c'est-à-dire que sans qu'on y prenne garde, les salaires diminuent, donc les entreprises attirent moins, donc les hommes ne veulent plus venir, et ainsi de suite. Moi, je crois vraiment à la parité : j'ai plein de filles autour de moi, mais je veux aussi des garçons – et je les veux aussi impliqués les unes que les autres.

C'est pourquoi j'en ai assez qu'on mette sans cesse en avant les questions liées à la maternité, aux absences, au manque de disponibilité des femmes par rapport aux hommes. J'ai choqué quand j'ai dit, récemment, à l'intérieur de l'agence, que je trouvais anormal qu'une femme parte six mois après son accouchement sans donner de nouvelles ni en demander à ceux avec qui elle travaille. Pourquoi une maman qui adore son bébé devrait-elle obligatoirement délaisser son boulot, son équipe ? Quand j'ai fait mes enfants, je n'ai pas cessé de me sentir responsable. Sur ce plan-là, ça n'a rien changé pour moi. Mais je sais que je dérange en disant cela parce qu'en France nous vivons avec le mythe de l'enfant sacré. Mais pour quelle raison l'enfant serait-il plus sacré que tout le reste ? Et pourquoi ne serait-il sacré que pour sa mère ?

– Justement, à la fois vous admettez que les hommes se sentent moins investis de la responsabilité familiale et vous conseillez aux femmes de ne jamais délaisser leur travail. Comment résoudre cette quadrature du cercle ?

– Ne croyez surtout pas que je ne bouscule que les femmes ! Dans tous les cours et les réunions auxquels je participe, je suis bombardée de questions des jeunes filles qui me supplient de leur dire comment j'ai réussi à mener de front ma carrière et ma vie privée. Chaque fois, j'engueule les garçons qui sont dans la salle : « Et vous, pourquoi ça ne vous intéresse pas ? Vous ne vous sentez pas concernés ? » Ils regardent leurs chaussures...

Cela dit, la réalité m'oblige à prévenir les filles que c'est à elles de régler le problème – pour les hommes, ça n'en est pas un ! L'entreprise peut les aider, veiller au déroulement des carrières, à l'égalité des salaires, au retour des congés de maternité – nous le faisons [1] – mais l'essentiel se joue dans leur tête. Après avoir longtemps résisté, j'ai fini par admettre que je pouvais faire figure de modèle pour celles qui veulent y arriver mais qui doutent. Au début, ça m'agaçait. Mais j'ai compris aussi que la vie d'une entreprise dépend beaucoup du comportement de ceux qui la dirigent.

– L'une des interrogations qui revient souvent à votre propos est celle de l'organisation de votre vie privée : ce n'est pas un mystère que vous avez pour compagnon un homme au foyer. Comment vivez-vous tous les deux cette inversion du schéma traditionnel ?

– Sans problème. Un jour, Jean-Paul m'a dit : « Je vais rester à la maison. » Je lui ai répondu qu'il était devenu fou. Jamais je n'en aurais fait autant ! Mais c'est son choix et je le respecte. Il a une relation moins obsessionnelle que moi au travail et à l'indépendance.

1. Euro RSCG a été l'une des premières entreprises françaises à recevoir (en 2005) le « Label égalité » délivré par le ministère de la Cohésion sociale pour distinguer les pratiques encourageant l'égalité professionnelle.

Nous nous sommes rencontrés il y a presque quinze ans. Je l'avais recruté pour réorganiser la documentation de l'agence. Quand on a décidé d'être ensemble, il était clair qu'il ne pouvait pas continuer à travailler dans une boîte que je dirigeais ; mais pas un instant nous n'avons envisagé que je puisse quitter l'agence. C'est donc lui qui est parti. Il a cherché du travail et puis nous avons eu nos enfants. À un moment, je me suis dit que si on voulait trouver du temps pour se voir, il fallait peut-être que je me range à son point de vue et je me suis faite à l'idée qu'il reste à la maison. En mon for intérieur, je pensais qu'il craquerait au bout de six mois... les années ont passé, et il est toujours resplendissant !

– Le regard porté de l'extérieur sur votre couple ne vous dérange ni l'un ni l'autre ?

– On s'en fout puisqu'on est bien. Pour la plupart des gens que nous fréquentons, Jean-Paul est un héros. Il l'est tellement que tous les six mois, j'entends la rumeur qui répète : ça y est, il m'a quittée, il est parti. Mais non, il est toujours là !

Longtemps, j'ai moi-même pensé que je ne trouverais pas d'homme pour partager ma vie et, au fond, je ne m'en trouvais pas plus mal – après tout, je pouvais avoir des amants ! J'ai dit que si j'avais été un homme, je serais allée plus loin. Je pourrais ajouter : s'il n'avait pas été là, je n'aurais pas pu faire ce que j'ai fait. C'est un homme exceptionnel, cultivé, passionné, ouvert aux autres, très sportif, une sorte de Monsieur Muscle très romantique. Tout le monde l'adore. Et il donne à nos enfants le sens de la discipline que je n'ai pas.

– Mais c'est vous qui jouez le rôle classique du chef de famille : celui qui travaille, qui apporte l'argent nécessaire...

– Je suis bien plus qu'un chef de famille : je suis une maman. Je taille les crayons, je vérifie les cahiers. Et l'organisation, le côté administratif, c'est sur mes épaules qu'il repose. Ma déception est là : il faudrait que mon homme soit... une femme ! Je me sentirais moins en charge, plus libre.

– Vous voyez ! Même à vous, le modèle du couple classique finit par s'imposer...

– Jamais de la vie ! Pour moi, il n'y a qu'une règle qui s'impose, c'est le droit de chacun à une vie privée et à une carrière professionnelle ; que tout le monde, hommes et femmes, puisse être responsable chez soi et au dehors. Si je dois servir d'exemple, qu'on regarde juste ce que j'ai fait : toute ma vie, j'ai mélangé le boulot et le privé et j'ai trouvé l'un aussi agréable que l'autre. Que je sois au bureau ou chez moi, je suis la même : même pour les loisirs, je prends des notes, j'organise, je décide... Et je n'ai aucune gêne à dire que le travail apporte les rencontres les plus enrichissantes de l'existence, quand tellement de gens s'emmerdent à la maison ! Je refuse de me laisser enfermer dans des représentations stéréotypées : autant dire que je ne trouve pas plus particulièrement génial d'avoir un homme au foyer que de voir des femmes renoncer à travailler pour s'occuper de leurs enfants. D'ailleurs, je vous fais une confidence : quand les enfants auront grandi, j'ai bien l'intention de le secouer un peu pour qu'il reprenne un boulot...

Élisabeth Guigou

« Quand une femme réussit,
sa visibilité devient un atout. »

Sa carrière est l'une des plus belles de la vie politique hexagonale. Née le 6 août 1946 à Marrakech, elle est sortie de l'ENA pour entrer à la direction du Trésor, a gravi avec promptitude les échelons de la carrière administrative avant de fréquenter les allées du pouvoir. Après un bref passage, en 1982, au cabinet de Jacques Delors au ministère des Finances, elle devint conseillère de François Mitterrand, qui la nomma, en 1990, ministre déléguée chargée des Affaires européennes. Élue députée du Vaucluse en 1997, elle a ensuite été ministre de la Justice (1997-2000) puis de l'Emploi et de la Solidarité (2000-2002) sous le gouvernement de Lionel Jospin, auprès de qui elle a été l'une des dirigeantes socialistes les plus actives pour la préparation de la loi sur la parité, adoptée en 2000. Blonde et jolie, elle n'aime guère être qualifiée d'« hitchcockienne » et s'est souvent réfugiée dans une forme de distance qui a pu passer pour de la froideur. C'est pourtant une optimiste et une battante qui aime s'amuser, mais que les réflexes machistes du personnel politique continuent d'horripiler. « Les citadelles du machisme tombent une à une, a-t-elle écrit. La citadelle politique se rendra à son tour lorsque des vagues de femmes, persuadées que rien ne peut leur être interdit, auront décidé de l'investir[1]. » Élue députée de Seine-Saint-Denis en 2002 puis en 2007, elle est mariée et mère d'un fils.

⁂

– Y a-t-il des éléments dans votre enfance qui vous paraissent pouvoir expliquer que vous ayez consacré votre vie d'adulte à des fonctions de pouvoir ?

– J'ai grandi au Maroc dans les années 1950, c'est-à-dire dans un monde ouvert où j'ai senti, très tôt, que rien ne m'était interdit en tant que fille : les écoles étaient mixtes, les enfants faisaient du sport, notre mode de vie était empreint de liberté – bien plus qu'en France à cette époque ! J'étais l'aînée de trois enfants – un frère et une sœur. Mon père dirigeait une petite conserverie d'olives et d'abricots, qu'il avait fondée après la guerre ; ma mère était femme au foyer, mais elle était étroitement associée à ses affaires. Ils formaient d'ailleurs un couple très uni, très complémentaire. Et,

1. Élisabeth Guigou, *Être femme en politique*, Plon, 1997.

surtout, ils n'avaient pas fait beaucoup d'études, mais ils étaient attachés à la culture. À la maison, il y avait des tas de livres, des revues d'art, et, le soir, on écoutait en famille des disques d'opéra...

– Vous communiquaient-ils de l'ambition ?

– Énormément. Mon père me parlait souvent de sa mère, qui est morte avant ma naissance : issue d'une famille de paysans du Vaucluse très pauvres, elle avait réussi le concours des Postes en 1917 et était partie seule, à dix-huit ans, créer la Poste au Maroc. Elle était réputée comme l'intellectuelle de la famille et ce qu'il m'en disait me confortait dans l'idée qu'il fallait travailler, prendre sa vie en main, ne pas craindre de voyager, avoir envie de réussir. Mes parents ne roulaient pas sur l'or, mais l'été ils nous emmenaient en caravane visiter la France, l'Italie, l'Espagne – mon père en profitait pour rencontrer ses représentants sur place, puisqu'il vendait ses conserves un peu partout en Europe. Et dès l'âge de douze ans, ils m'ont envoyée en Angleterre pour que j'apprenne la langue.

– Étiez-vous bonne élève ?

– Plutôt. Mais j'ai eu une adolescence assez rebelle, où je me suis affrontée à mon père, parce qu'à partir de douze ou treize ans j'ai senti qu'il bridait ma liberté. Au même moment, des tensions montaient dans le pays. Mes parents avaient choisi de rester au Maroc après l'indépendance[1] – c'était notre pays, notre vie était là –, mais il se disait que toutes les petites entreprises allaient être nationalisées... Avec ce climat particulier, j'ai commencé à m'interroger sur ce qui se passait en Algérie et ailleurs et je me suis sentie proche des thèses anticolonialistes – sans doute parce qu'elles faisaient écho à mes propres envies d'indépendance...

Mon père rêvait de faire de nous des enseignants, des professeurs : le savoir, la sécurité. Moi, je me voyais plutôt en diplomate. Pour ça, il fallait faire Sciences-Po. Mais quand j'ai dit à mes parents que je voulais partir pour Paris, ils m'ont répondu : « Pas question. » Ce refus, je l'ai vécu comme une injustice, parce que je voyais bien que si j'avais été un garçon on m'aurait laissée partir.

– Mais vous avez quand même quitté la maison...

– J'ai passé mon bac à seize ans, à Marrakech, et ensuite, en effet, je suis allée à la faculté de Rabat pour préparer une licence d'anglais. Je vivais dans un foyer de jeunes filles ; ce fut une période très enrichissante et exaltante, je me sentais à nouveau libre. Mais j'ai dû partir en 1964 parce que les diplômes marocains n'étaient plus homologués en France. Mes parents ont quitté le Maroc l'année suivante et ont investi dans une petite exploitation agricole. Moi, j'avais atterri à Montpellier, où j'ai eu mon diplôme... et où j'ai rencontré

1. En 1956.

Jean-Louis. J'avais vingt ans. On s'est mariés à la fin de l'année...

– Le mariage comme dernière marche vers l'émancipation ?

– C'était une époque où on ne vivait pas en couple sans être marié. Nos familles étaient catholiques, ça ne se faisait pas ; aujourd'hui, ce serait différent, mais ça s'est fait comme ça et, rétrospectivement, je ne l'ai jamais regretté.

– Votre rêve de diplomate, vous l'aviez perdu ?

– Pas du tout. Je m'étais renseignée et on m'avait conseillé de préparer l'ENA. Alors après la licence, j'ai passé un diplôme d'études supérieures d'anglais, suivi des cours d'économie à la fac de Montpellier – mon mari y était maître-assistant –, commencé une prépa à l'Institut d'études politiques d'Aix-en-Provence. Mais au bout d'un an ou deux, j'ai convaincu Jean-Louis que si on voulait y arriver, moi à intégrer l'ENA et lui à passer l'agrégation d'économie, il fallait qu'on aille à Paris. Il a trouvé un job dans un laboratoire de recherches et on est partis. Mais j'ai été refusée à la Prép-ENA de Sciences-Po...

– Pourquoi ?

– Les candidatures étaient sélectionnées sur dossier. J'étais provinciale, fille d'agriculteurs, mes diplômes n'étaient pas spécialement brillants, et j'étais mariée ! Peut-être que si j'avais été fille – ou, encore mieux, fils – de haut fonctionnaire, ça se serait passé autrement. Heureusement, mes professeurs d'Aix-en-Provence m'ont recommandée pour la préparation du ministère des Finances, qui formait ses propres candidats au concours d'entrée à l'ENA, et c'est ainsi que j'ai fini par y arriver – à la troisième tentative, quand même !

– Vous souvenez-vous si les filles étaient nombreuses dans votre promotion ?

– Nous étions une vingtaine, sur cent cinquante élèves. J'étais première au classement d'entrée, mais je sentais bien qu'on m'observait : mes origines, mon parcours intriguaient un peu. Il y avait un doute sur ma capacité à tenir, à réussir. Par chance, on m'a vite proposé de participer à des groupes de travail et là, j'ai pu montrer de quoi j'étais capable.

– Sentiez-vous que certains emplois prestigieux pourraient vous être interdits à la sortie de l'ENA parce que vous étiez une femme ?

– Non. Le directeur de l'époque, Pierre Racine, haut fonctionnaire gaulliste très humaniste, empêchait toute forme de discrimination. À partir de mon entrée à l'école, je ne me suis jamais sentie ostracisée ni même handicapée. J'ai fait mon stage chez un préfet très ouvert, qui était père de quatre filles... Bien sûr, on se sent souvent guettée, comme toutes les femmes quand elles ont des responsabilités. Mais quand on réussit, la visibilité qui est la nôtre devient un atout.

– À la sortie de l'ENA, pourquoi n'avez-vous pas choisi la carrière de diplomate dont vous rêviez ?

– Une fois dans la place, l'idée m'a vite abandonnée parce que j'ai compris que c'était un métier en voie de perte d'influence. Au fond, j'avais rêvé de la diplomatie pour ne plus jamais revivre mon adolescence, quand je ne comprenais rien à ce qui se passait autour de moi et dans le monde. Mais mon désir réel était d'avoir un peu de prise sur les événements, pour ne pas être mise devant le fait accompli, comme mes parents obligés de quitter le Maroc du jour au lendemain. À l'ENA, j'ai compris que les diplomates ne faisaient pas l'histoire et que l'influence était ailleurs. Moi, je voulais être partie prenante de ce qui se décidait dans les affaires publiques, dans ce qui oriente la vie des gens.

– Est-ce le choix de privilégier cette ambition qui vous a conduite à ne pas fonder une famille tout de suite ?

– Oui et non. Jean-Louis et moi nous étions mariés parce qu'on voulait vivre ensemble. Il était clair que les enfants viendraient plus tard, après la fin des études. La question s'est donc posée quand je suis entrée à la direction du Trésor, j'avais vingt-sept ans. Si tout s'était déroulé comme nous le souhaitions, j'aurais eu un enfant à ce moment-là. Ça ne s'est pas fait et il a fallu que j'attende l'âge de trente-quatre ans, dans un processus difficile d'ailleurs, pour que notre enfant naisse. Ce n'était pas une volonté d'attendre, à cause de la carrière ou d'autre chose. C'était ainsi.

– Au ministère des Finances, votre envie de peser sur le cours des événements était-il comblé ?

– C'était formidable et passionnant : le cœur de l'État, l'endroit où se décidait le fonctionnement de tout le système économique et financier du pays. J'établissais des rapports de prévision sur le financement de l'État, j'apprenais à souscrire de grands emprunts sur les marchés de capitaux internationaux, je recevais dans mon bureau les investisseurs japonais...

– C'était aussi le cœur d'un monde réservé aux hommes, non ?

– J'ai été très bien accueillie. Nous étions deux jeunes femmes à intégrer, pour la première fois, la direction du Trésor[1]. C'était en juin 1974, juste après l'élection de Valéry Giscard d'Estaing à la présidence de la République. Des consignes avaient dû être données. Mais c'est vrai que dans les réunions, on nous regardait avec étonnement : la première fois que j'ai participé à une adjudication de bons du Trésor, je me suis retrouvée au milieu des chefs de trésorerie de

1. Avec Ariane Obolensky, ancienne conseillère économique d'Édith Cresson à Matignon (1992), coprésidente du Club de Paris (1992-1994), aujourd'hui directrice générale de la Fédération bancaire française.

toutes les banques françaises, tous des messieurs, tous plus âgés, ils écarquillaient les yeux !

C'étaient des années où les choses bougeaient : Simone Veil et Françoise Giroud étaient au gouvernement – même si on voyait bien que leurs promotions ressemblaient à des alibis –, la conquête de la contraception et de l'IVG était lancée. Moi, militante de gauche, je voyais cela comme une brèche, un commencement : les femmes ministres ne pourraient pas éternellement rester cantonnées à la Culture et aux Affaires sociales ! Je ne voyais pas pourquoi il n'y aurait pas, un jour, une femme directeur du Trésor, gouverneur de la Banque de France ou, bien sûr, ministre des Finances – comme cela vient seulement d'arriver !

– Vous avez parfois évoqué la question du physique, la difficulté d'être une jolie femme dans les milieux de pouvoir. Il nous a semblé que cette question vous avait parfois pesé...

– Il ne faut pas exagérer : ça peut être un avantage et un désavantage. À l'ENA, ça m'a aidée à intégrer des groupes auxquels mes origines et mon parcours ne me permettaient pas forcément d'accéder. Mais encore fallait-il avoir assez de compétences pour apporter quelque chose aux autres ! C'est cela, le piège : être réduite à son physique. Parfois, certaines attitudes, certains regards vous le font sentir. C'est une forme de pression que je n'ai jamais supportée. C'est peut-être pour ça que j'ai acquis une espèce de distance – certains disent froideur – qui est d'abord une protection...

– Lorsqu'une jolie femme réussit, il arrive qu'à cette « pression » s'ajoutent des rumeurs malveillantes sur les causes de sa réussite...

– Hélas. J'ai vécu cela lorsque j'étais à l'Élysée. Après la réélection de François Mitterrand, en 1988, je suis passée de petite conseillère de base à un statut bien plus visible, puisque j'étais chargée des Affaires européennes et qu'il avait décidé d'en faire sa priorité. J'avais un accès direct au président, je le voyais régulièrement en tête-à-tête, ça suscitait des jalousies. Là, les petites remarques ont commencé, puis les rumeurs plus insistantes sur le thème : « Si elle marche aussi bien, c'est qu'elle a couché avec Mitterrand. » Ça m'a blessée.

– Comment avez-vous réagi ?

– J'ai foncé voir les principaux collaborateurs de Mitterrand – Hubert Védrine, Christian Sautter, Michel Charasse et Jean-Louis Bianco – et je leur ai dit : « Si vous ne faites pas cesser ces bruits lamentables, je m'en vais et je dis au président pourquoi je m'en vais. » Je sais qu'eux n'y étaient pour rien, mais le message a dû passer. Je n'en ai plus entendu parler.

– Du coup, vous n'en avez jamais parlé à Mitterrand ?

– Non. Mais avec lui, les rapports avec les femmes étaient autrement plus intéressants. Il aimait leur compagnie, on le sait, et il respectait la liberté de chacun. Rappelez-vous : il a toujours eu beaucoup de collaboratrices autour de lui, à l'Élysée ; il nous faisait confiance tout en étant très exigeant et à nous aussi, sa fréquentation apportait énormément. En l'entendant me dire, un jour, l'admiration qu'il éprouvait pour sa mère, j'ai compris pourquoi cet homme-là ne pouvait pas sous-estimer les femmes. Je me souviens très bien que, chaque fois qu'il avait à pourvoir un poste important, il exigeait qu'on lui présente trois noms, dont une femme et un (ou une) non énarque. Il disait : « Être femme, c'est déjà être différent. » Et il appréciait la différence.

– C'est en 1981, au moment de son accession à l'Élysée, que vous entrez vraiment en politique ?

– Un peu plus tard. Pendant la campagne présidentielle, nous vivions à Londres. La direction du Trésor m'y avait envoyée en 1979 pour deux ans, comme attaché financier à l'ambassade de France – c'était la règle à l'époque pour pouvoir grimper dans la hiérarchie. Jean-Louis finissait sa seconde thèse. Nous étions dans les réseaux d'experts du PS depuis longtemps. J'avais servi de « petite main » pendant la campagne de 1974. D'Angleterre, j'ai envoyé des notes, sur les débuts de l'expérience Thatcher, notamment. Et on organisait des réunions d'appartement avec un groupe de copains. Quand Mitterrand a gagné, on m'a proposé d'entrer au cabinet de Laurent Fabius au ministère du Budget, mais j'ai refusé. Ce qui m'intéressait, c'était l'économie.

Quand un poste s'est libéré, j'ai fini par entrer au cabinet de Jacques Delors[1], en février 1982.

– Entre-temps, votre vie avait profondément changé : votre enfant était né, en 1980. Est-ce que la maternité a changé votre façon d'aborder les choix professionnels ?

– Ça n'a rien changé à ma carrière, si c'est cela que vous voulez dire. J'ai toujours pensé qu'à partir du moment où les femmes font des enfants, l'État doit les aider. Donc, j'ai pris mon congé de maternité sans aucune forme de culpabilité, et je me suis dit que si j'avais d'autres enfants je recommencerais. Cela dit, la maternité vous oblige à hiérarchiser les priorités : si j'avais senti que mon travail posait un problème par rapport à notre enfant, j'aurais changé de métier sans hésiter. Mais la question ne s'est jamais posée en ces termes parce mon mari a toujours partagé avec moi les charges de la maison et l'éducation de notre enfant et que nous avons pris ensemble toutes les décisions importantes qui engageaient la vie de la famille. Il m'a toujours soutenue, jamais freinée. Je mesure la chance que j'ai eue de l'avoir, par rapport à tant d'autres femmes...

– Mais il travaillait, lui aussi, et il a occupé des postes importants[2]. Comment faisiez-vous quand votre fils tombait malade, par exemple ?

1. Ministre de l'Économie et des Finances de 1981 à 1984.
2. Jean-Louis Guigou a notamment été conseiller au cabinet de Michel Rocard au ministère du Plan (1982), puis délégué à l'Aménagement du territoire et à l'action régionale (DATAR), de 1997 à 2002.

– On se débrouillait ! Nous étions quand même très privilégiés : nous avons toujours eu quelqu'un à la maison pour le garder. Mais j'ai connu, deux ou trois fois, le coup classique de l'appel au téléphone de l'école : j'ai plaqué la réunion à laquelle je siégeais, et je suis allée le chercher...

– En 1990, François Mitterrand vous nomme ministre déléguée aux Affaires européennes. Avez-vous accepté sans hésiter ?

– Là, c'était un vrai choix de vie différent. Parce que je ne voulais pas me contenter d'être nommée ; je voulais être élue. Donc pour moi, devenir ministre, c'était aussi me préparer à être candidate à des élections, à entrer dans le combat politique proprement dit. Je lui ai demandé vingt-quatre heures pour réfléchir. Mon mari m'a dit : « Fonce. On y arrivera. » Édouard avait dix ans : je l'ai prévenu que, dorénavant, il risquait d'entendre parfois à mon propos des choses qui le blesseraient...

– Vous aviez à ce point intégré la violence du monde politique ?

– J'avais senti que j'allais être encore plus exposée. Jean-Louis et moi, nous savions que nous pouvions résister, mais un enfant, c'est plus vulnérable. Et je dois dire que ç'a été encore bien plus dur que je ne l'imaginais...

– Racontez-nous.

– La campagne électorale, c'est l'arène. Un univers cruel, impitoyable, où tous les coups sont permis, même les plus bas. Je l'ai compris au moment des élections régionales de 1992, quand j'ai vu, au bord de la route, sur une énorme pierre, l'inscription : « Guigou = putain », en lettres géantes, et qu'on m'a expliqué que ce genre d'attaques était inévitable et qu'une plainte ne servirait à rien. Deux ans plus tard, aux cantonales à Avignon, mes affiches étaient barrées d'un bandeau : « 36 15 Tonton ». Ces attaques, lâches et ignobles, m'ont meurtrie ; mais elles m'ont aussi aidée à comprendre que le combat des femmes n'était pas achevé et qu'il devait être solidaire et collectif.

Avant cela, j'avais tendance à croire, naïvement, que l'essentiel était acquis ; je n'avais pas connu le temps où une femme devait être autorisée par son mari à disposer d'un compte bancaire et sans doute qu'au fond ma propre réussite professionnelle m'avait caché la réalité de la situation des femmes. C'est en recevant ces coups – si violents que j'avais vraiment l'impression d'avoir été frappée – que j'ai compris que la réussite de quelques femmes emblématiques, même de plus en plus nombreuses, ne suffirait pas à établir la vraie parité et qu'il faudrait toujours que les femmes qui y sont arrivées pensent à toutes les autres. Alors moi, j'ai décidé d'affronter, de parler : sur la scène de mes meetings, j'ai dénoncé ces injures. Et j'ai retourné la honte contre leurs auteurs.

– Édith Cresson, nommée Premier ministre en 1991 par François Mitterrand, a fait elle aussi l'expérience de ces attaques. Elle a regretté que la solidarité des femmes lui ait fait défaut. Partagez-vous ce sentiment ?

– Ce qu'elle a subi était ignoble. Nous avons été quelques-unes à réagir, mais c'était sans doute déjà trop tard. Alors en 1997, au moment de la formation du gouvernement de Lionel Jospin – nous étions huit femmes ministres [1] –, nous nous sommes jurées de ne rien laisser passer, pas même une grivoiserie à l'Assemblée. On était prêtes à faire front ensemble.

– Diriez-vous que l'expérience Cresson a constitué une avancée pour la cause des femmes ou un échec ?

– Je pense que sa nomination a libéré quelque chose mais qu'au total, malheureusement, l'effet a été plutôt négatif. Ce fut un moment douloureux, amer, qui a atteint toutes les femmes à travers elle. Édith Cresson n'était pas préparée et Mitterrand l'a poussée avec légèreté dans la fosse aux lions. C'était une battante et une femme bien, mais elle maîtrisait mal le fonctionnement de l'appareil d'État. Chose rarissime, Mitterrand a mal jugé sa capacité à réussir. Il a voulu surprendre, faire un coup, mais elle n'a pas tenu. Elle ne méritait pas cela.

1. Martine Aubry, Élisabeth Guigou, Catherine Trautmann, Dominique Voynet, Marie-George Buffet, Marylise Lebranchu, Ségolène Royal et Michelle Demessine.

– Vous avez redouté le même type d'attaques contre Ségolène Royal ?

– On a quand même entendu des propos consternants de la part de certains dirigeants du PS ! Les phrases du genre : « L'élection n'est pas un concours de beauté » ou « Qui va garder les enfants ? », c'était incroyablement bas, non ? J'ai pris fermement position contre ces comportements.

– À la même question que pour Édith Cresson, que répondriez-vous : sa campagne présidentielle a-t-elle fait progresser la cause des femmes ou ne gardera-t-on que le souvenir de son échec ?

– Ce qu'elle a fait a déjà apporté un changement considérable : pendant plusieurs mois, l'opinion s'est habituée à l'idée qu'avoir une présidente à l'Élysée n'était plus une idée folle, mais une vraie possibilité. Rien que cela suffit à modifier les représentations traditionnelles du pouvoir et c'est beaucoup. Mais il est évident que cela ne suffit pas. Il faudra qu'un jour une femme réussisse à gagner l'élection présidentielle, à être crédible pour cette fonction en conjuguant l'image et le fonds. Ce jour-là, la cause des femmes aura fait un grand bond en avant. Il faudra aussi des initiatives fortes dans tous les domaines – pas seulement la politique – pour avancer.

– La parité en politique, à laquelle vous avez largement contribué, reste inachevée. Faut-il aller plus loin et comment ?

– Incontestablement, il le faut parce que les grands partis – y compris le mien – violent délibérément la loi. Les mêmes réticences demeurent : quand Lionel Jospin a voulu imposer, en 1997, que le PS présente 30 % de femmes aux législatives, un tas de responsables socialistes lui ont prédit : « Tu vas nous faire perdre les élections. » J'ai pu mesurer alors combien ce parti était profondément misogyne : j'ai vu tous ces élus, ces barons qui s'accrochent à leurs postes en cumulant allègrement les mandats. Il y a eu quelques progrès depuis, mais le problème est loin d'être réglé : dans l'Assemblée issue du scrutin de 2002, il n'y avait que 12,5 % de femmes... Et depuis le 17 juin 2007, il n'y en a encore que 107 sur 577[1]. La droite n'a fait aucun effort pour présenter des femmes[2] ; quant au PS, il a envoyé beaucoup de candidates dans les circonscriptions les plus difficiles à gagner[3].

C'est là que réside la faiblesse du dispositif que nous avons fait adopter en 2000 : dans les scrutins de liste (municipales, régionales, une partie des sénatoriales), la parité s'applique très bien ; mais là où le scrutin est uninominal (législatives et cantonales), c'est un désastre car

1. Cette progression depuis 2002, de 12,3 % à 18,5 %, place désormais l'Assemblée nationale devant le Sénat en terme de féminisation, ce dernier n'étant composé que de 16,9 % d'élues. À l'échelle internationale, la France ne se hisse qu'à la 58e place, entre le Nicaragua et la Guinée équatoriale. Source : Observatoire de la parité.

2. En 2007, l'UMP et l'UDF n'ont investi que 27,9 % de femmes aux élections législatives. L'UMP a eu 14,3 % de femmes élues. Source : Observatoire de la parité.

3. En 2007, le PS a investi 46,5 % de femmes aux élections législatives et a obtenu 25,9 % d'élues. Source : Observatoire de la parité.

il n'y a pas d'obligation. Les seules sanctions sont financières, mais les partis préfèrent payer des amendes que d'augmenter la place des femmes. Pour en finir, le PS devrait systématiquement présenter des femmes dans les circonscriptions où le député sortant ne se représente pas et je pense qu'il ne faudra pas hésiter, un jour, à priver de tout financement public les partis qui n'investiraient pas le même nombre d'hommes et de femmes aux élections. Pour mémoire, ces aides représentent la totalité du budget du PS et 80 % de celui de l'UMP...

– Mais il n'y aura jamais de loi qui interdira de réserver aux candidates les circonscriptions les plus difficiles...

– Évidemment, mais il faut compter sur le temps. Si on parvient à faire respecter l'obligation des 50 % de femmes candidates, peu à peu, l'harmonisation se fera d'elle-même. Et si les femmes sont plus nombreuses, la politique changera. Elle se fera moins dans des réunions interminables où l'on s'écoute parler pour ne rien dire, elle privilégiera davantage l'efficacité. Mais pour cela, j'insiste, il faut que toutes les femmes s'y mettent, qu'elles ne misent pas tout sur la performance individuelle de quelques-unes. Et que celles qui ont du pouvoir, de l'influence ou qui sont en situation assument cette responsabilité particulière : les femmes qui, en France, dirigent de très grandes entreprises, que font-elles pour que leur conseil d'administration soit paritaire ? Si elles ne se battent pas pour cela, qui le fera ?

– Un handicap souvent évoqué est aussi celui de l'autocensure, qui empêche beaucoup de femmes de progresser, d'accepter des responsabilités plus importantes. Que diriez-vous à celles qui ressentent cette autocensure ?

– Qu'il ne peut pas y avoir d'autres limites que celles de l'harmonie dans la vie d'une personne. Faites les choses comme vous les sentez mais rien ne vous est *a priori* interdit. Dans une société équilibrée et diverse, il faut des hommes et des femmes qui se respectent, des sexes qui ne se confondent pas, des pères et des mères qui jouent chacun leur rôle. Et une égalité authentique entre eux. Le reste est affaire de libre choix : si la vie avait été autre, j'aurais très bien pu décider de ne pas faire une « carrière » ou de mettre mon métier entre parenthèses, le temps d'élever des enfants. Je n'ai jamais conçu de ne pas travailler, mais j'aurais pu le faire différemment. J'ai eu la chance de trouver un équilibre entre la vie familiale, la vie professionnelle et l'engagement politique. Quand j'étais jeune haut fonctionnaire, je m'imaginais devenir directrice du Trésor ou la première femme gouverneur de la Banque de France. Mais finalement, ce qui vous arrive n'est pas toujours ce que vous aviez programmé et je suis heureuse d'avoir fait ce que j'ai fait.

Claudie Haigneré

« J'ai découvert qu'un ministre n'a pas beaucoup de vrai pouvoir. »

Elle restera à jamais la première Française qui a vu les étoiles de près. En 1996, elle s'est envolée à bord d'une fusée russe pour rallier la station spatiale Mir et avoue volontiers en être revenue différente. Née le 13 mai 1957 au Creusot (Saône-et-Loire), sportive et bardée de diplômes – de médecine et de sciences –, elle a consacré toute sa jeunesse à cet objectif. Rhumatologue à l'hôpital Cochin, à Paris, elle s'est investie dans la recherche en physiologie tout en suivant, à partir de 1985, l'éprouvante préparation aux vols spatiaux – elle en a d'ailleurs effectué un second, en 2001, à bord de la station spatiale internationale. Dans sa deuxième carrière, en politique à partir de 2002, le retour sur terre a été rude : ministre déléguée à la Recherche (2002-2004) puis aux Affaires européennes (2004-2005) dans les gouvernements de Jean-Pierre Raffarin, elle a dû essuyer une fronde des chercheurs puis prendre part à la difficile campagne référendaire sur le projet de

Constitution européenne, finalement rejeté. Elle est à présent conseillère auprès de la direction de l'Agence spatiale européenne. Elle est mariée et mère d'une fille.

⁂

– Vous êtes médecin, chercheur, l'une des rares femmes à avoir voyagé dans l'espace, vous avez été ministre... Quand vous jetez un regard rétrospectif sur votre parcours, avez-vous le sentiment d'être une femme qui a réussi dans un monde d'hommes ?

– Je suis bien obligée de me situer ainsi : l'univers de la recherche spatiale que j'ai connu était essentiellement masculin – même si ça a un peu évolué depuis. Et j'ai conscience, ne serait-ce que par les nombreuses demandes et invitations que je reçois d'organisations de femmes, de l'impact que peut avoir une carrière comme la mienne sur les jeunes filles d'aujourd'hui. Le monde du travail n'est pas encore complètement ouvert à toutes leurs ambitions et je pense que ma trajectoire peut donner envie, espoir et détermination à certaines.

Pour être franche, je ne vis pas mon parcours comme une réussite exceptionnelle : j'ai fait ce que je voulais, j'ai eu de la chance, j'ai beaucoup travaillé pour y arriver. Mais souvent, je sens une attente dans le regard des autres ; on essaie de comprendre comment j'ai fait, on me demande des conseils. C'est pourquoi je m'efforce, autant que possible, de transmettre un peu de ce que j'ai appris.

– Quel était votre environnement familial durant l'enfance ?

– Je suis née au Creusot. Mon père était ingénieur à Creusot-Loire. Il voyageait beaucoup et quand il revenait d'Afrique, des États-Unis ou d'ailleurs, il racontait. Il avait un vrai tempérament scientifique : il stimulait ma curiosité du pourquoi et du comment des choses. Très tôt, je me suis demandé : « Comment ça marche ? » Ma famille était aussi très sportive ; je suis sûre que ça a compté quand il a fallu que je franchisse les étapes de la sélection pour devenir astronaute.

J'ai le souvenir d'une enfance heureuse entre une grande sœur et un petit frère, avec une maman qui restait à la maison pour nous faire réciter nos leçons...

– Étiez-vous une élève aussi brillante qu'on l'imagine ?

– J'étais une petite fille curieuse et attentive : j'observais ma sœur quand elle faisait sa lecture. Un jour ma mère s'est aperçue que je savais lire ; j'avais trois ans... On m'a donc fait sauter une classe de maternelle et en arrivant au CE1, je savais déjà compter, et on m'a envoyée directement en CE2. Après, tout s'est toujours bien passé. Mais il faut dire que je travaillais sans effort : j'aimais ça ! J'ai étudié le latin et le grec, j'ai fait une terminale scientifique. Disons que les portes étaient ouvertes.

– Comment viviez-vous cette forme de supériorité sur les autres que vous avez dû ressentir très jeune ?

– Je ne le vivais pas comme ça. Ça me paraissait assez naturel d'être première de la classe – il en faut une, après tout – et, encore une fois, j'étais très sérieuse. Adolescente, je n'allais pas en boum le samedi ; je faisais des versions latines chez les copines ou je faisais du sport : des entraînements et des compétitions de gymnastique. Je rêvais d'être professeur d'éducation physique, mais, au moment du bac, j'étais trop jeune pour intégrer la formation. Alors je me suis inscrite en faculté de médecine pour apprendre l'anatomie, la physiologie, afin de me préparer au concours de prof de gym.

– Qu'est-ce qui vous a fait changer d'avis ?

– À la fin de la première année de médecine, je me suis retrouvée major de la promotion ! Quand j'ai vu ma mère pleurer dans l'amphi, le jour des résultats, j'ai réalisé. Et quand elle m'a dit : « Tu es vraiment sûre de vouloir être prof de gym ? Tu ne veux pas continuer en médecine ? », je me suis dit qu'en effet il y avait peut-être d'autres possibilités.

– Votre mère avait-elle fait des études ?

– Non, juste le brevet, comme beaucoup de gens à son époque. Et elle s'était mariée assez jeune.

– Vous aussi, vous vous êtes mariée très jeune...

– À vingt ans. J'étais en cinquième année de médecine. On s'était rencontrés en terminale, on avait préparé le bac ensemble ; il avait deux ans de retard, moi deux ans d'avance ! On s'entendait bien, nos parents se connaissaient... Alors on s'est fiancés, puis on s'est mariés. Ça a duré sept ans, très agréables. On faisait beaucoup de sport, on était proches, mais on a fini par se dire qu'on était surtout des amis et que le mariage, c'était peut-être autre chose.

– Il n'a pas été question d'enfants ?

– Non. Je préparais l'internat, je ne me sentais pas disponible pour ça.

– Durant vos années de médecine, vous avez toujours été très brillante. Quel était votre moteur ? Vous sentiez-vous en compétition avec les autres ?

– J'étais passionnée par le fonctionnement du corps, ses limites, ses douleurs – c'est pourquoi j'ai choisi la rhumatologie. J'ai été major à la fin des années de médecine, avant la spécialisation, et j'ai à nouveau été major à l'entrée, puis à la sortie en rhumato. Mais je ne veux pas avoir l'air prétentieuse : rien ne m'a été donné, je bossais énormément, jusqu'à 2 heures toutes les nuits !

Et j'ai le souvenir d'être souvent revenue en larmes d'un examen, persuadée que j'avais tout raté...

– Avec le temps, ça n'a pas fini par vous donner de l'assurance, quand même ?

– Jamais complètement. Sauf le jour où j'ai envoyé ma candidature au Centre national des études spatiales pour la sélection des astronautes. Mille candidats pour sept places et, pourtant, sans savoir pourquoi, j'étais à peu près sûre qu'on allait me prendre. Il y avait une résonance, un rêve qui me paraissait à ma portée...

– Avant de réaliser ce rêve, avez-vous exercé la médecine ?

– Oui. J'ai exercé huit ans – de 1984 à 1992 – comme rhumatologue à l'hôpital Cochin, Paris. En même temps, je préparais une thèse de sciences. Je travaillais tout le temps, même les week-ends ; ça ne changeait pas !

J'ai aimé le travail en groupe à l'hôpital – peut-être encore par manque de confiance en moi, au départ. J'avais besoin d'échanger des idées avec d'autres, de discuter d'un diagnostic. J'étais bien plus stressée quand je faisais des remplacements comme généraliste, pour gagner ma vie, à partir de la sixième année. Là, je me retrouvais en banlieue, face à des jeunes drogués qui voulaient une ordonnance ou des femmes âgées qui me racontaient leurs soucis personnels, avec le mari, les enfants... Je n'étais pas préparée à ça. Je ne savais pas toujours comment réagir – parfois, j'appelais l'hôpital pour demander conseil ! Dans certains quartiers, du côté d'Évry, j'avais peur de me promener le soir avec un carnet à souches. J'avais une bombe anti-agression dans mon sac et, quand je crevais sur la route, j'appelais mon mari qui venait me changer la roue. Eh oui, je suis presque une femme comme les autres : je sais changer un ventilateur de la station Mir mais pas une roue sur ma voiture !

– L'hôpital, la médecine, c'est un univers très masculin ?

– Pas particulièrement. À la fac, nous étions déjà 50 % de filles. En revanche, il est vrai que les postes à responsabilité, de chefs de service étaient presque tous tenus par des hommes. Toujours le fameux « plafond de verre »... Honnêtement, j'ai mis longtemps avant de prêter attention à cette question. J'ai découvert que j'étais la seule femme parmi les sept candidats astronautes le jour de la présentation à la presse des candidats. Soudain, tous les micros se sont tendus vers moi...

– Vous nous avez parlé des encouragements de votre mère ; votre père, comment réagissait-il à vos succès ? Cherchait-il à vous pousser, à vous guider ?

– Pas vraiment. Je crois qu'il avait des certitudes sur ce que je pouvais faire. Donc il intervenait peu.

– Vous ne sentiez pas chez lui une fierté particulière ?

– Je sais qu'il en éprouvait une, mais il ne l'a pas vraiment exprimée. Et puis, hélas, mon père est mort très jeune, à cinquante-cinq ans, avant que je sois sélectionnée comme astronaute : il n'a pas vu la fin de l'aventure.

– Vous n'avez pas ressenti le besoin d'être poussée, motivée ?

– J'ai pris mes décisions seule. Mais on n'avance jamais tout seul. Il y a eu mon premier mari, puis mon patron à Cochin, avec qui j'ai eu une longue relation. J'avais divorcé. Nous vivions ensemble. Lui croyait énormément en moi. Il m'a soutenue, encouragée, aidée.

– Il était plus âgé que vous ?

– De quinze ans. Je pense que bien des femmes fonctionnent comme ça. Elles ont besoin de quelqu'un qui leur donne confiance. Il a joué ce rôle.

– Un père de substitution ?

– Quand même pas ! Disons plutôt un mentor. Avec lui, j'évoluais dans un monde intellectuellement très stimulant. Nous étions entourés de grands professeurs de médecine, brillants, toujours prêts à relever des défis... Alors le défi de l'espace, je l'ai relevé avec lui. Chaque fois que je franchissais une étape, il me disait : « Et maintenant, la suivante... »

– Vous avez souvent raconté que la vocation d'astronaute vous était venue dans un camping...

– C'est un peu vrai. C'était les vacances, en juillet 1969. Mon père avait décidé qu'on resterait éveillés pour regarder, sur l'une des télés du camping, les premiers pas de l'homme sur la Lune. C'est un moment qui m'a marquée, qui m'a fait rêver longtemps. Par la suite, j'ai lu des livres sur le sujet. L'événement avait allumé quelque chose dans mon esprit, qui ne s'est jamais éteint. Si bien que le jour où, en 1985, dans un couloir de Cochin, j'ai vu l'appel à candidatures pour les missions spatiales, j'ai noté le numéro de téléphone et j'ai appelé.

– N'avez-vous pas redouté que les femmes soient exclues de la sélection ?

– Pas une seconde. Plus tard, quand j'ai su que sur mille candidats – pour sept places –, il y avait neuf cents hommes et cent femmes, je me suis même amusée à la pensée que, arithmétiquement, mes chances étaient plus grandes que celles de mes concurrents masculins : une sur cent, c'est plus que six sur neuf cents...

– Comment vous êtes-vous préparée ?

– Avec mon patron, nous avons monté à Cochin un programme d'analyse du corps en situation de microgravité, et je me suis passionnée pour les sciences en microgravité. Puis, quand j'ai été retenue, j'ai terminé ma thèse en sciences et j'ai intégré un laboratoire du CNRS qui faisait des recherches en physiologie avec les équipes de la NASA et les cosmonautes russes. De cette façon, j'avais un petit bout de pied dans la porte. Sur le plan scientifique, j'avais un spectre très large. Si je voulais voler un jour, il me fallait bien ça pour compenser mes handicaps face aux six autres candidats retenus : ils avaient tous le profil type du pilote de l'armée de l'air !

– Les entraînements devaient être très éprouvants...

– Plutôt ! On commence à 8 heures le matin, on finit à 6 heures le soir, et on sait qu'il faut réviser pour préparer les séances du lendemain. Il y a des tonnes d'informations à emmagasiner, en russe, bien sûr. J'ai dû apprendre la langue en quelques mois – leçons et pratique intensives. Je me souviens d'une préparation à la sortie dans l'espace : les scaphandres russes ne sont pas conçus pour les femmes ; pour ne pas risquer d'être emportée, j'avais des mousquetons à fixer à la main mais les gants étaient deux fois trop grands pour moi ! J'ai passé des journées à m'exercer, dans la piscine de la Cité des étoiles[1]...

Certaines manipulations étaient tout simplement impossibles pour moi, au point qu'il a parfois fallu changer les procédures. Il faut comprendre que, pour un équipage spatial, l'essentiel, c'est la mission. On est tous là pour réussir, pas pour se concurrencer. On forme une équipe. C'est la différence avec ce que j'ai vu du monde politique...

– Vous n'avez pas eu peur de craquer ?

1. Le centre d'entraînement des cosmonautes russes, situé à quarante kilomètres au nord-est de Moscou.

– Certainement pas ! C'était stimulant : passer un test en centrifugeuse, sur une table basculante ou enfermée dans un caisson, ça me passionnait. Sous mes airs calmes, je suis un peu aventurière. J'aime bien tester mes limites.

– C'est en 1985 que vous avez été sélectionnée. Les entraînements pour le vol ont commencé en 1992 et vous êtes partie dans l'espace en 1996. Durant toutes ces années d'attente, avez-vous eu peur de l'échec ? Vous auriez pu ne jamais voler...

– Ma vie professionnelle à l'époque était très riche, ce n'était pas seulement l'attente du grand départ, heureusement ! J'ai essayé d'accumuler les compétences pour me donner tous les moyens d'y arriver. J'ai aussi essayé d'éviter les risques, cessé de faire du ski, renoncé à manger des huîtres. Et, bien sûr, je n'ai pas envisagé de faire un enfant durant cette période...

– Entre-temps, votre vie personnelle avait changé : vous aviez rencontré le général Jean-Pierre Haigneré, qui devait devenir votre mari.

– J'ai fait sa connaissance lors de mon premier entraînement à la Cité des étoiles. Il était là depuis un an, moi je débarquais. Nous avons travaillé ensemble, nous nous sommes plus. Vous connaissez la suite.

– Quels souvenirs les plus intenses gardez-vous de votre séjour dans l'espace ?

– La fusée Soyouz qui décolle à la verticale et vous montez tout droit, à une vitesse incroyable. Alors, une fois l'atmosphère franchie, en même temps que vous vérifiez si tout se passe bien, vous ne pouvez pas résister à l'envie de regarder la Terre par le hublot. C'est un instant magique. Soudain, vous vous sentez partie prenante du cosmos. En moins de 9 minutes, vous êtes en orbite, et alors il ne vous faut pas plus de 90 minutes pour faire un tour de Terre : seize levers de soleil, seize levers de lune par jour et à chaque fois, un spectacle somptueux, un émerveillement d'enfant.

– Et la peur ?

– On la ressent un peu, mais pas exagérément. On vit une aventure extraordinaire, mais tellement mieux contrôlée que d'autres... Tous les calculs ont été faits et refaits, les gestes répétés des milliers de fois. Le risque est calculé, analysé, des solutions alternatives sont travaillées à l'entraînement. Il n'y a pas de risque zéro mais si vous comparez avec un navigateur qui traverse les océans en solitaire, vous vous rendrez compte qu'une mission spatiale comporte infiniment moins d'improvisation. Avec les Russes, le système prévoit jusqu'aux incidents les plus improbables, comme par exemple l'atterrissage « non nominal » : on s'embarque avec un revolver pour se défendre des ours au cas où on devrait atterrir dans la montagne, un crochet pour pêcher, si on n'avait plus rien à manger...

– N'avez-vous pas pensé différemment lors de votre deuxième vol, en 2001 ? Cette fois, vous étiez mère d'une petite fille...

– J'avais laissé une lettre pour mon mari, une autre pour Carla. Elle avait trois ans et demi quand je suis repartie pour mon deuxième vol. Je citais le passage du *Petit Prince* de Saint-Exupéry, celui qui dit : « Pour toi, tu auras une étoile particulière, une étoile qui rit... » Une présence, un signe d'amour quelque part, c'est important, que l'on soit là ou pas.

– Diriez-vous qu'au retour sur Terre vous étiez différente ?

– J'avais un sentiment d'accomplissement. J'étais heureuse d'être allée au bout de ce rêve. Je me sentais porteuse de ce que les autres avaient mis en nous, d'un message à transmettre. Nous, astronautes, sommes un pont entre l'imaginaire et le réel. En Russie, les cosmonautes sont des gens très connus. Moi, j'étais en plus une femme – nous sommes une quarantaine à avoir volé, tous pays confondus – et une Française qui parlait leur langue ; on me voyait beaucoup à la télévision, j'étais une icône de la coopération scientifique franco-russe. En Chine, j'ai participé à une émission pour les jeunes qui avait plusieurs centaines de millions de téléspectateurs ! J'ai fait des conférences, des présentations dans les écoles. J'ai aimé faire partager cette expérience, cette passion... et ce rêve.

– Après une telle expérience – vous aviez quarante-trois ans –, comment redonner à sa vie des objectifs qui ne soient pas d'une affreuse banalité ?

– Je n'ai pas vraiment eu le temps d'y réfléchir. Après le premier vol, en 1996, il y a eu la naissance de Carla. Ça, ça donne du sens à l'existence ! Ensuite, mon mari a effectué un deuxième vol en 1999, pour lequel je me suis entraînée avec lui car j'étais sa « doublure ». Puis je me suis remise à la préparation pour mon deuxième vol, celui de 2001. J'ai atterri en novembre, j'ai fait beaucoup de conférences, et puis en avril 2002, on m'a proposé d'entrer au gouvernement...

– Qui vous a appelée ? Racontez-nous.

– Le directeur de cabinet de Jean-Pierre Raffarin. Il m'a proposé de prendre un ministère de la Parité. Je lui ai répondu que ça ne me paraissait pas le sujet sur lequel j'avais le plus d'élan à transmettre. Vous avez compris que je ne suis pas particulièrement féministe – même si je soutiens activement la cause des femmes...

– On peut être intéressée par la parité sans être féministe !

– Je veux dire que je ne me sentais pas la personne la mieux adaptée pour porter ce message-là. Alors il m'a demandé ce qui m'intéresserait. J'ai répondu : la science, la recherche, c'est mon métier.

– La perspective de devenir ministre ne vous effrayait donc pas. Vous y aviez déjà pensé ?

– Jamais. J'avais reçu des offres pour être candidate aux élections législatives en 1997, mais j'étais enceinte, puis aux régionales, mais c'était pendant le vol de mon mari... Je connaissais quelques ministres, mais je ne savais rien du métier. Je me suis dit que c'était une occasion inespérée d'aider la recherche.

– Vous nommer à la Recherche après vous avoir proposé la Parité, n'était-ce pas le signe que c'était d'abord votre image qui les intéressait ? N'avez-vous pas craint d'être une femme-alibi, comme les gouvernements en ont souvent comporté ?

– Je ne dirais pas cela. Ils avaient dû penser que je représentais quelque chose d'important pour les femmes. J'en était plutôt fière. Mais je préférais m'investir dans l'aide à la communauté scientifique. Le pouvoir pour le pouvoir ne m'intéresse absolument pas ; la possibilité d'agir, oui.

– Mais ce n'est pas vraiment ce que vous avez découvert de la politique !

– J'ai d'abord découvert un nouveau métier, où l'on n'est pas toujours beaucoup aidée. Je n'avais aucune idée de la façon de constituer un cabinet ministériel, je ne connaissais personne... Le conseiller à Matignon pour les Sciences m'a appelée pour me proposer des noms mais il a fallu que je me débrouille pour choisir. J'ai eu la chance d'avoir avec moi un groupe de gens motivés et solidaires, à qui je me suis efforcée d'insuffler un esprit d'équipe. Je ne voulais pas être un ministre qui donne des ordres, mais qui communique un élan. Mais j'ai vite compris que ça ne suffisait pas pour trouver la clé d'accès aux décisions les plus importantes. Quand vous maîtrisez le fonctionnement de l'administration et que vous avez des appuis politiques à l'extérieur du gouvernement, vous partez mieux armée...

– Vous avez eu à affronter une fronde des chercheurs contre la politique budgétaire de votre gouvernement. Vous êtes-vous sentie abandonnée ?

– Je me suis sentie insuffisamment forte et, surtout, pas assez soutenue pour pouvoir franchir les obstacles – celui-là et d'autres. J'avais sans doute une part de naïveté, je pensais que ceux qui me disaient être d'accord avec moi allaient m'aider... J'en suis revenue et je me dis souvent que, si on me retéléphonait comme en 2002, je poserais des conditions plus précises.

– Par exemple ?

– Le budget de la Recherche, en forte diminution, était déjà pratiquement bouclé quand j'ai pris mes fonctions. J'ai dû batailler jour et nuit avec Matignon et avec Bercy pour arriver péniblement à une « réduction de la baisse ». Sans compter les gels de crédits : l'argent qu'on vous donne sur le papier, mais qu'on ne peut pas dépenser. J'étais écartelée entre la communauté scientifique, dont je me sentais proche, et les impératifs du gouvernement auquel j'appartenais. Il a fallu que j'aille voir Jacques Chirac pour lui demander d'arbitrer. Il a fait dégeler les crédits.

– Vous avez menacé de démissionner ?

– Je lui ai expliqué que, dans ces conditions, je ne servais plus à rien. C'est une des choses que j'ai découvertes : un ministre n'a pas beaucoup de vrai pouvoir, même pour décider dans son domaine, et un ministre délégué sans doute moins encore. Les contraintes générales sont parfois plus fortes que les requêtes de chaque ministre et il m'est arrivé plus d'une fois de « ne pas pouvoir », malgré toute la passion et l'engagement que je mettais à faire avancer la recherche ou l'Europe. C'était frustrant, bien sûr !

– Avez-vous ressenti, comme d'autres femmes, la misogynie du monde politique ?

– Pas tellement. Je savais ce qui se disait mais je n'ai pas eu à subir trop de d'attaques. Roselyne Bachelot[1] m'a raconté avoir subi des choses très dures que moi, je n'ai pas connues. Je pense que mon passé d'astronaute m'a préservée : j'ai dû bénéficier d'une forme de

1. Née le 24 décembre 1946, Roselyne Bachelot-Narquin était ministre de l'Environnement dans les gouvernements Raffarin (2002-2005). Depuis 2007, elle est ministre de la Santé, de la Jeunesse et des Sports dans le gouvernement Fillon.

respect, d'aura qui m'a évité les attaques... En fait, j'ai plus souffert de mon inexpérience et de mon origine « société civile » que de mon sexe. Et, d'ailleurs, dans les conditions que j'ai connues, vous croyez qu'un homme aurait mieux réussi ?

– Vous êtes attachée aux valeurs collectives, à l'intérêt général. Considérez-vous que la parité en politique va dans le sens de cet intérêt général ?

– Absolument. Je suis opposée à la notion de quotas, mais je suis convaincue que le volontarisme est nécessaire pour aller vers davantage de mixité et de diversité. En Chine, en Inde, il y a de grands laboratoires scientifiques dans lesquels le pouvoir est entre les mains de femmes. Et beaucoup d'études montrent qu'aujourd'hui, la diversité est un atout pour les entreprises. Ces pays-là l'ont compris avant nous.

– La politique vous a-t-elle obligée à sacrifier votre vie de famille ?

– Plus que l'espace ! À la Cité des étoiles, j'étais avec mon mari, puis avec ma fille. Quand j'étais ministre, on n'a pas passé beaucoup de temps ensemble pendant trois ans.

– C'est une expérience que vous ne renouvèlerez pas ?

– Difficile à dire. Pour l'instant, je ne me vois pas sauter le pas et me présenter à une élection. Mais les institutions européennes m'intéressent : le Parlement, où le travail dans les commissions doit être passionnant, comme la Commission de Bruxelles, où énormément de choses se font. L'Europe, c'est un chemin qui m'attire. La politique spatiale est un exemple, mais il reste tant à faire...

Valérie Hermann

« Si votre conjoint vous attend chaque soir à 19 heures, rien n'est possible. »

Sous ses allures de jeune femme de bonne famille à la mèche sagement lissée se cache l'une des personnalités les plus influentes du monde mirifique de la mode. Née le 27 mars 1963 à Concarneau (Finistère), la présidente d'Yves Saint Laurent est plutôt du genre discret : plus effacée que les designers stars avec qui elle travaille, elle aime moins faire parler d'elle que de ses collections. Diplômée d'HEC, cette executive woman s'est trouvé une carrière qui conjugue son expérience du marketing et ses penchants artistiques. Après avoir approché les plus grandes maisons de haute couture au sein du Comité Colbert[1], où elle a débuté comme directrice de projets (1985-1989), elle a exercé les fonctions de directrice commerciale du groupe d'orfèvrerie et de

1. Association fondée en 1954 à l'initiative de Jean-Jacques Guerlain, le Comité Colbert regroupe les plus grandes marques françaises dans le domaine du luxe afin de défendre leurs intérêts dans le monde. Le chiffre d'affaires cumulé de ces sociétés atteignait 20 milliards d'euros en 2006, soit environ un quart du marché mondial du luxe.

porcelaine Ercuis-Raynaud (1989-1993) puis supervisé les participations dans le domaine du luxe détenues par Altus (1993-1997), au moment où cette filiale du Crédit lyonnais sera reprise par le CDR[1]. Elle a ensuite pris la tête de la société John Galliano (1997-2005), responsabilité qu'elle a vite cumulée avec la direction du prêt-à-porter chez Christian Dior – deux filiales du groupe LVMH. Son passage du groupe de Bernard Arnault à celui de François Pinault (PPR), propriétaire de l'illustre maison Saint Laurent, a secoué l'univers de la mode, en 2005, prenant l'allure d'un passage à l'ennemi tant est vive et parfois irrationnelle la rivalité entre les deux industriels. Elle est mariée et mère de trois filles.

⁂

– Vous imaginiez-vous, petite fille, dirigeant une entreprise mythique et des milliers de personnes ?

– Quand j'étais petite fille, je jouais surtout à la Barbie ! Mais je crois que certains traits de caractère vous prédisposent. J'ai toujours été extravertie et accrocheuse, formée au goût de la compétition par les tournois de tennis que je disputais et par le modèle méritocratique dans lequel j'ai été élevée – « Pour réussir, il faut travailler. » J'étais la benjamine de trois enfants, chouchoutée mais travailleuse. Avec le syn-

1. Consortium de réalisation, organisme d'État créé en 1995 et chargé de liquider le passif de l'ex-Crédit lyonnais.

drome classique du petit dernier : quand vous êtes l'aîné, vous avez toutes les parts de marché avec vos parents ; quand vous êtes le deuxième, vous en récupérez quelques-unes et quand la dernière arrive, elle doit prendre des parts de marché aux autres. Ça prépare aux batailles de la vie... et de l'entreprise. J'avais aussi sous les yeux l'exemple de deux parents médecins qui ne comptaient pas leur temps et qui étaient souvent réveillés la nuit pour des urgences.

– Où et dans quelles conditions viviez-vous ?

– En Bretagne, à Concarneau, dans un milieu aisé. Mon père était chirurgien, ma mère anesthésiste, médecins d'urgence tous les deux – d'une génération où les femmes qui travaillaient étaient encore assez rares. Mon oncle et ma tante étaient également médecins et mon frère et ma sœur le sont devenus aussi. Alors, comme souvent, la dernière de la famille, elle, a fait autre chose... Un autre détail mérite d'être signalé, compte tenu de mon parcours : ma mère a toujours eu un intérêt pour l'art, la peinture et les meubles anciens.

– Travailleuse, sportive, formée au goût des arts... Vous aviez tout de la petite fille modèle !

– J'étais bonne élève, mais pas forcément superdouée : je travaillais énormément. J'appartiens à la génération des bons points, des classements, des prix d'excellence et j'avoue que toutes ces récompenses me motivaient. Jusqu'à l'absurde, d'ailleurs : j'ai été primée au concours général d'allemand alors que je ne suis même pas sûre, aujourd'hui, d'être capable d'écrire une lettre dans cette langue ! Je crois surtout que le goût de la compétition m'animait. À partir de la sixième, j'ai participé à beaucoup de tournois de tennis ; j'ai même remporté le championnat de Bretagne dans la catégorie des minimes. Je me battais sur tous les points. Et quand je perdais, je fondais en larmes. C'était très formateur.

– Vos parents étaient-ils souvent absents ?

– Leur métier pouvait les retenir à n'importe quel moment. J'ai quelques souvenirs de ma mère en retard à la sortie de l'école, mais, en fait, ils ont toujours été là dans les moments importants. Pour eux, le tennis passait après les résultats scolaires, la bonne éducation, les valeurs. Les médecins savent tout relativiser : une défaite sur le court, on n'en meurt pas. Un jour, mon père est rentré à la maison accablé : dans la nuit, un accident de la route avait tué quatre jeunes garçons ; il avait dû l'annoncer aux parents... Quand vous entendez ça à douze ans, vous en gardez à jamais le sens des priorités : pas plus qu'une mauvaise note ou un match perdu, la baisse du chiffre d'affaires de l'entreprise ne vous tuera pas... Ce que j'ai appris, c'est que, pour donner le meilleur le jour de l'épreuve, il faut juste être bien préparée.

– En dehors du travail, quel couple formaient vos parents ? Partageaient-ils les tâches à la maison ?

– L'essentiel reposait sur ma mère ; elle assumait, en plus de son métier, l'organisation de la famille. Elle a fait en sorte qu'il y ait toujours quelqu'un à la maison, au cas où mon père et elle seraient appelés en même temps, une nuit. Pour le reste, j'ai quelques souvenirs de mon père faisant la cuisine le dimanche, mais c'était plus de l'animation familiale que du partage des tâches. Question de génération, sans doute : mon mari en fait bien davantage aujourd'hui !

– À quel moment avez-vous su vers quel type de carrière vous souhaitiez vous orienter ?

– Très tard. J'ai fait l'essentiel de mes études à Quimper, chez les jésuites – la première promotion avec des filles, d'ailleurs : nous étions trois pour trente garçons... – et après mon bac (scientifique), je ne savais pas vraiment quoi faire. J'excluais la médecine, je n'avais pas très envie de faire une classe préparatoire scientifique et les Beaux-Arts, vu d'une famille de médecins, ça devait être à peu près comme si j'avais annoncé que je me droguais ! J'étais douée pour les langues, assez bonne dans toutes les matières mais géniale dans aucune ; tous les conseillers d'orientation me recommandaient des études de commerce mais mes parents, eux, ne savaient ni vers quoi HEC pouvait déboucher ni à quel point le concours pouvait être difficile ! Quand j'ai lu le programme sur le petit fascicule qui présentait l'école, je me suis dit : « Jamais je n'intègrerai HEC ou alors sur un coup de chance terrible... »

– Vous étiez pessimiste : vous y êtes arrivée !

– Oui, mais pas la première fois. Les échecs sont formateurs mais, sur le coup, je l'ai pris comme une claque. J'ai réattaqué la deuxième année, et j'ai été reçue à HEC en 1983[1]. J'y ai rencontré mon mari. Nous nous sommes mariés en 1985, à ma sortie de l'école. Lui a d'abord fait du conseil en stratégie, avant de s'investir dans les nouvelles technologies de pointe et l'innovation.

– À la naissance de votre premier enfant, vous travailliez au Comité Colbert. Vous n'avez pas eu peur de ralentir votre carrière ?

– Franchement, non. Je n'avais pas une fonction qui m'obligeait à voyager beaucoup ni à être sur le terrain, et j'ai eu la chance d'avoir des grossesses faciles. Je ne me suis pas arrêtée plus d'un mois et j'ai repris progressivement, dès que j'ai pu.

– Sans aucune culpabilité envers vos filles de les laisser aussi vite ?

– Absolument pas. J'avais envie de retourner au travail, parce que c'est un élément de mon équilibre personnel. D'emblée, j'ai fait ce choix d'avoir une vie

1. Depuis l'ouverture d'HEC aux femmes, en 1976, celles-ci représentaient environ un cinquième des diplômés (5 100 sur 25 000 diplômés) en 2006. Pour la promotion 2005, les femmes étaient 32 %. Source : HEC au féminin.

professionnelle en ayant des enfants. Il est possible que ça m'ait limitée : je ne vais pas vous raconter que je n'ai jamais dû jongler avec mon organisation ni annuler des rendez-vous à la dernière minute parce qu'une de mes filles avait quarante de fièvre... Mais jamais je n'ai envisagé de m'arrêter pour élever mes enfants, provisoirement ou non. Et jamais je ne l'ai regretté. Tous les choix sont respectables, à condition qu'ils soient clairement exprimés – et assumés.

Certaines femmes voudraient avoir un travail à l'international mais aussi avoir des enfants et pouvoir aller les chercher à la sortie de l'école. Je préfère celle qui me dit : « Je ne veux pas bouger pour l'instant parce que mon fils a quatre ans et que c'est trop tôt pour le laisser pendant plusieurs jours une fois par mois... » C'est plus mature que de proclamer : « Je veux tout, je prends tout », et d'être ensuite déchirée entre sorties d'école, rendez-vous de pédiatre et présentations budgétaires. Comme chef d'entreprise, je ne veux rien cacher de tout ça aux femmes que je reçois : je leur pose toujours la question des enfants ; non pas pour les dissuader, bien sûr, mais pour leur faire comprendre qu'il faut faire des choix. Moi-même, je l'ai compris le jour où, ayant deux petites filles, j'ai demandé à mon patron de disposer de mes mercredis après-midi. Ça n'a pas duré longtemps : j'avais des scrupules de quitter le bureau et des scrupules d'y retourner après un après-midi auprès des enfants.

– Comment avez-vous trouvé finalement le bon équilibre ?

– Quand je suis avec mes filles, je le suis vraiment. Si je promets d'être là avec elles, il faudrait vraiment une catastrophe pour que j'y renonce. Quand elles étaient petites, je ne voyageais pas encore trop. J'avais quelqu'un à la maison pendant la journée, plus l'aide d'un supermédecin d'urgence : ma mère. Aujourd'hui, quand je suis loin, j'appelle tous les jours à la maison pour leur parler. J'ajoute, surtout, que cet équilibre repose sur une forte connivence avec mon mari : si votre conjoint vous attend à la maison tous les soirs à 19 heures, rien n'est possible. Le mien est très ouvert, très moderne : il a pas mal voyagé, puis moins. Nos emplois du temps s'harmonisent bien et il n'y a pas de rivalité entre nous. C'est une condition indispensable.

– Mais il doit y avoir, dans vos fonctions, une part de relations publiques très importante. Sans compter les défilés... Votre mari vous accompagne ?

– Mon mari m'accompagne rarement dans mes dîners professionnels et cela fait partie de notre équilibre personnel. Quant aux défilés, ils ne sont pas le moment où je suis la plus détendue ni la plus disponible. Quand nous voulons passer un moment agréable ensemble, je préfère attendre des week-ends « escapade sans enfants »... ou des dîners avec des amis.

– Vous débutez donc au Comité Colbert, en 1985 ; c'est un choix original. Pourquoi n'avoir pas opté pour une entreprise plus classique ou un grand groupe, comme le font la plupart des diplômés d'HEC ?

– Dès l'école, j'ai été intéressée par les produits à forte valeur ajoutée, les marques qui communiquaient et la publicité : il y avait tout ça dans le secteur du luxe. À l'époque, la plupart de mes camarades étaient, en effet, davantage attirés par les métiers du conseil, la stratégie, les cabinets internationaux, etc. Moi, j'ai refusé une offre de L'Oréal. Ils me proposaient de commencer par six mois comme VRP dans le shampooing, produit que je ne trouvais pas très sexy... Si ma fille faisait le même choix aujourd'hui, je serais estomaquée !

Le plus drôle, c'est que le Comité Colbert, qui m'intéressait tant, m'a d'abord éliminée comme candidate : le délégué général avec qui j'avais passé un entretien m'a rappelée pour me dire, très tranquillement : « Vous seriez parfaite mais je n'ai que des femmes dans mon équipe et là, franchement, il faut que je prenne un homme. » J'étais tellement sidérée que j'ai raccroché sans protester. Puis, j'ai envoyé une lettre en prévenant que si on me fermait la porte j'entrerais par la fenêtre et que l'argument était inacceptable, scandaleux et que, de toute façon, certaines filles ont un esprit masculin. Trois jours plus tard, j'avais le poste.

– Mais pour préférer le Comité Colbert à L'Oréal, vous conviendrez qu'il faut avoir une stratégie particulière. Vous saviez déjà où vous alliez ?

– Globalement, oui. Je me disais que c'était l'accès à un patrimoine et à un réseau exceptionnel : au Comité Colbert, les représentants des grandes marques sont les présidents ou les directeurs de la communication de toutes les plus grandes sociétés du luxe. J'ai eu la chance de les rencontrer, de les voir travailler. Jean-Louis Dumas, le patron d'Hermès, présidait le Comité : un homme formidable, drôle et créatif en plus d'être un vrai chef d'entreprise, et qui m'a énormément appris. J'ai travaillé quatre ans avec lui comme directrice des projets. Une période bénie : J'ai monté des expositions, appris à connaître le patrimoine de chacune des grandes maisons... C'est lui aussi qui a eu l'idée de fonder un prix des jeunes créateurs ; il m'en a confié l'organisation. J'ai gardé la photo et le petit mot qu'il m'a envoyés, le lendemain de la première édition. C'est une preuve d'attention dont je me souviens toujours – et dont j'essaie de m'inspirer. Parce qu'en prépa HEC, chacun est en concurrence avec son voisin et on n'apprend pas forcément le travail en équipe.

– Avez-vous le sentiment que, dans votre milieu professionnel, les différences de traitement entre l'homme et la femme sont moins importantes qu'ailleurs ?

– Je n'ai eu que des hommes comme patrons et je me suis toujours bien entendue avec eux, sans aucune rivalité. J'ai plutôt le sentiment de leur avoir apporté une complémentarité, avec cette précision qui me semble importante : les femmes ont parfois moins d'ego que les hommes. Donc, au total, je crois qu'être une femme n'a pas été un handicap pour moi – et parfois même un atout. La seule vraie différence, dans mon domaine comme ailleurs, c'est la maternité. Mais je le répète, il faut assumer ses choix. Ce qu'une femme a de plus fort, c'est de donner naissance à des enfants – mieux que des produits, même de luxe !

– Les difficultés ont dû commencer à surgir quand les voyages se sont faits plus nombreux...

– J'ai essayé de m'organiser le mieux possible. Mais les voyages n'ont été vraiment fréquents qu'à partir du moment où j'ai pris les commandes de la société John Galliano ; mes deux premières filles avaient grandi, c'était moins difficile. Après le Comité Colbert, j'ai fait beaucoup de terrain chez Ercuis. J'avais d'ailleurs choisi ce travail pour ça, j'avais envie d'une fonction plus opérationnelle.

Directrice commerciale dans les « arts de la table », ça vous apprend l'humilité : vous partez le matin à 7 heures avec un représentant pour rencontrer le revendeur de Clermont-Ferrand ou d'Aurillac, et quand vous arrivez, on vous explique que la dame qui tient le magasin est partie chercher sa fille à l'école et qu'il faut l'attendre au café d'en face. Je dormais dès que j'avais un moment : dans le taxi, dans l'avion, à l'aéroport, partout. Mais j'étais de retour le soir. C'était épuisant, mais très formateur.

L'autre expérience difficile, c'est mon passage chez Altus. La banque avait des participations déficitaires dans le luxe, qu'il fallait céder. J'ai dû assurer un intérim à la direction de l'une de ces sociétés, Jacques Fath, et, à ce titre, il m'a fallu préparer un plan de restructuration. J'avais trente ans, je devais licencier dix personnes. Annoncer à une secrétaire de cinquante-quatre ans, qui a passé vingt-cinq ans dans l'entreprise, que vous devez supprimer son poste est une des choses les plus dures que j'ai eu à faire.

– C'est l'un des inconvénients du pouvoir... Comment apprend-on à gérer ce type de situation ?

– En ayant à y faire face, hélas. On m'avait donné une enveloppe globale pour les indemnités à verser et rien d'autre. Un matin, je me suis retrouvée avec l'angoisse au ventre, cinq personnes convoquées dans la journée, cinq autres le lendemain. Je me suis demandée ce que j'aurais aimé qu'on me dise dans un cas pareil et le seul moyen que j'ai trouvé était d'annoncer d'emblée la mauvaise nouvelle et de passer ensuite un moment avec chacun pour parler, pour écouter et pour rassurer – enfin, essayer.

– En 1997, vous entrez finalement de plain-pied dans le monde de la mode, en accédant à la direction de John Galliano. Racontez-nous comment s'est faite votre arrivée.

– François Beaufumé, qui était le patron de Christian Dior, m'a contactée. Un de ses anciens collaborateurs lui avait parlé de moi. Quand il m'a reçue, j'ai d'abord été déçue : je croyais qu'il allait me proposer un poste chez Dior ; alors quand il m'a parlé de John Galliano... En fait, ç'a été ma grande chance parce que j'y ai appris mon métier, à commencer par la relation directe avec les créateurs. Quand j'ai débarqué chez John Galliano, dans ses bureaux à la Bastille, lui avec ses dreadlocks, moi avec mon tailleur BCBG, le choc des contraires a été si fort qu'on a beaucoup ri, et qu'on s'est finalement appréciés. Avec lui aussi, j'ai recherché la complémentarité.

– Quelle forme de complémentarité peut-on trouver avec un artiste aussi atypique ? Lui les idées et vous le chéquier ? Vous étiez là pour le canaliser, voire le brider ?

– Je n'ai pas eu avec lui qu'une relation basée sur l'argent. Diriger une maison comme la sienne, ça ne consiste pas seulement à ouvrir ou à fermer le robinet des budgets ; sinon, n'importe quel financier saurait le faire. Je me suis efforcée d'apporter à son talent mon expérience du marché. Face à un monstre de créativité comme lui, vous pouvez vous laisser dominer ou alors lui faire valoir que la collection n'est pas faite seulement pour apporter du rêve mais pour répondre à une demande ou en susciter une. Donc le pantalon à trois jambes, c'est peut-être très original sur les photos, mais qui l'achètera ? Notre objectif reste d'habiller les femmes, de leur donner envie de nous acheter – il n'y a pas de honte à ça.

Les créateurs peuvent se contenter, face à un modèle, de dire « j'aime, je n'aime pas ». Mais pour que la maison tourne, moi je dois savoir dire : « Je peux le vendre ou je ne peux pas le vendre. » Avec John Galliano, je ne me suis jamais bornée à dire non ; j'ai expliqué, débattu avec lui, cherché à le convaincre – jusqu'à lui suggérer, parfois, de créer telle ou telle pièce qui manquait dans la collection précédente. Mais attention, le marché ne vous dit pas tout à l'avance : quand John nous a apporté les imprimés-camouflage après le 11-Septembre, tout le monde a cru qu'il était devenu fou, moi la première. Résultat : on n'en a pas commandé assez et ça a fait un triomphe.

– Dans cette relation-là avec le couturier, être une femme peut-il être un avantage lorsqu'il s'agit de parler de la mode féminine ?

– Disons que ça vous donne une crédibilité parce que je peux me poser la question de savoir si je porterais tel ou tel vêtement. Mais c'est aussi un danger, parce que la cliente, ce n'est pas moi, et que c'est à elle qu'il faut plaire. Cela vous permet aussi de lancer avec défi au styliste que certaines banquières ou avocates ne peuvent pas aller au bureau en robe longue en mousseline et que l'on peut même être féminine en tailleur d'homme.

– Votre tandem a tellement bien marché que vous vous êtes retrouvée avec lui, fin 1997, dans les deux maisons à la fois : John Galliano et Christian Dior. Votre déception initiale était effacée...

– C'est vrai mais ça n'a pas été une période facile. J'étais flattée mais débordée... Il n'empêche que quand la responsabilité du prêt-à-porter m'a été proposée chez Christian Dior, j'ai accepté sans hésiter – c'est John Galliano lui-même, d'ailleurs, qui m'en a parlé le premier. Je ne sais pas si cela peut être perçu comme du carriérisme, de l'inconscience ou les deux, mais je me suis dit : génial !

– Il semble que beaucoup de femmes hésitent, dans ce genre de circonstances, pensant qu'elles ne seront pas à la hauteur. Pas vous ?

– C'est sûrement mon côté petite dernière : s'il y a quelque chose à prendre, je le prends. En tout cas j'essaie. La première année a été éprouvante : j'enchaînais les défilés pour John Galliano et pour Christian Dior, la préparation, le showroom, les nuits blanches. Et puis j'avais non seulement la responsabilité totale de la structure John Galliano, avec une cinquantaine de salariés, mais aussi la direction du prêt-à-porter dans cette grande maison institutionnelle qu'est Christian Dior.

– Pourquoi avez-vous finalement quitté LVMH et John Galliano pour Yves Saint Laurent ?

– Pour deux raisons combinées. J'aimais vraiment mon travail avec John, j'avais des responsabilités importantes, mais ma marge de manœuvre était plus limitée que dans le poste de président chez Yves Saint Laurent ; j'avais envie d'un champ plus ouvert. C'est ce qui m'a été offert chez Saint Laurent – une des trois marques mythiques pour moi, avec Chanel et Christian Dior – avec en plus un défi à relever : redresser une entreprise déficitaire (70 millions d'euros de pertes à mon arrivée). J'étais triste de quitter des équipes que j'adorais, mais j'assume définitivement mon envie et ma décision.

– Et vous vous êtes retrouvée numéro un...

– Avec un président du Gucci Group et un actionnaire au-dessus de moi auxquels je rends des comptes. Mais c'est vrai, je suis autonome. Libre et responsable de mes choix.

– Votre premier choix a été de faire porter l'effort sur les accessoires. C'était une intuition féminine ou le résultat d'une étude marketing ?

– Peut-être un peu des deux ! En réalité, cette stratégie s'imposait : l'entreprise ne pouvait pas réussir son retournement sans une croissance forte de l'activité accessoires. Nous avons très vite cherché à établir avec Stefano Pilati, directeur artistique de la marque, un plan d'ensemble des collections, non seulement pour le prêt-à-porter mais aussi pour les sacs, les chaussures et les autres produits. Au final, c'est un travail d'équipe qui a payé. Quand je pense qu'à mon arrivée certains me murmuraient, l'air désolé, que je devrais peut être changer de designer... Dans le monde de la mode, quand un produit ou une collection ne se vend pas, c'est forcément le styliste qui est mauvais. J'ai préféré attendre et j'ai eu raison.

– Stefano Pilati[1] et vous-même êtes tous deux passé du rang de numéro deux d'une maison à celui de numéro un, cela a dû jouer dans votre entente...

– Nous avons grimpé tous les deux, seulement à un an d'intervalle. Nous avons des challenges communs et une envie forte et partagée de réussir. Je crois aussi à une réelle complémentarité entre nous dans une relation de confiance et de respect. Le tout est que ça marche plus d'une saison. Car, à la différence des grandes industries ou des services traditionnels, les cycles sont atrocement courts dans la mode. Même un parfum qui a du succès se vend pendant deux ou trois ans. Pour nous, une collection peut triompher pendant quelques mois et après, plus rien. Notre quotidien, c'est l'éphémère. Je ne l'oublie jamais...

1. Avant d'accéder au rang de directeur artistique d'Yves Saint Laurent, Stefano Pilati était l'assistant du flamboyant Tom Ford, alors directeur artistique de la marque.

Anne-Marie Idrac

*« J'ai affronté la peur
en travaillant énormément. »*

Avant elle, personne n'aurait imaginé que le patron des cheminots puisse être une patronne. Mais quatre années passées à la tête de la RATP (2002-2006) l'avaient, si l'on ose dire, mise sur la voie. Née le 27 juillet 1951 à Saint-Brieuc (Côtes d'Armor), cette femme de tempérament s'est donné pour mission de préparer la SNCF à affronter la concurrence. Nommée à la présidence de l'entreprise publique à l'été 2006 – pour remplacer Louis Gallois, appelé d'urgence à EADS –, elle a mis au service de cette cause une longue expérience du fonctionnement de l'administration et du pouvoir. Fille d'un ancien ministre de la IVe République, André Colin, qui fut aussi l'un des dirigeants du MRP [1], diplômée de l'Institut d'études politiques de Paris et titulaire d'une licence de droit, elle est sortie de l'ENA en 1974 pour

1. Mouvement des républicains populaires, mouvement de centre droit héritier du Parti démocrate populaire, fondé en 1944 par Georges Bidault pour rassembler les démocrates chrétiens issus de la Résistance.

intégrer le ministère de l'Équipement, où elle a accompli l'essentiel de sa première carrière. Après deux brefs passages dans les cabinets des ministres du Logement puis de l'Environnement (1979-1981), elle y a été successivement sous-directrice de l'Amélioration de l'habitat (1981-1983), puis du Financement et des Affaires juridiques (1983-1987) et directrice adjointe de la Construction (1987-1990), avant d'être nommée directrice générale de l'Établissement public d'aménagement de Cergy-Pontoise (1990-1993). Promue directrice des Transports terrestres, elle est entrée de plain-pied dans la carrière politique en devenant, en 1995, secrétaire d'État chargée des Transports. Élue en 1997 députée des Yvelines, elle a démissionné après sa réélection, en 2002, pour prendre la présidence de la RATP et ouvrir un troisième chapitre professionnel, cette fois en qualité de chef d'entreprise. Elle est mariée – au préfet Francis Idrac – et mère de quatre filles.

⁂

– Avant d'être la femme que vous êtes, vous avez été la fille de votre père : André Colin, ancien ministre, élu local, parlementaire, dirigeant du MRP... Diriez-vous que vous avez appris de lui l'ambition ?

– Peut-être, mais alors une ambition intellectuelle : le devoir de faire fructifier les talents que la vie vous a donnés. J'ai reçu une éducation très catholique, fondée sur les valeurs de liberté, de progrès et de solidarité. Mon père était une personnalité d'exception. Il avait été un grand résistant ; c'était un homme d'engagements, chrétien et européen, profondément animé par le souci de l'intérêt public. Il m'a élevée dans cette idée qu'on n'a pas le droit de gâcher les chances qu'on a reçues. Sa devise était : « Viser plus haut pour retomber moins bas. » Je ne sais pas si on peut appeler ça de l'ambition.

Quand j'étais petite fille, j'avais surtout envie de me distinguer. Je rêvais d'être écrivain et je me souviens d'avoir lancé, alors que j'étais en cinquième : « Je serai la première femme à l'Académie française ! » Mais jamais je ne me suis dit : « Je veux être le chef » de quoi que ce soit.

– Et votre mère, avait-elle une personnalité aussi imposante ?

– Peu ordinaire, en tout cas ! Elle était orpheline. Elle a étudié le droit, travaillé au MRP avec mon père à une époque où les femmes travaillaient peu, surtout quand elles avaient trois enfants et que leur mari passait sa vie dans les trains entre Paris et la Bretagne – nous habitions à Ploudalmézeau, dans le Finistère... Et puis à quarante ans, elle a eu un quatrième enfant et elle a décidé de devenir médecin ! Elle y avait pensé dans sa jeunesse, mais, de son temps, les jeunes filles n'avaient pas le droit de voir le corps d'un homme nu... Si bien que nous avons été étudiantes en même temps : j'étais à Sciences-Po et elle en médecine, avec des jeunes gens de mon âge. À cinquante ans passés, elle a même ouvert un cabinet de généraliste. C'est une femme assez originale, très volontaire, qui a connu beaucoup d'épreuves, d'accidents, de maladies. Avec un caractère très indépendant.

– Vous êtes l'aînée de quatre enfants. Vos parents étaient-ils plus exigeants avec vous ?

– C'est difficile à dire. En tout cas, ils me poussaient.

– Vous étiez bonne élève ?

– Assez. Je n'étais pas la première, mais j'étais sérieuse. J'adorais les matières littéraires, le français, la poésie – j'aimais apprendre de longs textes par cœur. J'étais moins forte en maths, mais je travaillais.

– Pourquoi avoir finalement choisi l'ENA ? La force du modèle paternel a fini par s'imposer à vous ?

– C'est un peu ça. J'ai passé mon bac en Mai 68 et, curieusement, je n'ai gardé le souvenir que d'une épreuve de grec. J'avais choisi un texte de Thucydide : « La démocratie, gouvernement du peuple par le peuple ». À ce moment-là, mon idée était d'aller en hypokhâgne pour devenir prof de philo. Mais mon père n'était pas emballé et il avait détecté chez moi un certain intérêt pour l'histoire et la politique. Comme il était président du conseil général du Finistère, il essayait à toutes forces de me présenter les stagiaires de l'ENA qui défilaient chez lui – peut-être qu'il espérait que j'en trouve un à mon goût... J'ai fini par m'inscrire à Sciences-Po. Là, j'ai préparé l'ENA en étant persuadée que jamais je n'y arriverais – « Viser haut... » Mon père avait beau être un élu, j'avais l'impression de ne pas être à ma place : de toute façon, personne ne le connaissait ; dans ce milieu, on ne respectait que la haute fonction publique et l'argent. Alors un sénateur du Finistère...

– Mais vous avez réussi.

– Je ne me rendais même pas compte de la performance. J'avais vingt ans. L'été précédent, j'étais allée au États-Unis et j'avais préparé le concours au mois d'août avec une copine, en fumant comme des pompiers.

– Vous rappelez-vous combien de filles il y avait dans votre promotion ?

– À peu près 10 %. Je ne crois pas que ça ait beaucoup changé depuis[1].

– Ça n'augmentait pas votre fierté ?

1. La promotion 2006-2008 des élèves de l'ENA se distingue par un taux de féminisation record de 42,3 %, à comparer aux 21 % de la promotion précédente. Cependant, la promotion 2007-2009 affiche une moins grande féminisation puisque sur les quarante-six élèves reçus au concours externe, on ne compte que douze femmes. Source : ENA.

– Je n'étais pas particulièrement fière. Je me disais simplement que j'allais recevoir une formation passionnante. C'est peu dire que j'ai été déçue...

– Pourquoi ?

– Je n'ai pas eu l'impression d'apprendre grand-chose. Les séminaires étaient ennuyeux, je n'y ai récolté que de mauvaises notes. Moi qui aimais le raisonnement, l'approfondissement, le travail intellectuel pour décortiquer un problème, j'ai été très frustrée – l'enseignement à Sciences-Po m'avait paru plus dense, plus enrichissant. Je compensais par les sorties ; j'allais au cinéma et au théâtre, et je lisais énormément. Je n'ai apprécié que les stages : surtout mon passage à l'ambassade de France à Londres. Ce n'était pas très opérationnel, mais je m'y suis amusée à observer les diplomates de près – ils étaient si contents d'eux... Et c'est là que j'ai connu mon mari. Nous étions dans la même promo à l'ENA, mais on ne s'était pas vraiment croisés jusque-là.

– Vous marier très jeune et fonder une famille, c'était un objectif ou un hasard ?

– Ça s'est fait comme ça. Je n'avais rien planifié. Pas même d'avoir quatre enfants – comme ma mère. La première est née quand nous étions à Montauban, où mon mari avait été affecté.

– Vous ne travailliez pas ?

– Bien sûr que si ! Je ne me suis jamais arrêtée, sauf pour les accouchements. À ce moment-là, j'ai trouvé un poste à la préfecture de Midi-Pyrénées – j'étais fonctionnaire au ministère de l'Équipement. Mais je me suis vite ennuyée. Quand on m'a proposé d'intégrer le cabinet du secrétaire d'État au Logement[1], j'ai foncé.

– C'était votre première expérience de la politique ?

– Pas du tout : mes fonctions étaient purement techniques. Tous les garçons du cabinet se fichaient de moi quand il fallait calculer à la main les aides personnalisées au logement – moi qui étais mauvaise en maths ! Ça n'avait rien à voir avec la politique telle que j'avais vu mon père la pratiquer. D'ailleurs, je n'ai pas tardé à revenir dans l'administration : en neuf ans, j'ai gravi tous les échelons au ministère du Logement ; je me suis passionnée pour ces sujets, jusqu'à devenir une sorte d'expert international. En même temps, j'ai eu mes trois autres filles. Le tout en apprenant le management, puisque j'avais des fonctions de chef. Assez vite, on avait repéré ce potentiel chez moi – un de mes premiers directeurs avait écrit, sur ma fiche de notation : « Exerce un ascendant sur ses collaborateurs. » J'avais adoré.

– Vous étiez flattée que l'on mise sur vous ?

1. Marcel Cavaillé, secrétaire d'État au Logement dans le gouvernement Barre (1978-1980).

– C'était la reconnaissance que je faisais bien ce que j'avais à faire – toujours la même règle : faire fructifier ses dons. Durant ces années, j'ai eu le sentiment d'une double consolidation : dans ma vie de famille, avec les enfants et les nominations successives de leur père dans le corps préfectoral ; et dans ma vie professionnelle, en acquérant toutes ces compétences techniques. Parfois, j'ai eu du mal à concilier les deux mais j'avais fait ce choix. Juste après la naissance de ma troisième fille, mon patron de l'époque m'a téléphoné à la clinique pour me proposer la responsabilité du financement du logement à l'échelon national. J'ai répondu : « OK, mais je veux travailler à temps partiel. »

– Vos enfants vous manquaient trop... Comment faisiez-vous avec votre mari en province et vous à Paris ? Qui les gardait ?

– Il les a gardées avec lui quand il était en poste à Laon, mais nous avons été trop malheureux. Ensuite, par chance, il s'est retrouvé souvent dans la région parisienne. Il a été sous-préfet à Versailles, à Argenteuil, puis préfet à Créteil. On n'a pas toujours habité ensemble – en grandissant, les filles en avaient marre de déménager – mais on pouvait se voir tous les soirs. Puis tous les week-ends. C'est devenu notre rythme de vie. Il est parti seul à Caen, à Montpellier, à Bordeaux, pendant que je faisais ma carrière à Paris.

– Vos carrières respectives n'ont-elles pas fini par distendre les liens entre vous ?

– Ça n'a pas que des inconvénients de ne pas habiter ensemble. Je rentre assez tard à la maison, je dîne avec les filles et ensuite, je peux travailler le soir sans culpabiliser. Et quand j'ai envie de mettre des bigoudis ou du vernis à ongles – il déteste l'odeur –, je ne me gêne pas ! Sans compter que chacun de nous a ses obligations professionnelles, réceptions ou déplacements. Mais on s'est toujours parlé au téléphone tous les jours et on arrive à se programmer des week-ends tranquilles à deux. On est enchantés de se retrouver.

– Au fil des années, vous avez pris des postes de responsabilité de plus en plus importants. N'avez-vous jamais eu peur, douté de vos capacités ?

– Je n'ai jamais cessé d'avoir peur. Quand j'ai pris la tête de la ville nouvelle de Cergy-Pontoise en 1990, je n'avais jamais travaillé sur les questions d'urbanisme et c'était la première fois que j'étais vraiment numéro un. Je suis arrivée avec les mains tremblantes. J'étais allée chez le coiffeur, je m'étais acheté une jolie veste et, dans la voiture, je me suis aperçue en me regardant dans le rétroviseur que mon rouge à lèvres n'allait pas du tout avec ce que je portais ! J'ai foncé dans les toilettes du café d'à côté pour me remaquiller... Trois ans plus tard, quand j'ai été nommée directrice des transports terrestres, c'était pire. Il a fallu que je regarde dans le bottin administratif pour savoir ce qu'était vraiment ma fonction, quel périmètre elle couvrait : les trains, les péniches, les autobus, les tramways... Je n'y connaissais rien de rien ! J'étais terriblement angoissée.

– Vous étiez la seule femme ?

– Nous étions trois. Les réunions de directeurs avaient lieu dans une grande salle du ministère de l'Équipement ; au début, j'étais tellement intimidée que je n'arrivais pas à ouvrir la bouche. Tout le milieu se disait : « Elle n'est pas ingénieur, elle n'y connaît rien et, pour tout arranger, c'est une femme. C'est le commencement de la fin... » Je faisais semblant de ne pas entendre.

– Comment avez-vous affronté la peur ?

– Toujours de la même façon. D'abord, en travaillant énormément, parce qu'on a moins peur quand on maîtrise les dossiers – avec le temps, j'ai fini par me fier aussi un peu à mon intuition. Ensuite, en m'entourant de collaborateurs plus forts que moi.

– Vous ne craignez pas qu'ils veuillent vous piquer votre place ?

– Ça ne m'est jamais arrivé parce que s'ils sont meilleurs dans leur domaine de compétence, c'est moi seule qui fais l'assemblage. Je réunis les pièces. Meilleurs sont les collaborateurs, plus le puzzle est réussi. J'adore avoir autour d'une même table l'intello farfelu, l'énarque barbant, l'ingénieur terre-à-terre... J'aime ce choc des silex, qui produit les étincelles avec lesquelles on change les choses. Je suis moi-même une finistérienne qui appartient à l'« élite parisienne », une mère de famille nombreuse qui vit comme une femme libre ; j'aime les mélanges, l'originalité.

– En ce temps-là, la haute administration était encore un univers essentiellement masculin. Avez-vous souffert d'être une femme dans les postes que vous y avez occupés ?

– C'était difficile mais, pour être franche, plus à cause de mes conditions de vie personnelles – les filles qui étaient petites, mon mari qui était loin – que de la misogynie de la fonction publique. Nous étions peu nombreuses, mais pour celles qui étaient là, il n'y avait pas de décalage avec les salaires des hommes et l'avancement se faisait entièrement au mérite. C'est sans doute pourquoi je n'ai jamais eu le sentiment, pendant toutes ces années, de subir un handicap. J'aurais pu refuser les fonctions qu'on m'offrait. J'ai choisi de les accepter et j'ai réglé ma vie sur ce double objectif : travail + enfants. Je ne sortais pas le soir. Je refusais systématiquement les petits verres entre collègues et *a fortiori* les dîners professionnels, sauf cas d'absolue nécessité. J'étais la wonder woman type des années 1980, celle qui veut à la fois faire carrière et réussir son veau mironton dans sa cuisine...

– Vous avez réussi à garder le contact avec vos filles malgré les responsabilités toujours plus exigeantes ?

– J'ai longtemps eu des jeunes filles au pair pour les garder le soir mais je suis restée très présente. Je suis toujours très proche d'elles. Encore aujourd'hui, quand elles sont à l'étranger pour leurs études, nous communiquons par Internet – parfois, on organise des séances de webcam pour se montrer nos nouvelles coiffures !

– En 1995, vous changez subitement de carrière pour entrer au gouvernement. Pouvez-vous nous raconter comment s'est décidée votre nomination ?

– Si je vous dis que c'était un hasard, vous allez me croire ?

– Pas vraiment.

– Et pourtant, c'est le cas ! Dans les jours qui précédaient la formation du gouvernement Juppé, j'ai croisé une amie, Mylène Descamps[1], dans un restaurant. Elle me complimente sur mon tailleur rouge et là, aussi sec, elle me lance : « Est-ce que tu veux entrer au gouvernement ? » J'ai pris ça pour une boutade mais, dans l'après-midi, elle me rappelle : « Il paraît que tu es supercalée dans les transports. On cherche des femmes. Si tu adhères à Démocratie libérale, on peut y arriver. » Je lui ai répondu qu'il n'en était pas question – je suis une démocrate chrétienne, pas une libérale –, mais que je trouvais amusant de laisser courir la rumeur. Lorsqu'elle m'a rappelée pour me dire qu'ils étaient quand

1. Marie-Hélène (dite Mylène) Decamps, ancienne conseillère de Valéry Giscard d'Estaing pour les relations avec la presse, épouse de l'ancien ministre Jean-Jacques Descamps, élue députée au Parlement européen en 2002.

même d'accord pour me prendre, j'ai commencé à douter. Mon mari, lui, me disait de garder les pieds sur terre. Finalement, Constance, la plus petite de mes filles – elle devait être au CP – m'a appelée sur mon portable pour me dire : « Il y a un M. Juppé qui a téléphoné ; il veut te voir et il n'a pas l'air aimable. » C'était bien lui !

– Cette fois, être une femme vous a servi...

– Je le crois. Chirac cherchait des femmes – et des personnalités issues de la « société civile ». Il faut croire que j'avais le profil. Quelques heures après que j'ai vu Juppé, la radio annonçait que le futur gouvernement comprendrait « beaucoup de femmes » et citait mon nom. À ce moment-là, mon téléphone sonne à nouveau : c'était Hervé de Charrette, que je ne connaissais ni d'Ève ni d'Adam et qui voulait me proposer, lui aussi, de rejoindre son parti, le PPDF [1] ! Enfin, François Bayrou, que je n'avais jamais rencontré non plus, m'a sollicitée aussi. Il m'a invitée à déjeuner et m'a dit qu'il avait la photo de mon père sur son bureau. J'ai trouvé ça un peu gros, mais c'était vrai ! De fait, je me sentais en cohérence avec les idées défendues par l'UDF. C'est pourquoi je l'ai rejoint.

– Peu de gens s'en souviennent mais vous avez donc fait partie des « juppettes ». Le surnom n'était pas très

1. Parti populaire pour la démocratie française, mouvement créé en 1995 par Hervé de Charrette pour succéder aux clubs giscardiens Perspectives et réalités. Rebaptisé Convention démocrate, il a quitté le giron de l'UDF en 2002 pour rallier l'UMP.

flatteur et, d'ailleurs, il n'augurait rien de bon : sur douze femmes[1], huit furent limogées quelques mois plus tard, en novembre 1995. Mais vous étiez dans les quatre « survivantes ». Quel souvenir avez-vous gardé de cet épisode ?

– Toute la séquence était lamentable : le début comme la fin. D'abord, le fait d'avoir nommé des femmes pour faire joli, chic et mode, alors qu'elles ne connaissaient pas toutes leur sujet et que, pour certaines, leur ministère étaient sans contenu ; ensuite, les virer au bout de quelques mois, alors qu'elles n'avaient pas forcément démérité... C'était nul. Moi, j'avais la chance de maîtriser mon sujet – sur les transports, personne ne pouvait contester ma compétence. Je me pinçais quand je siégeais au Conseil des ministres, mais je ne me sentais pas illégitime. J'ai la faiblesse de penser qu'on m'a gardée pour cette raison. C'est un milieu où on fait rarement des cadeaux.

– C'est pourtant le milieu que vous avez choisi. En 1997, vous vous faites élire députée. Là, vous changez vraiment de métier.

1. Le premier gouvernement d'Alain Juppé, nommé par Jacques Chirac le 17 mai 1995, comprenait douze femmes : quatre ministres (Élisabeth Hubert, Colette Codaccioni, Corinne Lepage et Françoise de Panafieu), ainsi que huit secrétaires d'État : Élisabeth Dufourcq, Françoise Hostalier, Anne-Marie Idrac, Margie Sudre, Nicole Ameline, Françoise de Veyrinas et Christine Chauvet. À la suite du remaniement du 7 novembre 1995, seules Anne-Marie Idrac, Margie Sudre, Corinne Lepage et Anne-Marie Couderc continuèrent à siéger au gouvernement.

– Après le gouvernement, je ne me voyais pas retourner dans l'administration – et le privé ne m'a jamais attirée. François Bayrou m'a offert une investiture dans les Yvelines ; l'aventure m'a tentée. C'est une fois à l'Assemblée que j'ai commencé à voir la politique sous un autre jour. Dans mon ministère, j'avais des objectifs de service public : les choses me paraissaient assez rationnelles. Là, soudain, je découvrais des arrière-cours que je n'avais jamais soupçonnées, des manœuvres, des conflits personnels qui pesaient sur les décisions... En revanche, j'ai aimé faire des campagnes électorales, prendre la parole en public. C'est à ce moment-là que j'ai mesuré combien la place des femmes était réduite dans le monde politique. Et c'est pour ça que j'ai changé d'avis sur la parité.

– Parce que vous étiez contre, au départ ?

– Absolument. J'ai d'abord été sur la ligne de l'universalisme républicain défendu par Élisabeth Badinter [1], qui me semblait correspondre à ce que j'avais vécu. Jusque-là, j'avais mené ma carrière en faisant comme si la question ne se posait pas. Je me faisais appeler « directeur » et non pas « directrice », j'étais réticente à toute forme de féminisation, allergique à la discrimination positive. J'avais même dit non à Simone Veil – que j'admire pourtant infiniment – quand elle m'avait demandé de faire partie d'un groupe de femmes !

1. Voir Élisabeth Badinter, *Fausse route*, Odile Jacob, 2003.

Mais à l'Assemblée, j'ai vite compris que la parité ne se réaliserait pas d'elle-même, qu'il fallait un appel d'air. J'ai aussi lu le livre de Sylviane Agacinsky [1], qui, ajouté à ce que je voyais dans d'autres pays européens, m'a aidée à forger mon point de vue : nous, les femmes, ne sommes pas une minorité mais une des deux incarnations de l'espèce humaine. C'est pourquoi j'ai voté la loi sur la parité mais je reste absolument opposée à la discrimination positive en fonction de la couleur de la peau.

– Et les quotas de femmes dans les conseils d'administration des grandes entreprises, y êtes-vous favorable ?

– Je ne vois pas à quoi ça servirait. Si c'est juste pour faire joli sur la photo, à quoi bon ? On m'a proposé des dizaines de fois de siéger dans des conseils et je refuse parce que je n'ai pas le temps. Je sais très bien pourquoi on s'intéresse à moi : à ce niveau, les femmes de cinquante ans qui soient présentables – intellectuellement comme physiquement –, ça ne court pas les rues ! En réalité, il ne suffit pas de nommer des femmes ; il faut les nommer là où elles sont compétentes. À la RATP, j'ai promu une femme à la direction d'une ligne de métro. C'est une fonction difficile : il y faut de l'autorité et de l'expérience – autrement dit, des années d'apprentissage, d'évolution. Pour en trouver d'autres, il faudrait puiser dans un vivier, mais ce vivier n'existe

1. Sylviane Agacinski, *Politique des sexes, mixité et parité*, Le Seuil, 1998.

pas – parce qu'il y a très peu de conductrices, que ces métiers-là sont éprouvants, et ainsi de suite...

– Donc vous essayez d'agir en faveur de la promotion des femmes, mais vous n'y parvenez pas toujours...

– À la RATP comme à la SNCF, je me suis efforcée d'insuffler un état d'esprit nouveau sur ces questions. J'avais un avantage : quand l'entreprise a une femme à sa tête, les femmes qui y travaillent peuvent se sentir stimulées. Concrètement, j'avais instauré à la RATP un accord général en vertu duquel chaque vague de promotions comprenait la même proportion de promues qu'il y avait de candidates. J'ai nommé des femmes directrices de centres d'autobus, j'en ai fait entrer une au comité exécutif – avec elle nous étions trois sur sept membres. Quant à la détection des « hauts potentiels », je refusais la liste – ou je la retouchais – tant qu'elle ne contenait pas assez de femmes. Mais quand j'ai pris la présidence de la SNCF, j'ai changé un tiers des équipes dirigeantes dans les premiers mois et je n'ai pas réussi à y placer une femme. Je n'en voyais aucune qui corresponde aux postes que je devais pourvoir : des directions régionales, presque toutes occupées par des hommes de cinquante ans. J'aurais peut-être pu prendre un ou deux risques, mais je voulais déjà préparer l'entreprise à tellement de révolutions internes que j'ai préféré ne pas en rajouter. Le rail, c'est encore largement un monde d'hommes – j'ai d'ailleurs eu droit à quelques accueils « virils » dans mes déplacements sur le terrain, avec sifflets et boules puantes...

De toute façon, je suis convaincue que les nouveaux modes de management qui s'imposeront dans les années à venir – avec plus de flexibilité, plus de décentralisation, plus d'expérimentation – rendront naturelle la présence des femmes.

– Vous considérez qu'il existe un management féminin, qui requiert des qualités spécifiques aux femmes ?

– Je tire de mon expérience le sentiment d'une façon plus moderne de diriger : les femmes pratiquent un management de conviction plus que d'autorité, elles préfèrent le réseau à la hiérarchie, le système à l'organisation. Il y a des exceptions, bien sûr : Martine Aubry a imposé les trente-cinq heures par la loi alors que Gilles de Robien a négocié la réduction du temps de travail. Mais, d'une façon générale, être une femme au milieu des hommes est en soi un facteur de déstabilisation qui peut servir dans une société qu'il faut transformer. Sans compter qu'aujourd'hui, avec tous les nouveaux critères de notation des entreprises, la diversité, la responsabilité sociale, la présence des femmes dans les postes de pouvoir est devenue un facteur de visibilité qui contribue à donner une image positive. Regardez autour de vous : elles commencent à être recherchées...

Eva Joly

« Quand on vieillit, on ne pense plus à sa carrière mais aux enfants qu'on n'a pas eus. »

Elle est presque une légende, au moins une icône. La femme venue du froid, rendue célèbre par ses enquêtes retentissantes au cœur des pouvoirs et repartie vers les fjords, lassée des intrigues et des attaques que lui ont values ses succès judiciaires. Elle ne ressemble pourtant pas à sa caricature : mutine et coquette, c'est une grand-mère étonnamment vive et ardente qu'anime toujours le désir de bien faire – et de faire le bien. Née le 5 décembre 1943 à Oslo (Norvège), elle est arrivée à Paris un jour de 1964 en espérant y parfaire son français, épousa un fils de famille, se plongea dans la vie et dans les études avec le même appétit. Titulaire d'un DEA de droit et de sciences politiques, elle n'est entrée dans la magistrature qu'à l'âge de trente-huit ans, après avoir été conseillère juridique à l'hôpital psychiatrique d'Étampes (1974-1981). Elle a d'abord été substitut du procureur à Orléans (1981-1983), puis à Évry (1983-1989) – où elle finit par intégrer la section financière –, avant d'être détachée au ministère de l'Économie (1989-1993) auprès du Comité interministériel de restructurations industrielles (CIRI). Son entrée dans la prestigieuse « galerie financière » du tribunal de Paris annonce sa gloire à venir : elle sera la femme de glace qui terrassera Bernard Tapie, les profiteurs du Crédit lyonnais, les barons du capitalisme français. Son grand œuvre sera l'affaire Elf, scandale aux multiples tiroirs auquel elle a consacré huit années de sa vie. Elle a quitté le tribunal de Paris en 2002 pour devenir secrétaire général adjoint du ministère de la Justice de Norvège chargée de la lutte anticorruption (2002-2005), puis conseillère spéciale du ministre du Développement sur les questions liées à la criminalité économique. Elle est veuve, mère d'une fille et d'un fils.

⁂

– Dans un film sorti en 2006, *L'Ivresse du pouvoir*, le cinéaste Claude Chabrol a mis en scène la dérive d'une magistrate grisée par le sentiment de puissance que lui donne son métier, sans cacher qu'il s'était inspiré de votre parcours[1]. Vous avez publiquement critiqué le

1. Dans *L'Ivresse du pouvoir*, une femme juge d'instruction (Isabelle Huppert), chargée d'une enquête sur d'importants délits financiers, fait écrouer le patron d'une grande entreprise (François Berléand, inspiré de l'ex-PDG d'Elf-Aquitaine Loïk Le Floch-Prigent) et l'interroge avec acharnement. Lorsque les aveux qu'il consent à lui livrer menacent de déstabiliser les milieux politiques, les obstacles se dressent sur son chemin. Mais l'héroïne, happée dans un tourbillon de puissance et de notoriété, se montre prête à tout sacrifier pour son dossier, jusqu'à sa vie privée. Eva

propos de ce film. Est-ce à dire que vous avez ressenti cette fiction comme une critique, voire une attaque ?

– C'en était évidemment une. Une caricature grossière faite pour me dénigrer en même temps que mon travail. Cette volonté n'était même pas déguisée : vous l'avez dit, toute la promotion du film a été faite en invoquant le parallèle avec l'affaire Elf et avec moi. Rien de tout cela n'était gratuit. Le personnage de la juge s'appelle Charmant-Killman – autrement dit : celle qui veut tuer les hommes... C'était une façon de réduire le travail d'un juge d'instruction à un jeu de personnes, aux états d'âme d'une femme. Du coup, c'était aussi enlever sa portée à l'enquête que j'avais menée et aux découvertes qu'elle avait permises. L'affaire Elf avait révélé l'existence d'un système de détournements au cœur de la plus grande entreprise française et, au-delà, la corruption des élites, les relations troubles entre la France et l'Afrique depuis quarante ans... Plutôt que de regarder ces réalités en face, il valait tellement mieux faire croire que cette histoire n'était que le fait d'une femme frustrée et éblouie par son pouvoir ! C'était commode. Et bêtement machiste.

– Vous considérez que la question de l'usage par le juge de son propre pouvoir n'était pas légitime ?

Joly s'est notamment indignée, au moment de la sortie du film, d'une scène évoquant la tentative de suicide du mari de la juge, déplorant la présence dans le scénario de « détails sordides et erronés sur [sa] vie personnelle ». En effet, son propre mari, Pascal Joly, s'est donné la mort en 2001.

– Je trouvais en tout cas qu'elle était déplacée pour ce qui me concerne. Quand j'étais juge d'instruction, j'étais parfaitement consciente d'avoir un pouvoir et je suis convaincue de l'avoir exercé avec sérieux, discernement et responsabilité. Par exemple, on m'a reproché d'avoir trop souvent recours à la détention provisoire. J'ai fait une petite étude sur le sujet, d'où il est ressorti que je n'avais ordonné des mises en détention que dans 12 % de mes procédures – c'est-à-dire bien moins que la moyenne nationale de l'époque. En fait, ce qui choquait, c'était que j'avais utilisé ce pouvoir contre des personnages haut placés, des membres de l'establishment. Pour moi, le film de Chabrol s'inscrit dans la même volonté de jeter un voile sur mes découvertes.

– Au long de vos enquêtes, vous a-t-il parfois semblé qu'être une femme pouvait alimenter l'agressivité à votre égard de ceux que vous poursuiviez ?

– Indéniablement. Certains le vivaient presque comme une provocation. La plupart d'entre eux n'avaient pas souvent eu affaire à des femmes en position de pouvoir ; dans leur univers professionnel, la femme était surtout une secrétaire, au mieux une collaboratrice.

– Face à ces grands patrons, banquiers ou politiques, membres de ce que vous appeliez à l'instant l'« establishment » français, vous êtes-vous parfois sentie animée d'un désir de revanche – parce que vous avez une origine étrangère, que vous venez d'un milieu populaire et que vous êtes une femme ?

– C'est difficile à dire. Nous ne sommes pas toujours lucides sur nos propres mobiles – même les juges ont un inconscient ! Mais de là à vouloir systématiquement rechercher des motivations enfouies... Est-ce qu'on demande au chirurgien s'il réussit ses opérations parce qu'il a une revanche sociale à prendre ? Autant que je puisse le mesurer, je crois m'être toujours efforcée de faire mon travail convenablement.

Je comprends qu'on ait peur du juge vengeur : c'est une figure terrifiante de notre culture. Mais aujourd'hui, cette crainte est assez anachronique car la procédure pénale offre bien des garanties aux justiciables. Encore une fois, ces questions-là font diversion : face à des détournements colossaux, on pourrait se demander quelles défaillances, quelles complicités ont permis cela mais on préfère laisser dire aux coupables : « Pas de chance, j'ai eu affaire à une femme revancharde. » Je trouve ça assez pitoyable.

– Que les accusés usent de tous les arguments pour se défendre est dans l'ordre des choses. Ce qui est frappant, dans votre cas, c'est qu'à un moment votre caricature semble vous avoir supplantée dans l'opinion. Vous étiez devenue si célèbre que chacun voulait émettre une opinion sur la façon dont vous instruisiez les dossiers, comme s'il s'était agi de critiquer votre tenue vestimentaire. Avez-vous souffert de vivre sous le regard de tous ?

– La personnalisation dont j'ai été l'objet s'explique d'abord par la dimension hors norme de l'affaire Elf. Je crois aussi que, pour les médias, il est souvent tentant de s'arrêter aux personnages pour ne pas avoir à entrer dans la complexité de ces affaires. J'admets d'ailleurs avoir été un peu naïve à ce propos : j'ai longtemps pensé que ma sincérité jouait en ma faveur ; je ne pensais donc pas que la notoriété pouvait me desservir. La vie m'avait gâtée, j'étais heureuse, je ne me voyais rien à cacher. Il m'est même arrivé de me servir de la médiatisation.

– Quand ? Pourquoi ?

– En 1997, j'ai accepté de participer à une émission de télévision[1] pour alerter sur la pauvreté des moyens de la justice. J'étais saisie de dossiers énormes et je ne savais plus où ranger les papiers dans mes deux minuscules bureaux contigus. Mon idée était de faire installer un local en préfabriqué sur le toit du Palais de justice, mais personne ne me répondait... Je me suis dit qu'en montrant aux citoyens nos conditions de travail, j'obtiendrais peut-être un résultat. Et ça a marché. Je crois modestement que le débat que j'ai lancé ce soir-là a permis la création des pôles financiers[2]...

J'ai renouvelé l'expérience trois ans plus tard[3] parce que je devais faire face à toutes les attaques. Les avocats

1. « Capital », sur M6, le 2 février 1997.

2. La création de ces juridictions spécialisées dans la lutte contre la criminalité et la délinquance financières fut annoncée par Élisabeth Guigou, alors ministre de la Justice, en décembre 1997. La circulaire relative à leur mise en place fut diffusée le 19 février 1999 et le pôle économique et financier du tribunal de Paris fut inauguré le 1er mars 1999.

3. « 19 heures, Dimanche », présenté par Ruth Elkrief, septembre 2000.

défilaient chez le procureur général et chez le premier président de la cour d'appel pour obtenir mon dessaisissement – j'en ai reçu des témoignages très précis. Mon fils m'avait dit : « Maman, si c'est toi-même qui dis aux gens ce que tu fais, il te croiront. » J'ai voulu suivre son conseil parce que, en effet, j'ai souvent pensé que ma sincérité me donnait une force de conviction. Je connaissais la vie, j'avais de l'expérience, j'étais plus âgée que la plupart des juges, j'étais fière de ma fonction et de ce que j'y accomplissais. Pour ces raisons, j'étais difficile à déstabiliser. Je ne cherchais pas les promotions, je ne me préoccupais pas de plaire à ma hiérarchie. Mes repères n'étaient pas ceux de la carrière judiciaire, mais ceux de mes origines, de mon parcours.

– Revenons, justement, à vos débuts. De votre enfance en Norvège, de votre famille, quels modèles avez-vous gardés qui auraient inspiré votre parcours ?

– Les femmes avaient une position spéciale dans ma famille, surtout du côté de ma mère. Ma grand-mère maternelle était très belle, élégante et cultivée. Elle tenait un salon de coiffure à Oslo et c'était une sorte de vedette : elle chantait si bien qu'on l'invitait dans les soirées. Elle a élevé seule ses enfants après avoir divorcé alors qu'elle avait à peine vingt-cinq ans – pour l'époque, c'était d'une audace inouïe. Ma mère aussi a fait quelque chose de remarquable : elle a passé son bac, ce qui était très rare en ce temps-là, surtout pour une femme – même dans ma génération, nous n'étions que 15 % à l'avoir – et elle a ensuite fait des études ; elle parlait l'anglais et l'allemand. Elle aussi était coiffeuse. Elle aidait ma grand-mère dans son salon. Nous vivions modestement mais nous avions ce qu'il nous fallait. Et elle avait des ambitions pour ses trois filles.

– Plus que votre père ?

– Les siennes étaient sans doute plus abstraites : lui n'avait pas de formation ; il avait appris à coudre après l'école primaire et était devenu tailleur. Il était très viril ; c'était ma mère l'intellectuelle de la famille. Enfant, je regrettais parfois qu'elle n'ait pas un partenaire avec qui elle puisse échanger davantage. J'ai compris plus tard qu'il y avait un équilibre entre eux. Ils partageaient le souci de notre confort et de notre sécurité. Ils nous voyaient institutrices ou secrétaires – en tout cas, pas ouvrières – et il était évident que, pour atteindre ce but, il n'y avait que le travail, les études...

– Est-ce l'ambition qui vous a conduite à quitter très tôt cette famille pourtant soudée ?

– Ma mère disait qu'il ne fallait pas rester chez ses parents trop longtemps pour vivre sa vie. À peine sortie du lycée, j'ai commencé à travailler comme secrétaire trilingue tout en suivant une formation au commerce. Ensuite, j'ai pensé devenir professeur de français. J'ai laissé tomber le secrétariat et je suis partie pour la France, comme jeune fille au pair. J'avais vingt ans. Vous connaissez la suite : j'ai atterri dans la famille Joly...

– Et vous avez épousé le fils de la maison !

– Au début, ils m'ont accueillie très gentiment, intégrée dans la famille. Je partageais leurs repas, je partais en week-end avec eux. Le père était ophtalmologiste, la mère femme au foyer, issue d'une famille de professeurs de médecine. Ils étaient raffinés, attachés à la beauté plus qu'aux sentiments. C'est un milieu dans lequel on déteste la facilité, la vulgarité. On croit au mérite et à l'effort, mais le souci de l'ordre établi est puissant : tant que j'étais la jeune fille au pair, tout allait bien ; le jour où ils ont compris que j'allais devenir leur belle-fille, ça s'est dégradé. Ils se sont opposés au mariage. Il a fallu lutter.

– Cette épreuve a-t-elle altéré votre vision de la France ?

– Pas tellement. Il y a en France un mélange extraordinaire de conformisme et d'ouverture aux autres. Ils m'aimaient bien, je crois, mais ils avaient décidé que je ne convenais pas à leur fils. Pascal et moi, nous étions sûrs du contraire.

Nous avons habité pendant des années dans un studio de quatorze mètres carrés, lui étudiant sa médecine, moi mon droit. On s'est mariés en 1967 et il n'est devenu médecin qu'en 1973 – c'est aussi l'année de naissance de notre fille. Entre-temps, on a vécu avec mon salaire de secrétaire à mi-temps, 800 francs par mois [1].

1. Environ 122 euros.

J'aurais voulu faire médecine, moi aussi, pour être plus proche de lui, mais je voyais ce que cela représentait : il étudiait du matin au soir ; il fallait bien que je gagne de quoi vivre... Le droit me permettait de m'organiser plus facilement. Le jour, je tapais des appels d'offres dans un bureau et le soir, j'assistais aux travaux dirigés. Je rentrais tard, mais j'avais de bons résultats. Nous étions heureux.

– La maternité vous comblait-elle ?

– J'ai adoré faire des enfants. Mais il allait de soi, pour moi, qu'il fallait continuer à travailler. Quand mon fils est né – en 1975 –, j'étais conseiller juridique à l'hôpital psychiatrique d'Étampes tout en préparant un DEA de science politique. Je m'occupais de notre maison, du jardin, des enfants... J'étais pleine d'énergie, j'avais l'impression de croquer la vie à belles dents.

Si c'était à refaire, j'aimerais avoir un ou deux autres enfants. J'ai souvent donné ce conseil à ma fille : il ne faut pas penser qu'on pourra faire des enfants plus tard ; il faut commencer par les avoir, le reste vient ensuite. Quand on vieillit, on ne pense plus à ce qu'on a fait de sa carrière. Mais on regrette les enfants qu'on n'a pas eus des hommes qu'on a aimés. Pour éviter les regrets, il faut foncer. Un des problèmes actuels des femmes est de trouver une place dans leur vie pour les enfants. Quand l'homme et la femme mènent tous les deux leur carrière tambour battant, c'est le bonheur familial qui en pâtit.

– Vous voulez dire que la société oblige les femmes à choisir entre leur métier et leur famille ?

– Pas nécessairement. Mais souvent, celles qui veulent conjuguer les deux se disent : « J'aurai des enfants quand ma carrière sera lancée », et ça ne marche pas. Certaines font des études jusqu'à vingt-sept ou vingt-huit ans ; si elles veulent attendre d'avoir pris leurs marques dans leur travail, il faut encore compter quelques années. À cet âge-là, c'est parfois la rupture du premier amour ; d'un seul coup, vous avez trente-cinq ans et vous cherchez le compagnon qui sera le père de vos enfants. L'horloge tourne, c'est la panique ! Ma conclusion est : si on ne peut pas concilier le travail et les enfants, il faut choisir les enfants.

– Mais comment aider les femmes à échapper à ce choix cornélien ?

– L'idéal serait d'adapter le déroulement des carrières en fonction des cycles de la vie. Entre vingt-sept et quarante ans, les horaires de travail ne devraient pas excéder 10 heures-19 heures, pour vous permettre de gérer les contraintes d'une vie familiale. Au-delà de quarante ans, vous pouvez plus facilement allonger votre journée professionnelle. À mon âge, je peux rentrer à 23 heures, quelle importance ? Le malheur, dans nos sociétés, c'est que ceux qui décident de ralentir le rythme pour privilégier leur vie personnelle ne peuvent ensuite rattraper le temps perdu pour la carrière. Beaucoup de femmes loupent le coche de cette façon.

– D'où le fait qu'elles sont moins nombreuses à occuper des postes de pouvoir...

– Tout part de là, en effet. C'est pourquoi je pense qu'il faudrait instaurer des quotas dans les entreprises et les administrations pendant une génération ou deux, de manière à rétablir l'équilibre[1]. Quand la seule solution consiste à courir du matin au soir sans jamais être contente parce que vous avez mauvaise conscience de n'être ni assez bonne épouse, ni assez bonne maîtresse, ni assez bonne mère, ni assez bonne professionnelle, le malheur est assuré.

En Norvège, la société est organisée pour y remédier. Il est mal vu de rester tard au bureau parce que les horaires sont calés sur la vie des familles. Même le ministre auprès de qui je travaille quitte son travail le vendredi après-midi pas trop tard. Le week-end, il me demande de ne pas lui envoyer de mails ni de notes importantes ; il s'occupe de ses enfants.

– Au-delà de la pratique, y a-t-il des dispositifs spécifiques qui favorisent la carrière des femmes ?

– Absolument. Le congé de maternité d'un an obligatoire, par exemple. Je siège au conseil d'administration d'un des grands journaux norvégiens : le directeur

1. Le 23 février 2006, une nouvelle loi sur l'égalité salariale entre les hommes et les femmes a été adoptée par le Parlement français. Le texte prévoyait d'imposer au moins 20 % de femmes dans les conseils d'administration ou de surveillance des entreprises. Moins d'un mois plus tard, cette disposition était déclarée inconstitutionnelle.

financier est une femme ; elle est partie pour accoucher. Elle sait que, dans un an, elle retrouvera son poste – c'est un homme qui la remplace en attendant. D'une façon générale, les salariés quittent les bureaux à 16 heures au plus tard, pour aller chercher leurs enfants à l'école ; c'est aussi vrai pour les médecins, les membres du gouvernement... Du coup, les réunions commencent et se terminent à l'heure. Tout le monde s'en porte mieux.

J'ajoute qu'il existe, en Norvège, des quotas de représentants de chaque sexe dans la plupart des structures de pouvoir. Dès que le pays forme une délégation de dix personnes pour le représenter devant une organisation internationale comme l'ONU ou l'OCDE, elle doit comporter au moins 40 % de femmes... ou d'hommes. La présence des femmes est tellement ancrée que, parfois, c'est le problème inverse que l'on connaît : il faut trouver à tout prix des délégués masculins !

– Quand vous étiez magistrate en France, loin de cette culture de la mixité qui caractérise les pays nordiques, vous deviez avoir le sentiment de vivre dans un univers très masculin...

– Il y a un paradoxe dans la justice française : le corps est très féminisé mais les postes hiérarchiques y sont, pour l'essentiel, occupés par des hommes[1]. Pour ce qui

1. En 2004, selon les statistiques de l'association Administration moderne, qui réunit des femmes haut fonctionnaires, la France comptait 51,3 % de femmes dans la magistrature, mais seulement 15,2 % de femmes parmi les chefs de juridiction, généralement affectées aux postes les moins

me concerne, je m'étais très vite libérée du carcan de la « carrière », qui impose de rechercher l'avancement, de se faire bien voir, d'être cooptée par les chefs ; je me battais pour rester juge de base ! Je me sentais à mon aise – j'étais une femme parmi les femmes. Mais bien des magistrates que j'ai connues auraient fait, je crois, d'excellents présidents ou procureurs. Il est dommage qu'il n'y ait pas plus de femmes dans les fonctions d'encadrement : ce serait utile à la justice que d'y nommer des femmes indépendantes, étrangères aux réseaux d'influence qui font et défont les promotions dans la magistrature.

– Pour ne pas parler de « carrière », diriez-vous que, dans votre parcours judiciaire, être une femme vous a desservie ?

– Cela dépend des étapes. L'instruction de l'affaire Elf a été très éprouvante, mais je ne crois pas qu'elle l'aurait été moins si j'avais été un homme. À ceci près, je l'ai dit, que l'on a cherché à discréditer mon action en insinuant que mes décisions obéissaient parfois à des mobiles d'ordre personnel. Mais j'ai reçu l'appui d'une magistrate remarquable, Claude Noquet, qui était vice-présidente chargée de l'instruction, et sans qui le dossier ne serait sans doute pas arrivé à son terme[1].

---

importants. Sur l'ensemble des magistrates, 62 % possédaient un grade de deuxième catégorie (le rang le plus faible), 47 % un grade de première catégorie et à peine 19 % étaient classées « hors hiérarchie ».

1. Le 31 janvier 2007, la Cour de cassation a confirmé les condamnations infligées en mars 2005 aux principaux acteurs de l'affaire Elf. Ouverte en 1994, l'enquête avait révélé des détournements supérieurs à 300 millions d'euros entre 1989 et 1993, au préjudice de la compagnie

En revanche, il me semble qu'en certaines occasions être une femme, avec ce que cela suppose d'attention maternelle et de sensibilité, a fait de moi un interlocuteur rassurant, digne de confiance. Avec certains mis en examen – femmes et hommes, je le précise –, un climat propice aux confidences s'est instauré. Souvent, la justice n'a rien d'autre qu'un peu de considération, voire d'estime à offrir à un suspect, surtout s'il est coupable ; les femmes sont peut-être mieux à même de le faire. Quand j'étais au parquet, j'ai reçu des lettres de condamnés contre lesquels j'avais requis au procès et qui me remerciaient d'avoir eu des « mots justes » à leur égard. J'ai toujours attaché de l'importance à la parole, donc à l'écoute. Et je n'ai jamais cherché l'humiliation, quoi qu'en aient dit certains...

– Vous disiez vous être « battue » pour rester juge de base. Est-ce par méfiance à l'égard du pouvoir ?

– Une vision communément répandue présente la faculté d'administrer les autres comme le seul vrai pouvoir ; il vaudrait mieux être le dirigeant du groupe de travaux publics que l'ingénieur qui construit, président du tribunal plutôt que simple juge du siège. Je ne partage pas cette conception : ce qui me détermine, c'est la possibilité d'être en action. C'est pourquoi j'ai préféré, en effet, rester à l'instruction plutôt que de profiter de

pétrolière française, alors entreprise publique. Outre l'ancien président d'Elf, Loïk Le Floch-Prigent, plusieurs anciens directeurs, cadres dirigeants et intermédiaires ont été condamnés à des peines de prison et d'amendes.

mes découvertes et de ma notoriété, qui me rendaient encombrante, pour obtenir des promotions – on aurait été ravi de m'éloigner !

Dans mes fonctions actuelles auprès du gouvernement norvégien, je ne suis responsable d'aucun service, je ne donne d'ordres à personne mais j'ai un rôle de stratège : c'est à moi d'imaginer comment traduire en actions concrètes la volonté politique d'aider des pays gangrenés par la corruption. Le directeur du développement, dont je suis la conseillère, a une responsabilité essentielle ; mais je crois que je m'amuse infiniment plus que lui – et si je réussis, je contribue vraiment à changer les choses dans des régions du monde qui en ont besoin. Ça vaut bien des pouvoirs établis, non ?

– Votre pays d'origine a fait de vous une sorte d'ambassadrice de la lutte anticorruption dans le monde. N'auriez-vous pas pu jouer ce rôle pour la France ?

– On ne me l'a pas proposé. Curieusement, l'affaire Elf m'a donné une forte légitimité dans de nombreux pays, de l'Afrique aux États-Unis, alors qu'en France je suis un personnage controversé. On m'y présente quelquefois comme aussi sulfureuse que les personnages que j'ai fait condamner ! Peu importe, d'ailleurs, car le combat que je mène est nécessairement international. Je joue à la fois un rôle d'expert – j'assiste les gouvernements et les juges sud-africains, nigérians ou malgaches, je suis auditionnée par le comité constitutionnel anglais... – et de conseiller de mon propre gouvernement dans les négociations et les actions internationales relatives à la corruption et aux paradis fiscaux. J'ai participé à la rédaction de nouvelles lois, de réformes entières de l'organisation judiciaire de certains pays, établi l'évaluation des systèmes de lutte anticorruption dans d'autres – la Belgique, par exemple ; mais pas la France, ça m'a semblé délicat...

L'action en faveur du développement me passionne. La Norvège y consacre des sommes considérables, ce qui en fait un acteur majeur dans ce domaine[1]. L'une de nos priorités est d'aider les pays pétroliers à utiliser leurs recettes pour apporter du bonheur à leurs peuples et non du malheur. Souvent, les femmes ont un rôle moteur dans ces programmes : quand Statoil – la principale compagnie pétrolière norvégienne – s'implante dans le Sud algérien, elle recrute 50 % de cadres féminins dans la population locale ; elles sont formées à leur travail, mais aussi à s'engager dans la vie civile.

– Votre dernier livre[2] se termine par un diagnostic politique également mitigé sur vos deux pays, la Norvège et la France. N'avez-vous jamais été tentée par la politique ?

– J'ai déjà l'impression de participer à une forme d'action politique. Et plus je le fais, plus je me dis, en effet,

1. Riche de sa production pétrolière et gazière, la Norvège affecte chaque année environ 1 % de son produit intérieur brut – soit près de 2,5 milliards d'euros – à l'aide au développement et à la lutte contre la corruption dans le monde. Le pays est notamment l'un des plus gros contributeurs volontaires de l'ONU.

2. Eva Joly, *La force qui nous manque*, Les Arènes, 2007.

que seule la politique transforme le monde. Mais je ne suis pas attirée par le Parlement ; je vous l'ai dit, je préfère les fonctions opérationnelles. Mon vrai problème, c'est que je n'ai jamais été militante et que les partis sont très hiérarchisés. Je n'aurais pas la patience de franchir un à un les échelons !

Cathy Kopp

« Même PDG, je gagnais 15 % de moins que mes homologues masculins. »

Avant d'être une femme de tête, elle fut une femme de chiffres. Une élève douée pour les maths, gourmande de connaissances tous azimuts, attirée par les univers conceptuels : l'informatique était la voie rêvée. Née le 13 avril 1949 à Étampes (Essonne), titulaire de plusieurs maîtrises de mathématiques, elle a fait l'essentiel de sa carrière chez IBM. Entrée comme ingénieur en 1973, elle y a exercé, durant trente ans, de nombreuses fonctions de direction – dans les domaines technique, commercial, puis des ressources humaines. Elle fut directrice des ressources humaines du groupe américain en France (1993-1996), puis aux États-Unis (1996-1998), avant de devenir responsable des relations sociales pour l'ensemble du groupe (1999-2000). Nommée PDG d'IBM en France en 2001, elle reste l'une des rares femmes à y avoir dirigé une entreprise de cette taille. Élancée et souriante, cette femme au chic étudié a rejoint, en 2002, le groupe Accor, leader mondial de l'hôtellerie et du tourisme, avec le titre de directeur général des ressources humaines et du développement durable, au sein duquel elle s'efforce d'encourager la promotion des femmes et, au-delà, la diversité des personnels. Elle est mariée, mère d'un fils et d'une fille.

⁂

– Si vous vous replongez dans votre enfance, quels modèles vous reviennent en mémoire qui pourraient avoir contribué à faire de vous de ce que vous êtes devenue ?

– Je suis d'une origine plutôt modeste. Mon père était un self-made man, que la guerre a empêché de poursuivre ses études. Il a été ouvrier chez Renault tout en suivant une formation d'ingénieur, puis il a fait une carrière dans la métallurgie, changeant plusieurs fois d'entreprise et de région, jusqu'à diriger les opérations d'une grosse PME industrielle en Normandie. Ma mère, elle, avait travaillé avant la guerre, mais le mariage et ses quatre enfants ont fait d'elle une femme au foyer, une figure d'épouse et de mère parfaite, qui adorait s'occuper de sa maison et de sa famille. Mes modèles sont donc multiples.

– Petite fille, vous vous imaginiez comme elle, plus tard ?

– La question ne se posait pas. Le modèle imposé, c'était de bien travailler à l'école pour obtenir des diplômes et préparer sa vie future. Il se trouve que mon frère et ma sœur aînés n'étaient pas très à l'aise avec les études, si bien que j'ai été la première de la famille à avoir mon bac. Un bac scientifique en plus, et avec le prix d'excellence ! C'était en 1966. À l'époque, pour une fille, c'était plutôt rare. C'est mon premier souvenir de fille au milieu des garçons. J'étais fière. Comme j'hésitais à poursuivre en Maths Sup, mes parents, tellement attentionnés, m'en ont dissuadée. J'étais sujette aux migraines ; ils m'ont dit : « C'est trop difficile pour une fille. Tu vas avoir trop mal à la tête... » Alors je me suis inscrite en faculté, à Rouen... J'avais seize ans !

– Mais vous êtes restée une scientifique.

– Une mathématicienne. J'ai passé licence, maîtrise et, parallèlement, comme je m'ennuyais, je suivais aussi des cours d'anglais et de psychologie, tout en travaillant comme surveillante à l'internat pour subvenir à mes études. Le campus était ouvert et tout m'intéressait. J'étais timide, je sortais très peu. Mai 68 est passé très loin de moi. Mon univers était essentiellement intellectuel. Je m'imaginais professeur ou faisant de la recherche. Quand j'ai réalisé que je n'étais pas faite pour l'enseignement, j'ai écrit à des dizaines d'entreprises, à commencer par les sociétés d'informatique parce que c'était un domaine d'avenir et que j'avais acquis quelques rudiments en faculté.

– C'est ainsi que vous entrez chez IBM.

– J'ai d'abord reçu la réponse d'une entreprise qui me disait : « Désolé, nous n'embauchons pas de femmes ingénieurs. » J'aurais dû l'encadrer, mais je l'ai déchirée. Nous étions au début des années 1970 et IBM, comme toutes les sociétés américaines, était déjà attachée à la diversité dans le recrutement. J'ai été embauchée et j'ai suivi la formation commune à tous les nouveaux ingénieurs du groupe. J'en suis sortie avec un poste d'ingénieur technico-commercial et... avec mon futur mari, ingénieur commercial. Lui était affecté à Marseille, moi à Paris. Quand nous avons décidé de nous marier, j'ai foncé voir mon patron pour lui réclamer un poste à Marseille. J'étais prête à démissionner ! Ça a marché.

– L'intégration d'une jeune femme dans ce monde d'ingénieurs a-t-elle été facile ?

– Pas d'emblée. Je me souviens de mon premier entretien avec mes futurs chefs, à Marseille. Quand l'un des deux m'a lâché : « Vous vous mariez, vous allez faire des enfants, ça ne sert à rien de travailler... », j'ai eu l'impression d'un coup de poing dans l'estomac. L'épouse et mère de famille qui travaille n'était pas encore un modèle bien admis. On ne pourrait plus dire une chose pareille à une jeune femme aujourd'hui.

– Vous croyez que ça n'existe plus ?

– En tout cas, moi, je l'interdis.

– Donc, vous débutez aux côtés de votre mari...

– Dans la même agence commerciale que lui, mais la direction nous a imposé deux divisions différentes. IBM s'était longtemps interdit de recruter des couples mariés et avant notre époque, il n'y avait pratiquement pas de femmes ingénieurs. Nous étions donc des pionniers... Je pense qu'ils voulaient simplement éviter que la vie privée puisse influer sur le travail et les résultats.

– Et ça n'a jamais été le cas ?

– Non. Nous sommes restés huit ans à Marseille. Nous y avons eu nos deux enfants. Nous avions deux beaux jobs, des salaires confortables, ce qui nous a permis d'investir dans la meilleure logistique possible pour la garde des enfants. Autrement dit, une dame qui venait chez nous le matin et les gardait chez elle l'après-midi jusqu'à ce que l'un de nous vienne les chercher. Elle m'a apporté une aide extraordinaire. Si j'avais dû récupérer les enfants tous les soirs à 18 heures, je n'aurais jamais fait ce que j'ai fait.

– Bien des femmes dans votre cas ressentent une culpabilité, souffrent de devoir négliger leurs enfants pour faire une carrière. Avez-vous éprouvé ce sentiment ?

– Je voulais travailler et, en même temps, être une mère formidable comme ma mère l'avait été. Pour cette raison, j'ai choisi avec soin la personne à laquelle j'ai si longtemps confié mes enfants. Mais j'en ai souffert durant toute leur enfance et leur adolescence. C'est un choix de tous les jours, de quitter ses enfants pour partir au travail... J'ai eu la chance que tout se passe bien pour eux – bonne santé, bonne scolarité, bon équilibre. Si l'un ou l'autre avait eu des problèmes, je n'aurais pas fait les mêmes choix professionnels.

– Vos choix, justement : comment vous ont-ils éloignée de Marseille où vous auriez pu faire votre vie ?

– Après quelques années, on m'a fait comprendre que – mobilité oblige – je devais aller à Paris. J'aimais bien mon métier d'ingénieur, la dimension d'expertise technique et le contact avec les clients ; j'animais aussi des formations, j'explorais de nouveaux domaines – les télécommunications, les bases de données. Sans m'en apercevoir, j'avais dû être repérée. Mais j'ai résisté au moins deux ans. Petit à petit, avec mon mari, nous avons réfléchi. Et nous avons décidé de partir.

– Ensemble ?

– Toujours. Pour nous, ça n'a jamais cessé d'être deux ou zéro. C'est notre choix depuis le début : on reste ou on part ensemble. Nos carrières respectives, c'est un tout. Notre couple est une équipe. Nous partageons tout.

– Mais c'est à vous, et non à lui, qu'on a offert de mirobolantes promotions. N'en a-t-il jamais souffert ? À l'époque, la configuration la plus courante était plutôt à l'inverse...

– Quand on a compris ce qui se passait, nous en avons parlé tous les deux. Lui a pris ça avec une modernité absolue. Il a mené sa barque avec beaucoup de réussite tout en étant un mari et un père attentif, un homme très ouvert à la question de la carrière des femmes. Grâce à lui, je me suis sentie libre dans mon travail. L'homme de ma vie est extraordinaire.

– À partir de quand la différence entre vos salaires respectifs est-elle devenue significative ?

– Quand j'ai pris la direction d'une très grande agence commerciale – la fonction la plus noble chez IBM en ce temps-là. J'avais trente-cinq ans. J'étais responsable de deux cent cinquante personnes, avec 2 milliards de francs de chiffre d'affaires. Mes clients étaient les plus grandes banques françaises, les compagnies d'assurance. Avant cela, j'avais dirigé une équipe de formation, été l'adjointe d'un dirigeant ; chaque fois, j'avais dû m'imposer à des hommes, toujours plus âgés que moi et parfois rudes – un jour, l'un d'eux m'a lancé : « Quand je pense que je pourrais être ton père ! » Le tout en travaillant énormément, parce que la peur d'être prise en défaut ne me quittait pas. Pour réussir, une femme doit toujours en démontrer davantage qu'un homme.

Un souvenir, à ce propos : quand j'ai pris la tête de cette agence, le jour de mon arrivée, mon supérieur direct – un directeur du groupe – m'a présentée en disant carrément : « Si Cathy est nommée, ce n'est pas grâce à moi. » Les principaux managers de ma nouvelle équipe, quatre quinquagénaires dont la compétence et l'humour étaient connus, me regardaient avec méfiance. L'un d'eux s'est planté devant moi et m'a lâché : « À nous quatre, cent ans d'expérience commerciale te regardent. » Quel stress !

– Vous deviez penser : ceux-là, ils ne me louperont pas...

– Ça, oui ! Ces choses-là ne sont pas forcément dites, mais on les ressent. Parfois, il y a aussi les petites phrases venimeuses, du genre : « Mieux vaut porter une jupe pour être promue. » Ou pire. Des mots qui blessent, surtout quand ils sont prononcés par des gens que vous estimiez. Alors vous réalisez que vous avez dû susciter des envies, des jalousies. Ne serait-ce que pour cela, j'ai toujours gardé le contrôle sur mon apparence physique, ma tenue vestimentaire : tailleur bleu marine, pantalon le plus souvent, cheveux tirés pour avoir l'air plus âgée. Et jamais de décolleté. Pour ne pas être cataloguée comme la-femme-sexy-qui-veut-arriver.

– Renoncer à être féminine pour balayer les soupçons, c'est quand même un sacrifice !

– Franchement, pas tant que ça. Je n'ai jamais voulu me déguiser en homme, ni par les vêtements ni par le comportement. Donc ma féminité, je l'ai gardée, mais sans jouer avec. J'ai voulu rester élégante, j'ai même porté des talons aiguilles – c'est joli et ça permet d'être à la hauteur des hommes ; quand vous êtes en talons plats, ils ont tendance à vous regarder de haut...

– À part les talons, vous avez utilisé d'autres recettes pour vous imposer ?

– Plus sérieusement : observer, écouter, connaître les gens que l'on dirige. Les voir un par un, définir – ou redéfinir – leurs objectifs, considérer leurs expériences, déceler leurs motivations... À la tête de mon agence, j'ai conquis ma légitimité le jour où j'ai convaincu un PDG qui venait de nous retirer un contrat de réexaminer le dossier. J'y suis allée seule, mais en ayant travaillé le dossier plusieurs jours et la nuit précédente. Une semaine après, on regagnait l'affaire. Je crois que mon culot avait dû étonner.

– Dans ces moments-là, peut-être le fait d'être une femme devenait-il un avantage ? Il devait contribuer à l'effet de surprise...

– C'est en effet dans cette fonction que ça a pu commencer à jouer en ma faveur. Avant, dans les réunions, je me retrouvais toujours à la droite de l'acteur le plus important autour de la table, puisque j'étais la seule femme. Ce n'était pas forcément gratifiant. Mais quand mon agence s'est remise à enregistrer d'excellents résultats, j'ai peut-être eu une visibilité plus importante parce j'étais une femme et que c'était rare. Mon grand regret, c'est que personne ne m'ait demandé pourquoi ça marchait. L'explication était pourtant simple : je consacrais le tiers de mon temps à m'occuper des gens.

– Aviez-vous une attention particulière envers les femmes ?

– Il y en avait peu, en tout cas pas assez. Et pour être honnête, en recruter davantage n'était pas une priorité pour moi. Ma seule obsession, à cette époque, c'était d'atteindre, voire de dépasser les objectifs assignés. Aujourd'hui, je raisonnerais autrement. J'avais quand même fait passer un message rassurant à celles qui travaillaient avec moi : le jour où vous serez enceinte, ce sera une merveilleuse nouvelle ; n'en ayez pas honte et, surtout, dites-le assez vite pour qu'on puisse s'organiser. J'avais vécu l'inverse quand j'attendais mes enfants, et ça m'avait marquée...

– Comment passe-t-on finalement d'une expérience d'ingénieur à une carrière dans les ressources humaines au niveau qui est le vôtre ?

– C'est une question qui pour moi reste posée. J'avais connu des succès incontestables dans le domaine commercial quand mon patron m'a orientée vers la DRH. Je n'ai jamais su si c'était pour m'écarter d'un milieu qui restait l'affaire des hommes ou si c'était autre chose. Je suis partie à Bruxelles – avec mon mari, bien sûr ! –, d'où j'ai dirigé la formation de tous les managers d'IBM pour l'Europe et, deux ans après, j'ai été nommée DRH pour la France. Un service de cent cinquante personnes, vingt-deux mille salariés à gérer. Enfin, pas pour longtemps : c'était le début des années 1990, l'économie était au plus bas ; mon travail a consisté, d'emblée, à diviser les effectifs du groupe par deux ! Ça a duré quatre ans, terriblement difficiles, mais on y est arrivés, au prix de mille inventions pour éviter les licenciements – et presque sans une heure de grève ! C'était une sacrée épreuve, mais ça reste pour moi une expérience, humaine et professionnelle, extraordinaire.

– C'était aussi la conquête d'une légitimité incontestable dans l'entreprise...

– Sûrement. Quand j'ai annoncé mon départ de Paris, j'ai eu droit à une standing ovation au comité central d'entreprise, où siégeaient tous les représentants syndicaux. C'est un souvenir dont je suis très fière. Et quelques semaines plus tard, je me suis retrouvée en Californie, avec le titre de DRH d'une division d'IBM aux États-Unis. J'avais la quarantaine, j'étais la seule femme dans une équipe d'Américains – ils m'ont avoué, plus tard, qu'en apprenant ma promotion ils avaient cru que les grands patrons étaient devenus fous...

– On se doute que votre mari vous a accompagnée, mais vos enfants ?

– Notre fille avait quinze ans : elle a préparé son bac aux États-Unis. Notre fils, lui, venait de le passer. Il est resté avec nous quelques mois, et il est rentré en France pour continuer ses études. Ç'a été un vrai arrachement. Mais en 1998, quand on m'a offert un poste de vice-présidente chargée des relations sociales pour le monde, j'ai demandé à être basée en France. J'ai plaidé qu'il y avait, de toute façon, énormément de voyages à faire – alors, partir de Paris ou des États-Unis, quelle différence ? Et, surtout, notre fille voulait s'inscrire en hypokhâgne et ça, elle ne pouvait pas le faire ailleurs.

– Vous aviez gagné en assurance pour poser ainsi vos conditions...

– Il me semblait que j'avais largement fait mes preuves dans tous les domaines qu'on m'avait confiés. Avec beaucoup de compréhension, ils ont accepté sans difficulté et, à partir de ce moment, on a commencé à me suggérer qu'on pourrait peut-être me nommer PDG d'IBM pour la France. Seulement voilà : on m'a d'abord proposé une nouvelle étape intermédiaire, la constitution d'une équipe européenne d'ingénieurs commerciaux destinée à attaquer les concurrents, à leur souffler des marchés. C'était une autre expérience intéressante, mais j'ai été frustrée qu'on me fasse attendre encore alors que je me sentais prête. J'ai finalement été nommée, au bout d'un an, avec le titre de directeur général, puis six mois plus tard celui de PDG – mais avec une rémunération inférieure à celle de mes homologues.

– L'écart était important ?

– À peu près 15 %.

– C'était une marque de défiance envers une femme ?

– Sur le moment, je l'ai ressenti comme ça. Dans les postes à responsabilité que j'avais occupés depuis plusieurs années, j'avais souvent été la seule femme et mon salaire ne suivait pas. Même comme PDG pour la France – le cinquième pays du monde pour IBM –, j'ai continué à être moins bien payée que mes équivalents des autres pays. Pour être honnête, je me suis toujours demandée si la différence ne venait pas aussi de ce que j'étais la plus jeune. Je ne m'en suis pas indignée, ce n'est pas dans mon tempérament, mais j'en ai été affectée. Même si, avec le recul, je mesure la confiance qui m'a été faite dans cette entreprise, les chances exceptionnelles qui m'y ont été données.

– Cela signifie-t-il, *a contrario*, que sur le coup les frustrations que vous venez d'évoquer ont pesé sur votre décision de quitter IBM ?

– Ça a sans doute compté. Mais d'autres éléments ont eu leur importance. À commencer par une forme de primauté américaine que je ressentais de plus en plus fortement dans le groupe à mesure que j'y exerçais de hautes fonctions, et dont je sentais qu'elle risquait d'empêcher la Française que je suis de monter encore plus haut et d'intégrer éventuellement le premier cercle des dirigeants de l'entreprise – or c'était cela qui m'intéressait. À ce stade, ma nationalité était sans doute plus un problème que mon sexe. L'autre argument, c'est l'âge : quand vous atteignez cinquante ans, vous vous dites que si vous ne partez pas maintenant, vous ne partirez plus. Alors pour la première fois, j'ai regardé les propositions qui m'arrivaient de l'extérieur. J'avais envie de rejoindre un groupe français de taille mondiale : c'est pourquoi je suis partie pour diriger les ressources humaines du groupe LVMH, puis rapidement chez Accor.

– Le fait d'avoir été, fût-ce indirectement, le patron de votre mari, n'a-t-il pas pesé aussi ? N'était-ce pas une gêne supplémentaire ?

– C'était délicat. Sa carrière à lui avait progressé aussi, de sorte qu'à notre retour en France, il se serait trouvé trop près de moi s'il avait repris le fil normal. Alors il a bifurqué en optant pour une voie qui l'intéressait depuis longtemps : il est entré dans un service de la DRH qui gérait les carrières des cadres. Il a aimé faire ça et il l'a très bien fait. Mais je mentirais si je disais que je n'en ai ressenti aucune culpabilité. C'était un peu par ma faute qu'il devait changer d'orientation.

– Après vingt-huit ans passés à IBM, vous entrez donc à la direction de LVMH en 2001... pour en partir six mois plus tard. Que s'est-il passé ?

– Je n'en dirai que quelques mots. Disons qu'il y a eu un malentendu sur les conditions d'exercice de mes responsabilités. J'ai vite tourné cette page désagréable.

– Redevenir DRH quand on a été PDG d'un groupe pour tout un pays ne donne-t-il pas le sentiment d'un retour en arrière ?

– Sur la carte de visite peut-être, mais pas dans la réalité. Je vous l'ai dit, ce que je visais, c'était le premier cercle de décision. Être PDG d'une filiale ne vous donne pas cet accès, alors que DRH est un métier spécifique que l'on peut exercer même dans une industrie que l'on ne connaît pas et qui vous donne le ticket d'entrée à la vraie sphère de décision d'un très grand groupe. La seule condition est d'avoir un lien de confiance totale avec le PDG. J'ai aussi un atout : le pouvoir d'influence m'intéresse au moins autant que le pouvoir opérationnel.

– Vous ne vous êtes jamais dit : « Moi aussi, je pourrais présider un grand groupe » ?

– On me l'a parfois laissé entendre. Moi, je ne suis pas sûre que j'aurais pu. De toute façon, ce n'est pas ce dont je rêve aujourd'hui. Chez Accor, je suis dans le premier cercle et j'aime ma relation de travail avec Gilles Pélisson[1]. J'apporte mon expérience, mon vécu, l'espèce de sagesse qu'ils me donnent.

1. Administrateur-directeur général du groupe Accor.

– Dans ces fonctions, considérez-vous avoir des choses à faire pour promouvoir les femmes ?

– Ah, oui ! Il est évident qu'il n'y a pas assez de femmes dirigeantes dans les entreprises françaises. On sait très bien pourquoi : parce qu'on en embauchait trop peu il y a vingt ans et qu'on ne les a pas fait monter au même rythme que les hommes. Dans ma promotion chez IBM, sur cent ingénieurs, nous étions cinq femmes. Ça fait autant de chances d'avoir des femmes à la tête de l'entreprise vingt ans après. Et encore, IBM était en avance !

Chez Accor, nous avons une politique organisée d'identification des potentiels et de promotion interne dans laquelle les critères de diversité – d'origine comme de sexe – sont pris en considération. Dans l'hôtellerie, le recrutement des femmes est naturel. Ce qui pose problème, c'est leur promotion par la suite. Et ça, c'est un effort de conviction de tous les jours. Récemment, j'ai dit à l'un de nos directeurs : « Nous sommes en retard : nous n'avons aucune femme directrice d'un grand hôtel » – parmi ceux que nous qualifions de « gros porteurs ». Deux semaines plus tard, il m'a annoncé fièrement qu'on venait d'en nommer une. Heureusement qu'il a ajouté : « Et je te signale qu'elle a été choisie pour ses compétences... »

– Les résistances sont-elles encore fortes ?

– Bien sûr. Aujourd'hui, tout le monde ou presque pense qu'il faudrait davantage promouvoir les femmes, même ceux qui ne le font pas. Eh bien, c'est déjà un acquis. Maintenant, il faut passer à la pratique et pour cela, vaincre le réflexe du clonage, ce processus naturel qui consiste à recruter les personnes qui nous ressemblent. Je me souviens de la première académie interne qu'a présidée Gilles Pélisson : il y avait là les trois cents principaux cadres dirigeants du groupe ; parmi eux, 11 % ou 12 % de femmes. Nous le lui avons fait remarquer. Une fois à la tribune, il a dit : « Regardez tous combien nous avons de femmes parmi nous. L'an prochain, je sais qu'elles seront plus nombreuses. » Et l'année d'après, c'était vrai. Mais la diversité suppose un apprentissage, une ouverture d'esprit qui ne peuvent pas se décréter. Les générations précédentes n'ont pas été assez sensibles à cette idée – et ce sont encore souvent celles qui sont aux commandes, qui décident des carrières dans les entreprises – , mais les plus jeunes, eux, y sont plus attachés. On peut être optimiste.

– La percée de Ségolène Royal, la promotion de Rachida Dati encouragent-elles cette évolution ?

– L'entrée de Rachida Dati au gouvernement a été un symbole très fort. Elle est jeune et issue de l'immigration en plus d'être une femme. J'espère qu'elle réussira, parce qu'on reproche toujours à une femme qui échoue d'être une femme.

La candidature de Ségolène Royal à l'élection présidentielle a provoqué une réflexion autour de l'idée qu'une femme puisse diriger notre pays. Elle a été jugée moins compétente que Nicolas Sarkozy. Mais il reste que sa campagne et son résultat ont donné une légitimité à cette hypothèse. Les attaques qu'elle a eu à subir, souvent injustes et machistes, ont donné un exemple édifiant de ce que bien des femmes peuvent vivre à l'intérieur des entreprises.

Christine Lagarde

« Si vous voulez mener de front
une vie de famille et une carrière,
assurez-vous d'abord que votre conjoint
ait compris ce que ça implique. »

Elle est de celles que l'on remarque – et pas seulement à cause de sa haute taille. Élégante et radieuse, arborant un large et lumineux sourire, elle est devenue, au printemps 2007, l'une des femmes les plus célèbres de France : la première à occuper la fonction de ministre de l'Économie et des Finances dans un pays du G8. Née le 1er janvier 1956 à Paris, sportive – elle fut vice-championne de France de natation synchronisée et pratique assidûment le yoga –, elle s'est passionnée pour la politique dès l'enfance mais s'est d'abord lancée dans une brillante carrière d'avocat, au point d'accéder, en 1999, à la présidence du comité de direction mondial de Baker-McKenzie, cabinet américain qui compte parmi les plus importants du monde. À ce titre, elle a figuré, en 2002, dans le classement des cent femmes les plus puissantes du monde établi par le magazine *Forbes*

– au 76e rang, pour être précis. Trois ans plus tard, elle entrait au sein du gouvernement Raffarin, en qualité de ministre déléguée au Commerce extérieur. Installé à l'Élysée, Nicolas Sarkozy avait décidé d'en faire la ministre de l'Agriculture, comptant sur son aptitude aux négociations internationales pour défendre les intérêts français à l'OMC. La défaite d'Alain Juppé aux élections législatives de juin 2007 a provoqué un jeu de chaises musicales imprévu, qui lui a ouvert en grand les portes de Bercy. Elle est divorcée, mère de deux fils.

⁂

– Vous tenez à ce qu'on vous appelle « Madame le ministre ». Pourquoi ?

– Par fidélité à ma mère, qui était agrégée de grammaire. Par sens de l'ordre aussi : la grammaire est un des principes d'organisation de la langue ; je ne vois pas de raison d'en changer l'ordonnancement. Je pense que certaines femmes souhaitent être appelées « Madame la ministre » pour se conforter dans leur féminité quand elles occupent cette fonction. Je le respecte, mais je ne ressens pas ce besoin.

– Au-delà de ce souci de la grammaire, vos parents ont-ils eu une forte influence sur ce que vous êtes devenue ?

– Je le crois. Mon père, qui est mort assez jeune, lorsque j'avais seize ans, était professeur d'anglais à l'université de Rouen. Ma mère enseignait le latin et le grec dans un lycée du Havre. J'étais l'aînée de quatre enfants. Nous vivions dans des conditions modestes mais dans un environnement intellectuel stimulant. Les parents nous traînaient souvent dans les musées, les cathédrales, et il y avait des livres partout à la maison. Ils étaient engagés dans des associations sportives, politiques, des clubs de réflexion – dans la mouvance catholique de gauche, aussi réticents au gaullisme qu'au communisme. Donc ils sortaient beaucoup et moi, très tôt, j'ai eu la responsabilité de veiller sur mes frères. Je pense que ça m'a habituée dès l'enfance à une grande indépendance.

– Ils appartenaient à une génération où peu de femmes travaillaient hors du foyer. Était-ce une particularité dont vous aviez conscience ?

– Ça me paraissait naturel. Je suis issue d'une lignée de femmes qui ont toujours travaillé, qui se sont toujours engagées. Ma grand-mère a été infirmière toute sa vie, elle a beaucoup voyagé. Ma mère a dû être marquée par elle. Elle n'était pas du genre à nous apprendre à faire les bandages et les gâteaux, mais elle était présente. Son exemple me montrait en tout cas qu'être une femme n'était pas un obstacle pour travailler. Alors moi, j'ai commencé tôt : à douze ans, j'allais tous les samedis aider une poissonnière à vider les poissons. Plus tard, j'ai donné des cours, fait des paquets-cadeaux dans des boutiques, des extras dans le magasin de mon grand-oncle pour gagner quelques sous...

– Vous étiez déjà très grande. Vous le viviez comme un handicap ?

– Un peu. Surtout le fait d'avoir de grands pieds : je ne pouvais pas avoir les mêmes chaussures que mes copines – il n'y avait jamais ma pointure ! Alors je faisais comme les Chinoises, je me forçais à entrer dans des chaussures trop petites. C'était terrible ! Je ne me suis réconciliée avec ma taille qu'une fois arrivée aux États-Unis. À dix-sept ans, après mon bac, j'avais obtenu une bourse de l'American Field Service[1] et j'ai atterri dans une famille du Maryland... J'ai été inscrite dans une école de Washington. Là, curieusement, les gens étaient à peu près de ma taille : je me suis sentie moins différente.

– Y avait-il un projet précis derrière ce départ pour l'Amérique ?

– Pas vraiment. J'avais en tête l'idée de préparer l'ENA. La politique m'intéressait et mon séjour américain a encore accrû cet intérêt : j'étais à Washington en 1973, en pleine tourmente du Watergate[2], et j'ai eu la chance de travailler comme stagiaire avec le député Bill Cohen, le plus jeune membre de la commission parlementaire

1. Organisation internationale créée en 1947 par des étudiants américains pour favoriser les échanges interculturels à travers le monde.

2. Scandale politique qui provoqua la démission, en 1974, du président Richard Nixon, qui avait fait espionner le quartier général du Parti démocrate.

qui enquêtait sur l'affaire[1]. J'avais été recrutée parce qu'il était élu dans le Maine, un État frontalier avec le Canada qui compte beaucoup de francophones. Il cherchait quelqu'un qui puisse répondre à son courrier en français... Avec lui, j'ai vécu au cœur des événements. Tout ce que je voyais était rapporté dans le *Washington Post*, puis dans tous les journaux et à la télévision, c'était fascinant !

– Après ça, le retour en France a dû vous paraître bien fade...

– Une autre rencontre a changé ma vie. Après la mort de mon père, ma mère avait quitté Le Havre pour s'installer dans le Midi. À Avignon, j'ai assisté à une conférence de Robert Badinter contre la peine de mort, qui m'a bouleversée. C'est vraiment ce qui m'a déterminée à choisir des études de droit. Comme je parlais couramment anglais, j'ai suivi en plus des études d'anglais – peut-être aussi en mémoire de mon père, qui avait souffert de me voir si médiocre en anglais...

– Vous vous sentiez comme une dette envers lui ?

– Je ne le dirais pas comme ça. Mais je suis sûre que les femmes qui ont un parcours comme le mien ont le plus souvent éprouvé une sorte de fascination pour le père, avouée ou non. Le mien avait tout pour constituer

1. William S. Cohen, républicain modéré, devint, en 1997, secrétaire à la défense sous la présidence de Bill Clinton.

un modèle. Il était beau, sportif, il avait une force d'entraînement.

– Après le choc Badinter, l'idée de devenir avocat ne vous a plus quittée.

– Après ma maîtrise d'anglais, j'ai fait Sciences-Po, que j'ai terminé à Paris et où j'ai préparé l'ENA, et où j'ai rencontré le père de mes enfants. Nous nous sommes mariés en 1982, j'avais vingt-six ans. Entre-temps, j'avais raté l'ENA, mais obtenu un DESS de droit social. L'envie du barreau était toujours là, mais le pénal représentait moins d'enjeu à mes yeux : la peine de mort était abolie...

– En échouant à l'ENA, n'avez-vous pas ressenti le handicap d'être une femme ? À cette époque, la plupart des grandes écoles restaient majoritairement réservées aux hommes...

– Jamais. C'était peut-être une force. Je n'ai pris conscience du handicap que constituait le fait d'être une femme qu'au moment où j'ai essayé d'entrer dans des cabinets d'avocats français. Là, je l'ai pris en pleine figure. Chez Gide[1], le plus prestigieux, l'entretien s'est très bien passé mais l'associé qui m'a reçue m'a prévenue sans détour : « Soyez sans illusion, une femme ne sera jamais associée ici. » Je suis partie en me jurant de ne plus jamais remettre les pieds dans cet endroit. Dans

1. Le cabinet parisien Gide, Loyrette et Nouel.

bien d'autres cabinets moins importants, j'ai eu les mêmes réponses, souvent avec moins de franchise.

– Les Américains, eux, vous ont ouvert les bras ?

– Quand je me suis présentée chez Baker-McKenzie, je me suis trouvée face à l'un des patrons américains, qui a tout de suite eu l'idée de me présenter l'associé qui dirigeait le cabinet à Paris : c'était une associée ! Monique Nion, une Belge ; elle m'a reçue avec sa petite fille qui faisait ses devoirs dans son bureau ! Ça m'a marquée.

– Vous l'avez interprété comme le signe que, chez eux, les femmes étaient chez elles ?

– Exactement. Le contraire des cabinets français, qui n'ont d'ailleurs pas beaucoup changé ! Chez Gide, je ne crois pas qu'il y ait aujourd'hui plus de quatre femmes associées. Chez Monique Nion, c'était aussi le signe d'une capacité à évoluer dans un monde d'hommes sans difficulté ni complexe.

– Elle a été un modèle pour vous ?

– Dans une certaine mesure, sans doute. Elle avait à la fois le sens de la rigueur et le goût de l'apparence. Elle m'a enseigné la maîtrise du temps : on la surnommait « Kayci », parce que quand elle terminait une conversation, même un classique « OK, merci » aurait été trop long pour elle...

– Était-il évident, dès ce moment, que votre vie personnelle serait une vie de famille ?

– Oui. Je savais que j'aurais une vie professionnelle très active, et tout autant que j'aurais des enfants. Je n'imaginais pas l'un sans l'autre.

– De fait, vous avez suivi les deux objectifs de front.

– Sur le plan professionnel, j'ai bénéficié de l'explosion du droit social qu'ont provoquée l'arrivée des socialistes au pouvoir en 1981 et la réforme du droit du travail qui a suivi. Les spécialistes de ces matières ne couraient pas les rues et j'en étais... Sur le plan personnel, j'ai bien géré mon calendrier : mes deux fils sont nés l'un en juin, l'autre en mai ; j'ai travaillé jusqu'à la veille de mes accouchements et, ensuite, j'ai pu enchaîner sur les vacances d'été, ce qui m'a permis d'allaiter tranquillement pendant deux mois.

– Votre mari partageait-il cette conception ? Certains hommes de votre génération sont réticents à l'idée que leur femme poursuive une vraie carrière alors qu'elle est devenue mère.

– Je n'ai guère envie de m'étendre sur ce sujet. Disons simplement que les hommes qui ont partagé ma vie ont eu du mal à accepter que je sois très investie dans ma vie professionnelle et que je réussisse. Je ne perds pas espoir, c'est peut-être en train de changer.

– La rivalité dans le couple est un classique...

– Pour l'un, ç'a été la rivalité ; pour l'autre, ç'a davantage été l'absence, le sentiment d'éviction, le fait qu'il n'était pas prioritaire à toute chose. Dans ces situations, c'est très difficile d'arriver à des compromis. Le modèle social pèse tellement fort sur les deux sexes : pour être honnête, j'aurais eu beaucoup de peine à aimer un homme qui se serait replié sur le foyer, aurait tenu la maison et repassé mon linge...

– N'est-ce pas une difficulté à laquelle les femmes qui veulent faire une carrière sont insuffisamment préparées ?

– Sûrement, mais j'ignore comment on s'y prépare ! Aux jeunes femmes qui me demandent conseil sur ce point, je réponds toujours : si vous voulez mener de front une vie de famille et une carrière, discutez-en d'abord avec votre conjoint, assurez-vous qu'il ait compris ce que ça implique – et qu'il soit d'accord pour vous laisser cette liberté sans cesser de vous aimer...

– Pour l'instant, le modèle dominant consiste surtout en un homme que sa femme a aidé, secondé, soulagé pendant qu'il construisait sa carrière ; le contraire est plus rare !

– Ça, oui ! J'ai assisté à la dernière remise des prix Nobel, à Stockholm. C'était caricatural : six des sept élus ont dit à la tribune qu'ils remerciaient leur femme

« pour les sacrifices qu'elle a consentis et le soutien qu'elle m'a apporté ».

– En fait de sacrifices, n'avez-vous pas eu le sentiment de ne pas vous consacrer assez à vos enfants ?

– Je suis devenue associée en 1987. J'avais l'âge et les moyens d'avoir quelqu'un à domicile pour les garder. Mon mari et moi nous sommes séparés en 1991. Je partais après avoir pris le petit-déjeuner avec mes fils, je rentrais le soir pour dîner avec eux et je travaillais après les avoir couchés. Je ne voyageais pas encore trop. La même année, je suis devenue associée-gérante du cabinet à Paris : j'ai imposé qu'on puisse gérer son temps différemment, sans être obligé de rester tard le soir. J'emmenais mes garçons tous les mercredis après-midi à la piscine ; du coup, les collaboratrices qui avaient des enfants ont fait la même chose et les pratiques ont évolué.

– Mais la société est souvent culpabilisante pour les femmes comme vous. Avez-vous eu à l'affronter ?

– Dans presque tous les établissements scolaires où mes enfants sont passés, oui. Vous ne pouvez pas exclure d'être pour quelque chose dans tel ou tel échec. J'ai assumé.

– Vous voulez dire qu'ils n'ont pas réussi dans leurs études ?

– Le premier suit une formation d'apprentissage des métiers de l'hôtellerie. En général, quand je lâche ça aux bonnes âmes qui me parlent des grandes écoles de leurs enfants, ça jette un froid ! Et quand on me demande si je n'ai pas pu le pousser un peu, compte tenu de mes fonctions, je réponds simplement non. Le second est à l'âge du bac et rêve de devenir architecte. Ils aiment ce qu'ils font et, moi, je suis fière d'eux.

– Revenons à votre carrière. Prendre de plus en plus de responsabilités, vous avez aimé ça ?

– Je ne vais pas cacher mon plaisir : oui.

– À quel moment avez-vous senti que le pouvoir modifiait le regard porté sur vous ?

– Quand on a commencé à me demander des augmentations ! Quand vous êtes une jeune associée, les collaborateurs vous considèrent encore comme un des leurs ; vous n'êtes pas encore investi d'un pouvoir. Mais quand ils viennent vous parler d'argent, tout change. Et ce n'est pas toujours agréable. Dans un système méritocratique, chacun peut espérer monter mais tout le monde ne peut pas y arriver. Une des collaboratrices dont j'étais très proche n'a pas été associée. Elle m'en a rendue responsable. On ne s'est pas parlé pendant dix ans.

– Existe-t-il, selon vous, des qualités professionnelles spécifiques aux femmes ?

– L'aptitude à compartimenter, assurément : le fait de pouvoir passer d'un sujet, d'un dossier, d'un client à un autre, cette espèce de dextérité pour ouvrir une boîte, la fermer et en ouvrir une autre, tout simplement parce que nous, les femmes, sommes obligées d'être multiples, de penser à la vaccination des enfants, aux courses du surlendemain, au dossier qu'il faut boucler... Ce que les Américains appellent le *multitasking*. Peut-être aussi une capacité d'écoute supérieure.

– Le pragmatisme ? Le goût du concret ?

– Disons en tout cas un penchant moins prononcé pour la représentation de soi, de la démonstration de la force – le côté : « Tu vas voir ce que je vais lui mettre »... Même si j'ai aussi vu des femmes qui étaient des peaux de vache.

– La violence fait-elle partie du pouvoir ?

– Je l'ai exercée. J'ai coupé des têtes, j'ai viré des gens. Pour certains, je l'ai même fait avec plaisir. Jamais pour ma satisfaction personnelle, pour écarter des rivaux sur mon passage ni pour démontrer que j'avais raison. Lorsqu'il a fallu licencier des salariés pour des raisons économiques, parce que le cabinet se restructurait, j'ai trouvé ça éprouvant. Mais quand on vire un salaud, je le dis sans honte, on jubile.

– Racontez-nous !

– En 1999, quand je suis devenue chairman du groupe – six cents associés dans le monde, plus d'un milliard de dollars de chiffre d'affaires et des milliers de tempéraments à gérer –, je savais que j'étais attendue au tournant. L'une de mes premières décisions a été d'écarter un petit groupe d'associés américains qui rapportaient beaucoup d'argent mais qui avaient un fonctionnement de mercenaires, cyniques et méprisants à l'égard de l'organisation... C'était une décision risquée, mais inspirée par des critères d'éthique et de gestion. La prendre m'a aidée à asseoir mon autorité. Et ça a montré l'exemple.

– Comment s'est faite votre accession à la tête du groupe ? Vous étiez évidemment la première femme...

– J'ai d'abord été élue au comité exécutif en 1995, avec la responsabilité pour trois ans de tous les bureaux d'Europe de l'Ouest. Je restais basée à Paris, mais je passais mon temps à voyager dans tous les sens. C'est après cette expérience que le comité de sélection – une sorte de conseil des vieux sages – m'a sollicitée, en 1999, pour que je sois candidate au poste de chairman. J'ai beaucoup réfléchi et j'en ai parlé avec mes fils. Accepter, ça voulait dire partir pour Chicago et voyager encore plus, donc les laisser à Paris. C'est le plus jeune des deux – il avait onze ans – qui m'a dit : « Maman, tu as commencé un truc, tu dois finir. » Je suis partie. Ils sont restés avec leur père. C'étaient déjà des ados. Autant dire qu'ils faisaient les bêtises de leur âge. Un jour, la directrice du lycée de l'aîné m'a téléphoné : il était viré, elle voulait que je vienne le chercher sur-le-champ. Mais à Chicago, il était deux heures du matin !

– En acceptant la direction du cabinet, vous avez demandé un mandat plus court que vos prédécesseurs. N'était-ce pas une manifestation de la classique autocensure féminine face au pouvoir ?

– C'était plutôt une assurance de pouvoir partir avant qu'il soit trop tard, au cas où. Le spectacle de mes prédécesseurs, qui s'étaient usés, qui avaient pris des kilos et des années, m'avait impressionnée. C'est pourquoi j'ai demandé un mandat de trois ans. Mais en définitive, j'ai fait cinq ans quand même, parce qu'on m'a renouvelée deux fois pour une année supplémentaire... Moi, je me suis montrée très rigoureuse dans la gestion du temps et dans la diététique !

– Où en était votre vie privée à ce moment-là ?

– J'étais dans ma deuxième période de vie de couple. Avec un homme qui m'encourageait. Notre relation s'est dégradée par la suite quand il a trouvé qu'on ne se voyait plus assez. Lui-même voyageait beaucoup.

– Bien des praticiens du pouvoir expliquent que les plus hautes responsabilités apportent en fait une grande liberté parce qu'elles permettent de ne plus dépendre des autres. L'avez-vous ressenti ainsi ?

– C'est vrai, c'est un luxe inouï que de fixer soi-même les dates, les lieux des réunions, de mettre un terme aux conférences téléphoniques. Avant moi, les réunions du comité exécutif duraient quatre jours tous les deux mois et l'on s'y écoutait beaucoup parler. J'ai réduit ces réunions à trois jours, quitte à faire des journées de quatorze heures, et j'ai institué des règles de base, imprimées sur un petit bristol distribué au début de chaque séance : les téléphones et les ordinateurs portables seront éteints ; on lira tous les documents qui auront été soumis par les autres avant les réunions ; chacun présentera ses papiers au plus tard six jours avant la réunion ; tout document soumis plus tard ne sera pas lu et son examen sera reporté à la réunion suivante ; chaque proposition sera assortie d'une proposition budgétaire et d'un résumé qui tienne sur une page, etc.

Le principe était aussi qu'une fois la décision prise, on n'y revenait pas. Et pour m'aider, j'avais un complice : un petit singe en peluche que j'envoyais sur le premier qui violait un des commandements. Attention, on pouvait aussi me le renvoyer !

– Quand vous êtes entrée au gouvernement, en 2005, vous avez emmené le singe à Bercy[1] ?

– Non, je l'ai laissé à mon successeur. Mais j'ai apporté un autre symbole : une petite statue mexicaine qui

1. Le ministère du Commerce extérieur a son siège à Bercy, au sein du ministère de l'Économie et des Finances.

représente la ronde de l'amitié et qui, dans mon esprit, symbolisait le fait que tout le monde devait travailler ensemble – le cabinet, les services, les missions économiques, les chambres de commerce... J'ai essayé d'importer des fonctionnements efficaces dont l'administration n'a pas forcément l'habitude ; le circuit court, par exemple, le fait d'appeler directement un collaborateur sans passer par toute une hiérarchie intermédiaire... De même, j'ai institutionnalisé le principe des conférences téléphoniques avec les ministres étrangers – qui n'existaient pas parce que la plupart de mes prédécesseurs ne se sentaient pas assez à l'aise en anglais.

– Pouvez-vous nous raconter comment s'est faite votre nomination ?

– J'étais à Chicago, en train de négocier la fusion de notre bureau de New York avec un autre cabinet d'avocats. J'avais appris la nomination de Dominique de Villepin à Matignon par la radio et j'avais pensé, un bref instant, que peut-être... Il faut dire qu'il en avait été question une première fois, à l'époque de Jean-Pierre Raffarin[1], sans doute parce que j'avais siégé au Conseil pour la compétitivité de la France, qu'il avait créé : on m'avait posé la question, j'avais tergiversé, ça ne s'était pas fait. Bref, ce matin-là, au réveil, je trouve un message sur mon Blackberry : « Rappelez d'urgence Thierry Breton[2]. » Comme le décalage horaire me don-

1. Premier ministre de mai 2002 à mai 2005.
2. Ministre de l'Économie et des Finances de février 2005 à avril 2007.

nait deux heures tranquilles, je suis allée courir, faire de la gym, pour me vider la tête et réfléchir un peu... De retour chez moi, j'ai trouvé un nouveau message – cette fois, de Villepin lui-même. J'ai parlé vingt minutes avec lui au téléphone, il m'a dit que je serais sous la tutelle de Thierry Breton, j'ai posé quelques questions... Je me souviens avoir demandé des assurances sur l'esprit d'équipe au sein du gouvernement – même en Amérique, sa rivalité avec Nicolas Sarkozy était notoire !

– C'était vraiment ce qui vous préoccupait le plus ?

– La cohésion d'une équipe, c'est bien plus décisif que de savoir combien vous serez payé – mon salaire a été divisé presque par quinze...

– Compte tenu de ce que vous saviez du monde politique, n'avez-vous pas eu peur de sauter à la première difficulté, comme c'est souvent le cas des personnalités issues de la « société civile », comme on dit en France ?

– Je ne fonctionne pas comme ça. Je fais les choses par impulsion, avec confiance et énergie, mais sans véritable stratégie personnelle. Rétrospectivement, j'ai même pris de sacrés risques, parce que j'ai démissionné du cabinet et de tous les conseils d'administration où je siégeais. Ce n'est qu'ensuite que j'ai appris qu'il fallait tenir au moins six mois au gouvernement pour avoir droit à une indemnité si on est débarqué...

– N'avez-vous jamais pensé qu'outre vos compétences et votre expérience vous aviez été choisie parce que vous êtes une femme ?

– Je crois que ça a dû jouer, ainsi que ma carrière américaine. Mais à dire vrai, ça ne me gêne pas. Je me suis sentie très à l'aise dans mes fonctions ministérielles, grâce à mon carnet d'adresses international et à ma pratique de l'anglais ; la seule forme de discrimination qu'il m'est arrivé de ressentir est plutôt liée à mon origine « société civile », justement. Nombre de parlementaires considèrent que, hors le suffrage universel, il n'y a aucune légitimité. Moi, j'ai pourtant amené une vision technique, qui me semble plus utile pour négocier et expliquer les règles de l'OMC[1] que d'avoir été élu.

– Il n'empêche que vous avez adhéré à l'UMP, survécu à la fin du gouvernement Villepin, rejoint l'équipe Sarkozy-Fillon, où vous êtes passée en un mois du ministère de l'Agriculture à celui des Finances... Vous voilà en piste pour une carrière politique !

– Mon intérêt pour la vie publique remonte à l'enfance, vous l'avez compris. Ce que j'en ai découvert, c'est une immense bonne volonté des élus, une diversité de talents et, aussi, au Parlement, l'extraordinaire compétence des commissions spécialisées. Si je dois me lancer, je préfère que ce soit dans une ville, où l'on est directement au contact de cette réalité quotidienne dont

1. Organisation mondiale du commerce.

les députés et les sénateurs me paraissent parfois un peu loin. Autrement dit, la mairie du Havre m'intéresse. Ce serait aussi une façon de boucler la boucle...

– Quand Nicolas Sarkozy vous a proposé de devenir la première femme ministre de l'Économie, on dit que cette fois vous n'avez pas hésité une seconde. C'est vrai ?

– Oui, c'est vrai. J'avais dit que j'étais prête à servir. À l'Agriculture et à la Pêche, un mois plus tôt, j'avais dit oui. À l'Économie, aux Finances et à l'Emploi, j'ai encore dit oui.

– La loi sur la parité a sans doute contribué à changer la politique. Si vous aviez été députée en 2000, vous l'auriez votée ?

– Pour répondre honnêtement, je n'en suis pas sûre. Mais j'ai changé d'avis. Aujourd'hui, je suis même farouchement favorable à des mesures provisoires d'*affirmative action*, parce que sans cela, on n'arrivera pas à compenser le retard. Chez Baker-McKenzie, j'ai longtemps eu, moi aussi, cette pensée idéaliste qui consiste à dire que celles qui doivent y arriver y arriveront. Mais j'ai bien vu que, dans les faits, ça ne marche pas. Alors j'ai milité, chaque année, devant le comité de nomination, pour que la place des femmes soit prise en compte. Mais il reste une résistance. En cinq ans, j'ai fait passer le nombre de femmes associées de 9 % à 15 % – et il a fallu ramer !

– La résistance dont vous parlez est-elle uniquement le fait des hommes qui ne veulent pas perdre le pouvoir ou vient-elle aussi en partie des femmes ?

– C'est un cercle vicieux, que j'ai vu à l'œuvre chez les avocats. Les hommes choisissent le plus souvent un collaborateur qui leur ressemble – pas de grossesse, pourra rentrer tard le soir, pourra l'accompagner en voyage... Résultat : les femmes sont moins bien formées, donc moins performantes, condamnées à s'orienter vers les branches du droit les plus pépères, donc moins prestigieuses et moins lucratives ; comme elles rapportent moins d'argent, elles sont moins considérées, et ainsi de suite...

J'ai connu une consœur, dans un autre grand cabinet américain, qui avait instauré un système de points, par lequel elle attribuait systématiquement dix points de plus aux candidates, pour compenser. Elle l'avait fait accepter à ses associés mais, même comme ça, ça ne changeait pas vite. C'est pourquoi je suis convaincue que des mesures discriminatoires sont nécessaires pour faire monter les proportions de femmes dans toutes les organisations, publiques ou privées. Quand vous aurez un tiers de femmes dans une profession, le mécanisme sera enclenché : dix ans plus tard, les processus de recrutement naturels feront qu'il y en aura davantage. À ce stade, l'appel d'air aura été créé, on pourra alors revenir à une égalité d'accès, parce que ce sera une vraie égalité.

Anne Lauvergeon

« Mon arbitrage essentiel : ma famille ne passera jamais après mon travail. »

De toutes les dirigeantes d'entreprise en France, elle est sans doute la plus connue. Coquette et pétulante, elle symbolise la réussite féminine dans un empire de masculinité : l'industrie lourde. Nommée en 1999 à la tête de la Cogema[1], société à capitaux publics devenue Areva, elle a pris en 2001 la présidence du directoire de ce nouveau groupe, d'où elle possède la haute main sur l'ensemble du nucléaire national. Née le 2 août 1959 à Dijon, diplômée de l'École normale supérieure, agrégée de physique et ingénieur des Mines, elle a connu une première ascension fulgurante à l'Élysée sous François Mitterrand. Recrutée comme conseillère pour le Commerce extérieur en 1990 sans l'ombre d'une recommandation – et sans même une carte au PS ! –, elle fut bombardée l'année suivante au poste de secrétaire général adjoint, qu'elle a cumulé avec celui de conseiller diplomatique du chef de l'État jusqu'en

1. Compagnie générale des matières nucléaires.

1995 – deux postes occupés avant elle par des hommes. Mitterrand la voyait réussir en affaires comme en politique, selon son choix : elle a opté pour le business, d'abord comme banquière chez Lazard Frères & Cie (1995-1997), puis comme directeur général adjoint d'Alcatel (1998-1999), avant de devenir la papesse de l'atome français et l'une des femmes les plus puissantes de France. Elle est mariée, mère d'une fille et d'un fils.

⁂

– Vous êtes à la tête d'une des plus grandes entreprises françaises, vous avez été la principale conseillère d'un président de la République (François Mitterrand) et un autre (Nicolas Sarkozy) vous a proposé un grand ministère... Vous définiriez-vous comme une femme de pouvoir ?

– Sûrement pas ! J'ai du pouvoir, je l'utilise pour faire avancer les choses dans les domaines qui sont les miens. Mais je n'ai jamais été fascinée par les jeux de pouvoir, l'apparence et l'influence, et je n'ai jamais conçu de plan de carrière. D'ailleurs, je vais vous révéler un grand secret : ce que je suis, en tant que personne, est pour moi plus important encore que ce que je fais à travers les responsabilités que j'exerce ; je ne me définis pas par ma vie professionnelle. Mes années à l'Élysée ont été passionnantes mais j'ai été heureuse d'en partir. Et quant au grand ministère, comme chacun sait, je l'ai refusé !

– Pourquoi ? Vous n'avez jamais expliqué publiquement les raisons de votre refus...

– Je n'avais pas à le faire. Je sais bien qu'il peut être difficile de comprendre qu'on refuse un poste que tellement de gens voudraient avoir, mais je n'allais quand même pas m'excuser ! En fait, je me sens profondément une femme d'entreprise. J'aime la dimension collective de mon travail – des équipes au service d'une volonté et d'une ambition communes – et ce que j'ai connu de la politique était assez différent : c'est un monde où vos amis sont rarement vos amis. Dans l'entreprise, les règles du jeu sont plus simples, plus lisibles et les rapports plus directs, moins calculés. Sans doute ces critères-là me correspondent-ils mieux.

– Vous êtes réputée intransigeante sur le temps consacré à la vie personnelle. Cette préoccupation a-t-elle compté aussi dans votre refus ?

– Je suis en effet très attachée à ne pas me laisser submerger. J'ai fait un arbitrage essentiel il y a des années : ma famille ne passera jamais après mon travail. Ça suppose une gestion très rigoureuse de l'emploi du temps et une capacité à hiérarchiser les sujets, pour faire des choix. Un ministre est sans doute moins autonome qu'un chef d'entreprise pour faire ces choix.

– Et l'argent, était-ce un critère ? Votre salaire aurait fortement diminué si vous aviez quitté Areva pour Bercy...

– Pas du tout. Si l'argent était mon moteur, ça se saurait ! Depuis que je travaille dans le privé, mes revenus n'ont pas cessé de baisser : je gagnais très bien ma vie à la banque Lazard, un peu moins bien chez Alcatel, et encore beaucoup moins chez Areva. Et parmi les présidents d'entreprises publiques, je suis loin d'être la mieux payée !

– Vous n'avez donc eu aucune hésitation avant de refuser l'offre de Nicolas Sarkozy ?

– Non. J'ai d'ailleurs été étonnée de constater à quel point les gens autour de moi considéraient qu'une offre pareille, ça ne se refusait pas et que, même si je disais le contraire, il était évident pour la plupart que j'allais accepter. J'ai même reçu des messages de félicitations anticipées et aussi des CV pour mon futur cabinet ! C'était mal me connaître. J'ai été très flattée par la proposition. Je l'ai prise comme une sorte de reconnaissance du travail accompli, en particulier chez Areva. J'admire l'énergie que Nicolas Sarkozy déploie pour faire bouger la France et j'aime bien l'homme mais Areva est aussi un enjeu stratégique pour notre pays. Je resterai toujours attachée à ma liberté de choix : pourquoi s'obliger à faire ce qu'on n'a pas envie de faire quand on a le privilège de pouvoir refuser ?

Rester ce que je suis est essentiel pour moi. J'ai toujours repoussé l'idée d'un système, d'un moule dans lequel on me ferait entrer de force. C'est une obsession que j'éprouve depuis l'enfance : « Ils ne me changeront pas. » Je me disais déjà ces mots en arrivant au collège, avec mon gros cartable sur le dos.

– Vous étiez une enfant rebelle ?

– Non. J'ai même d'abord été une vraie petite fille modèle : sage, très bonne élève, première en tout, heureuse et équilibrée. Mes deux petits frères et moi vivions dans un environnement intellectuel très stimulant, exigeant même, mais aussi très libre. Mon père était professeur de géographie en khâgne, ma mère assistante sociale ; lui issu d'un milieu laïc, de gauche, très républicain, avec des ancêtres qui se sont révoltés sous Napoléon III ; elle, d'une famille catholique, de droite traditionnelle. Alors à la maison, sur les grands sujets, c'était la stéréo ! Par exemple, ils avaient conclu un accord : nous allions au catéchisme mais mon père nous expliquait aussi ce qu'il pensait de la religion – ça relativisait...

– L'exigence que vous évoquez signifiait-elle une pression sur les résultats scolaires ?

– Pas du tout. La règle était plutôt : vous avez des capacités, à vous d'en faire ce que vous voulez. Mon père est un surdoué, un puits de science, agrégé de géographie mais le genre à tout savoir sur tout. Quand j'étais petite, j'étais désespérée qu'il ne se présente pas à tous les jeux télévisés ; j'étais sûre qu'il gagnerait tout ! Ça me donnait toujours envie d'en apprendre plus... Il ne vérifiait pas nos devoirs mais il savait manier la petite phrase qui vous cloue sur place. Au lycée, mes résultats ont baissé parce que j'avais compris que, pour être populaire, il ne fallait pas trop en faire. Un jour – j'étais en première –, il a regardé mon carnet de notes et il a dit : « Eh bien, tu n'es vraiment pas une scientifique. » J'ai été horriblement vexée. Alors j'ai eu envie de lui montrer...

Je ne suis pas sûre que la méthode était excellente mais elle était efficace : j'ai un frère centralien et l'autre polytechnicien – il est entré au cinquantième rang ; quand mon père l'a su, il a répondu : « Ah bon, cinquantième ? » Mon frère ne l'a jamais digéré. Quant à moi, il a fallu que je réussisse l'agrégation pour qu'il lâche un : « Ouais, pas mal. »

– Votre mère était-elle aussi exigeante ?

– Ah non, pas du tout ! C'est une femme extraordinairement sensible, pleine d'affection, de bonté. Les résultats n'étaient pas la priorité pour elle ; ce qu'elle voulait, c'était des enfants équilibrés, ouverts aux autres et au monde. Elle était très féministe – et moi aussi d'ailleurs. Elle avait été élevée au couvent jusqu'à dix-sept ans. Mais elle a décidé de reprendre des études pour travailler, pour donner un sens social à sa vie. Dans son esprit, il n'y avait aucun doute sur le fait qu'une femme doit travailler. Et à la maison, on baignait dans les débats de l'époque, MLF, planning familial. Moi, j'adorais écouter les conversations des grandes personnes, je lisais *Le Nouvel Obs* à treize-quatorze ans, j'écoutais la radio, j'étais très intéressée par la politique, je dévorais un livre par jour...

– À quel moment avez-vous pris conscience que vous aviez des capacités supérieures à la moyenne ?

– Jamais – pas même aujourd'hui ! Je suis agrégée de physique mais j'ai eu huit sur vingt en physique au bac... J'ai grandi à Orléans, et suis allé au collège dans un de ces quartiers qu'on dit maintenant « difficiles ». Petite, je rêvais d'être archéologue. Si je me suis inscrite en Maths sup, c'était comme ça, pour voir, alors que je ne me sentais aucune vocation. La plupart de mes copains et copines de terminale sont partis en médecine. Mais quand je suis entrée à Normale Sup, je me suis retrouvée avec de vrais génies, tellement plus forts que moi. Je passais mon temps à me dire : « Ils vont se rendre compte que je ne suis pas au niveau, me virer... » J'ai toujours été étonnée de m'en sortir.

– Le syndrome de l'imposture ?

– Totalement. Vous connaissez le mot de Groucho Marx : « Jamais je ne voudrais faire partie d'un club qui m'accepterait comme membre. » Je suis tout à fait comme ça. Dans ma vie, chaque fois que j'ai franchi une étape, j'ai eu peur qu'on découvre que je n'étais pas au niveau. Je n'ai aucune arrogance, en tout cas pas assez.

Mais voilà, je ne résiste pas aux défis et je déteste l'échec. Résultat : une fois que je suis lancée, il faut que j'aille au bout. Donc, quand la directrice de Normale Sup m'a recommandé de présenter les Mines parce que c'était ce qu'il y avait de mieux, j'ai tenté le coup. J'ai été ravie d'être reçue, non pas parce que je voulais spécialement devenir ingénieur – comme beaucoup de filles, j'avais une image très négative du métier – mais parce que, dans mon esprit, c'était une façon d'avancer sans choisir : toutes les portes restaient ouvertes devant moi, le luxe absolu !

– Comment s'est finalement effectué le choix d'une carrière d'ingénieur ?

– À la fin de la quatrième année, j'ai demandé à faire mon stage dans l'industrie. J'avais vingt et un ans, ç'a été le déclic. La recherche me rasait, je n'aimais pas le travail en solitaire. L'usine, c'était un monde inconnu pour moi : j'ai adoré l'ambiance, le rapport avec les hommes et la matière, le caractère concret. Quand j'ai intégré le corps des Mines, j'ai continué : j'ai fait mon premier stage dans la sidérurgie, chez Usinor. Je travaillais sur un laminoir à Montataire, dans l'Oise. Jusqu'à mon arrivée, l'établissement était interdit aux femmes... On m'a donné un bleu de travail et un casque et j'ai vu les sourires en coin. Puis l'un des gars de l'équipe a lancé : « Elle est drôlement courageuse de venir bosser ici ! » Trois semaines après, j'étais la mascotte de l'usine...

– Pourquoi n'être pas restée dans l'acier ?

– J'étais curieuse de tout. L'année suivante, j'ai voulu découvrir le nucléaire, alors j'ai passé un an au CEA[1]. Et en troisième année, j'ai présenté avec un camarade un mémoire de fin d'études sur la vie des grands chefs d'entreprise : un an d'entretiens avec des patrons pour les interroger sur ce qu'ils faisaient de leur temps, leurs goûts, leurs loisirs, leur habitat, leur rapport à l'informatique, leurs voyages, tout.

– Une bonne façon d'apprendre le métier de PDG. Vous voyiez loin...

– Vous rigolez ? J'étais loin de me projeter dans de telles fonctions. Nos « sujets », c'étaient les grands patrons des tours de la Défense – aujourd'hui, on dirait « du CAC 40 » –, certains étaient assez intimidants. Ce qui était passionnant, c'était le côté anthropologique. L'observation du couple dirigeant-secrétaire, par exemple, était édifiante : tous les dirigeants étaient des hommes, bien sûr, et plus ils étaient froids et cérébraux, plus leur assistante était chaleureuse et astucieuse – et inversement. J'ai souvent constaté, d'ailleurs, que cette règle continue de s'appliquer...

– Entre l'École des Mines et l'Élysée, qu'avez-vous fait ?

1. Commissariat à l'énergie atomique.

– J'ai d'abord été ingénieur en chef de la Ville de Paris et fonctionnaire à la DRIRE[1] d'Île-de-France, où j'avais la responsabilité des sous-sols – pétrole, biothermie, gaz, etc. Je dirigeais notamment le service qui voyait passer toutes les demandes de permis de construire dans la capitale. C'était assez amusant, mais on ne m'avait guère laissé le choix. J'avais eu une proposition, après mon stage au CEA, pour intégrer le cabinet d'Haroun Tazieff[2], qui était secrétaire d'État sous le gouvernement Fabius. Le poste me tentait énormément, mais dans le corps des Mines, ça ne se passe pas comme ça ; alors, on m'a trouvé ce poste à la Ville de Paris. Ensuite, on m'a offert une place à la Direction des hydrocarbures au ministère de l'Industrie ; ça m'attirait aussi, mais on m'a dit que j'étais trop jeune. Sans même parler des propositions que j'ai reçues pour entrer chez Elf-Aquitaine ou travailler chez Virgin !

Finalement, j'ai passé deux ans au conseil général des Mines, à m'occuper de la formation des élèves de l'École des Mines et de la gestion des carrières des jeunes ingénieurs. J'y ai appris des tas de choses sur les ressources humaines, la gestion du personnel, la façon de définir les profils des gens, de comprendre pour quoi ils sont faits et pour quoi ils ne sont pas faits. Le tout en gardant sa sensibilité. Le management, c'est la chose la plus difficile du monde. D'un

1. Direction régionale de l'industrie et de la recherche.

2. Vulcanologue français d'origine polonaise (1914-1998), il fut secrétaire d'État auprès du Premier ministre, Laurent Fabius, chargé de la prévention des risques technologiques et naturels majeurs, de 1984 à 1986.

ancien patron, j'ai aussi retenu cette leçon : « Il faut apprendre avant trente ans à ne pas rechercher l'amour de tout le monde. »

– Et en postulant à l'Élysée, qu'est-ce que vous recherchiez ?

– C'était un hasard. Je me préparais à partir pour Saint-Gobain quand un voisin de bureau m'a confié qu'un poste de conseiller au Commerce extérieur se libérait à la présidence de la République – « C'est pas du tout votre profil, mais si jamais ça vous intéresse... » J'ai fait passer un CV et j'ai été convoquée trois semaines plus tard. Franchement, je n'y croyais pas trop. Quand j'ai été reçue par le secrétaire général de l'Élysée, Jean-Louis Bianco, il m'a demandé : « Si on vous proposait ce poste, qu'est-ce que vous diriez ? » Et moi, comme une andouille, j'ai répondu : « Je dirais banco ! » Banco à Bianco, vous vous rendez compte ? Je me suis sentie incroyablement sotte. Et, à ma grande surprise, j'ai été recrutée.

– Vous avez eu peur ?

– Les trois premiers mois, beaucoup – comme dans tous les postes que j'ai occupés. L'Élysée, ça reste l'expérience la plus terrifiante. Je n'avais aucune idée de ce que serait mon travail. Mais François Mitterrand donnait facilement sa confiance aux jeunes et, pour lui, homme ou femme, ça n'était pas un sujet. Quelques semaines après mon arrivée, il m'a convoquée dans son bureau et nous avons bavardé pendant plus d'une heure – je n'ai su qu'après à quel point c'était rare. Après coup, j'ai pensé que j'en avais fait dix fois trop, mais ça avait dû lui plaire : il s'est mis à me demander de plus en plus de notes. J'essayais de les rédiger de façon très synthétique et, surtout, en tenant compte de la personnalité de mon lecteur : dans un français agréable, avec une sensibilité historique, voire littéraire, pour aller vers les sujets économiques qui n'étaient pas sa tasse de thé. Mais j'étais un peu frustrée parce que mes notes revenaient toujours avec la mention « Vu », de sorte que je ne savais pas s'il les lisait ou non. Alors un jour, j'ai glissé une faute d'orthographe grossière au milieu d'une note sur la dette polonaise. Quand le papier m'est revenu, il avait entouré la faute d'un grand cercle. Il me lisait donc attentivement !

– Ça n'a pas entravé votre progression...

– Non. Peu à peu, j'ai vu arriver les notes préparées par d'autres conseillers, sur lesquelles il me demandait mon avis. Les mitterrandologues commençaient à jaser en voyant le président avoir des apartés avec moi dans les cérémonies officielles. Après huit mois à l'Élysée, il m'a parlé de succéder à Jacques Attali, qui était son principal conseiller, son *sherpa*[1]. Quand il m'a finale-

1. On appelle ainsi, du nom des guides de haute montagne au Tibet, le conseiller diplomatique personnel du chef de l'État, parce que l'une de ses tâches consiste à l'escorter et à le seconder dans les sommets internationaux.

ment nommée secrétaire général adjoint, j'ai presque été soulagée. Et quand Jacques est parti, il m'a proposé de prendre les deux postes à la fois. J'ai demandé un mois de réflexion, et j'ai refusé.

– L'autocensure ? La peur ? Un peu des deux ?

– Le manque d'ambition ? C'est ce que disait mon premier mari. Tous les gens que j'ai vus durant cette période me disaient : « Fonce, prends les deux ! » Mais sérieusement, j'avais toutes les raisons de penser que je n'y arriverais pas.

– Mais Mitterrand, lui, pensait le contraire. Vous auriez pu considérer qu'il savait ce qu'il faisait...

– Je me disais qu'il sous-estimait la prise de risque ! Il m'a simplement dit : « La seule raison qui pourrait me faire accepter votre refus, ce serait que vous vouliez un enfant ». C'était très humain... et très habile ! J'en ai pris pour cinq ans, harassants et très éprouvants. Jusqu'au bout, je me suis sentie en danger – la peur de me tromper, de prendre la mauvaise décision. C'est pour cette raison, je vous l'ai dit, que j'ai ressenti une grande sérénité en quittant l'Élysée : la joie d'avoir servi de mon mieux sans m'être plantée.

– Une ascension comme la vôtre a-t-elle suscité les rumeurs habituelles quand une femme atteint ce niveau de responsabilité ?

– J'ai toujours eu l'obsession – jusqu'à l'excès – d'interdire toute supposition mal placée sur mes promotions, mes succès. Je tiens plus que tout à ma réputation d'intégrité. À partir de trente ans, je me suis efforcée de me vieillir, d'avoir un look sérieux, presque austère, et c'était largement pour ne pas encourir de soupçon sur ce plan. Il faut bien dire que certaines femmes jouent sur l'ambiguïté pour acquérir du pouvoir. Moi, je n'en suis pas.

– Vous avez attendu longtemps avant de faire vos enfants. L'avez-vous vécu comme un sacrifice ?

– Je n'ai jamais particulièrement fantasmé sur la maternité comme projet de vie. Je pense qu'on peut parfaitement se réaliser sans être maman et je respecte les femmes qui disent ne pas ressentir ce besoin. Dans mon cas, c'est une évidence qui a fini par s'imposer – j'ai fait mes deux enfants avec mon second mari. Je n'ai rien calculé mais il est clair que si je les avais eus plus tôt, je n'aurais pas pu avoir le même parcours. D'où ma théorie : il faut avoir ses enfants très tôt ou très tard – sachant que très tard, c'est un risque. Être enceinte quand vous êtes PDG, c'est un peu étrange, ça surprend, mais vous n'avez pas d'autorisation à demander, de garanties à apporter.

– C'est ce qui vous est arrivé ?

– Oui. Ma fille est née quand j'étais présidente de la Cogema[1]. J'avais trente-neuf ans. La grossesse s'est très bien passée, j'étais même dans une forme olympique ! Au point que, quand j'ai ressenti les premières douleurs, en plein comité exécutif, je n'ai pas très bien compris ce qui m'arrivait. Il a fallu qu'on m'envoie de force à l'hôpital !

– Et vous avez repris douze jours après l'accouchement !

– Ça n'a rien d'une performance. J'ai participé à des réunions, bien assise : ce n'était pas le labeur d'une paysanne chinoise qui repique le riz sous le soleil !

– Parlez-nous de la (toujours) difficile conciliation vie professionnelle-vie privée...

– ... Question qu'on pose toujours aux femmes et jamais aux hommes – ils sont pourtant concernés, non ? J'ai la chance d'avoir un mari qui me soutient constamment. Nous nous partageons réellement la charge des enfants. Il dirige une société de conseil, lui aussi voyage souvent. On s'organise pour ne pas être absents en même temps et pour être le plus souvent possible avec nos enfants pendant les vacances scolaires. Et bien sûr, j'ai une nounou à la maison. Mais c'est vrai

1. Compagnie générale des matières nucléaires, entreprise publique partiellement privatisée et devenue Areva en 2006.

que mes journées ressemblent à des courses contre la montre pour les voir.

– Vous vous imposez aussi des règles très strictes en matière d'emploi du temps...

– Pas plus d'un dîner par semaine, et le plus souvent à caractère professionnel. Pas plus de quatre jours d'absence pour les voyages à l'étranger. Et quand je sens que la limite est atteinte, j'emmène la famille avec moi. Je ne suis pas trop fusionnelle, mais je veux être une mère présente. De temps à autre, les enfants viennent au siège d'Areva ; pour eux, c'est la fête ! Quand ma fille est née, Claude Bébéar [1] m'avait conseillé de lui installer une chambre contiguë à mon bureau. Une ministre italienne l'a fait, paraît-il. C'est peut-être un peu excessif...

– Il n'empêche que vous avez fait d'Areva un groupe pilote en matière de crèches d'entreprise.

– J'en suis fière. C'est un sujet sur lequel je suis très militante. Nous avons inauguré la première crèche en 1999 et nous en avons cinq aujourd'hui. Beaucoup ont pris exemple sur nous. Mais j'insiste sur le fait que ce n'est pas seulement un moyen d'aider les carrières des femmes, mais de soutenir tous les collaborateurs qui ont des enfants, hommes ou femmes.

---

1. Ancien président d'Axa, souvent présenté comme le « parrain » du capitalisme français.

– Avez-vous instauré, comme d'autres dirigeantes, des mécanismes internes pour favoriser la promotion des femmes ?

– Quand vous recrutez des milliers de personnes à travers le monde et que vous confiez cette tâche à des hommes blancs, vous recrutez essentiellement des hommes blancs ; c'est dommage, mais c'est comme ça. Pour instaurer de la diversité, de la mixité, il y a la solution des quotas mais j'y suis hostile – les salariés sont condamnés à se demander s'ils ont été choisis parce qu'ils étaient bons ou parce qu'ils étaient du bon sexe, de la bonne couleur...

Il y a aussi un moyen plus subtil, qui consiste à poser des questions, à mettre l'accent sur les ratios hommes-femmes dans les embauches. À tous les échelons, les responsables savent qu'on va leur demander combien de femmes ont été choisies ; alors ils y font attention. En quelques années, la proportion de femmes dans le personnel d'Areva est montée de 20 % à près de 40 %.

– Une fois recrutées, comment être sûr qu'elles seront équitablement promues au sein de l'entreprise ?

– Alors là, c'est très simple : à compétence égale, c'est la femme qui passe. Ça peut paraître injuste, mais c'est ainsi. Il faut bien faire bouger les choses : quand on organise une fête avec les cadres dirigeants du groupe, il n'y a jamais assez de femmes ; c'est quand même un signe ! On part de tellement loin...

– Vous donnez pourtant le sentiment de ne jamais avoir tenu compte des problèmes de discrimination dans votre carrière...

– Je les ai découverts tardivement. J'ai longtemps pensé que les générations précédentes avaient tout réglé. Quand un de mes premiers patrons m'a expliqué que « la place des femmes était à la maison », j'ai compris qu'il restait du chemin à faire... Le plus drôle, c'est qu'au bout de quelques mois il chantait mes louanges. Alors moi, gonflée, je lui rappelle son propos sur la place des femmes et vous savez ce qu'il m'a répondu ? « Je n'ai pas changé d'avis. Vous, vous n'êtes pas une femme. » Ça, c'était quand même le comble du machisme !

– Au long de votre parcours personnel, y a-t-il des moments où vous vous êtes sentie pénalisée, ou au contraire avantagée, parce que vous êtes une femme ?

– Si j'essaie de synthétiser, je dirais que j'ai toujours eu beaucoup plus à prouver mais que, une fois la légitimité conquise, c'était un avantage. Une femme dirigeante, au milieu des hommes, à un haut niveau de responsabilité, c'est encore rare, presque exotique. Donc on vous remarque. Je suis plus connue que ne le serait un homme qui présiderait Areva. Dans nos pays de tradition masculine, ça épate toujours, une femme aux commandes – surtout si elle arrive à rester féminine. Quand le *Financial Times* m'a classée au deuxième rang des personnalités les plus élégantes du business, j'étais si fière que j'ai passé deux jours sur un nuage !

– Plus que d'avoir été citée par le magazine *Forbes* parmi les femmes les plus influentes du monde ?

– Devinez !

Martine Monteil

« Je n'aurais pas pu travailler dans un univers de femmes. »

Dans la police, elle a toujours été une pionnière : elle fut la première à diriger un commissariat parisien, la première chef d'une brigade au sein de la PJ – la brigade de répression du proxénétisme, de 1989 à 1994 –, la première à la tête de la prestigieuse Brigade criminelle, de 1996 à 2000 ; la première encore à prendre la direction du 36, quai des Orfèvres, siège de la PJ dans la capitale (2002-2004), puis à la tête de toute la police judiciaire française (2004-2007). Née le 15 janvier 1950 à Vincennes, diplômée en droit et en criminologie, cette fille d'inspecteur, charmante et athlétique, féminine mais virile – parfois jusqu'aux jurons ! – avait la vocation. Le pistolet-mitrailleur monté en lampe offert jadis par son père l'a suivie dans tous ses bureaux successifs ; on l'a aperçu mille fois à l'arrière-plan, sur les portraits d'elle publiés dans les magazines. Comme tous les autres « grands flics », elle assure préférer le « terrain » aux antichambres du pouvoir, les « opérations » aux cocktails mondains ; mais – ce qui est plus rare – il est peu d'hommes ayant servi sous ses ordres qui ne le confirment pas. Elle est mariée (à un commissaire) et mère d'une fille.

⁂

– Plus encore que beaucoup d'autres femmes, vous apparaissez comme celle qui a taillé sa route au milieu des hommes, jusqu'à en devenir le chef. Votre réussite est particulièrement symbolique parce que la police garde l'image d'un métier d'hommes.

– Oui. Je me souviens d'ailleurs, à mes débuts, je souriais en voyant les campagnes de recrutement ; les affiches montraient un motard en uniforme, un agent de la circulation, un maître-chien avec son berger allemand et le slogan proclamait : « La police, un métier d'hommes. » C'était assez drôle et, pour vous dire la vérité, je m'en réjouissais plutôt. En fait, je n'aurais jamais pu travailler dans un univers de femmes – je veux dire un métier où il y a surtout des femmes...

Quand j'ai fait mon stage à la Brigade des mineurs, j'ai connu un environnement beaucoup plus féminisé que dans les autres services. Certaines étaient parfaites, bien sûr, mais il y avait quand même quelques pipelettes, des commérages...

– Vous frôlez le machisme ! Vous voulez dire que vous vous sentez mieux dans un univers masculin ?

– Je pense qu'il y a moins de jalousies, de mesquineries et de susceptibilités chez les hommes : on pousse un coup de gueule, on se dit les choses et on n'en parle plus. C'est plus direct. Moi, j'ai toujours fonctionné comme ça.

– Il n'empêche que la police s'est beaucoup féminisée. Diriez-vous que cela a changé l'institution ?

– C'est une évolution normale. Au niveau des comportements, du langage, des choses ont changé. Et il est sain que le corps ressemble de plus en plus à la société. Mais il ne faut pas aller trop loin. Quand Édith Cresson a aboli les quotas, c'était à mon sens une erreur.

– Pourquoi ?

– Les filles sont généralement meilleures dans les concours. À ce train-là, elles pourraient devenir majoritaires dans la police ! Chez les commissaires, ce n'est pas vraiment un problème, parce que la fonction est devenu plus sédentaire : un job de décideur. Mais la police, c'est aussi beaucoup de terrain et là, je suis désolée, mais il y a une limite physique contre laquelle on ne peut rien. Quand un groupe de dix « flics » part en opération pour interpeller des braqueurs ou des trafiquants, on ne sait jamais vraiment ce qu'on va trouver en face de nous, combien ils seront, s'ils seront armés, s'il faudra faire le coup de poing ou même ouvrir le feu. Alors je regrette, mais une fille dans le dispositif, ça suffit. Ce n'est pas de la discrimination mais du réalisme. Je sais de quoi je parle : je l'ai été, moi, cette fille parmi les garçons ; dans des situations d'affrontement, on touche vite sa limite.

– Ce danger, vous l'avez connu enfant : votre père était policier, membre de ce qu'on appelait à l'époque l'« antigang ». Ça ne vous a pas dissuadée ?

– Ce qui me fascinait, quand j'étais petite fille, ce n'était pas le danger, c'était l'enthousiasme que mon père et ses collègues éprouvaient pour leur travail. Ils partaient souvent en opération la nuit, les week-ends, ils ne comptaient jamais leurs heures, ils étaient incroyablement solidaires et motivés ; le groupe, c'était plus que des amis : des frères, des frères d'armes, comme on dit. Le patron[1] passait à la maison pour les chercher et, parfois, ils dînaient d'abord tous ensemble, les revolvers posés sur le buffet de la cuisine... Il y a eu aussi des moments très durs, des fusillades, des blessés. Mais je voyais bien qu'ils prenaient tous du plaisir : ils étaient heureux, ils s'éclataient.

– Votre mère, elle, était au foyer ; sa vie devait forcément vous paraître moins exaltante.

1. En jargon policier : le commissaire.

– Évidemment. Presque toutes les femmes des membres du groupe étaient dans le même cas – il n'y en avait que deux qui travaillaient. Elles passaient du temps ensemble et nous, les enfants, on les entendait râler... Mais l'époque était ainsi. Les femmes élevaient les enfants, tenaient la maison et c'était à peu près tout.

– Petite fille, vous compreniez cela ; comment ressentiez-vous cette différence ?

– J'excusais mon père, sans aucun doute. Je disais toujours à ma mère : « Tu ne comprends pas, ça ne sert à rien de lui faire des scènes, c'est son métier qui veut ça... » Mais j'étais quand même un peu triste pour elle quand je la voyais seule alors que les hommes étaient partis fêter ensemble une grosse affaire. C'était peut-être ça le plus dur : ils passaient des nuits dehors en planque et à la fin, quand l'opération était réussie, ils ressortaient pour arroser l'événement ! Beaucoup de couples n'y ont pas résisté. Je crois que tous les membres du groupe de mon père ont fini par se séparer. Et mes parents aussi.

– Dans vos responsabilités successives, c'est une donnée que vous avez prise en compte ?

– J'y ai parfois été obligée... Je me souviens, quand je dirigeais les Stups[1], on guettait une grosse livraison de drogue qui devait arriver par bateau. Ça a duré des semaines, y compris les week-ends. Les femmes de mes

1. La Brigade des stupéfiants.

gars ont commencé à protester ; plusieurs nuits et week-ends d'affilée, elles commençaient à avoir des doutes... L'une d'elles est même venue me voir au bureau pour se plaindre ! J'ai dû la rassurer.

Plus sérieusement, les services s'organisent de mieux en mieux. Parce qu'il y a de plus en plus de femmes qui travaillent, ce qui entraîne des exigences plus grandes dans les couples. Donc on essaie de s'arranger, on organise des rotations.

– Quel modèle vous a inculqué votre mère : celui d'une femme au travail ou celui d'une mère au foyer ?

– J'étais fille unique, plutôt bonne à l'école – j'étais déjà sérieuse –, mais ma mère n'a jamais cherché à m'imposer un modèle. Je me sentais très libre. Mon père, lui, insistait énormément sur l'importance des études pour être indépendante.

– La vocation policière est venue d'emblée ?

– Pas tout de suite. J'étais très sportive, bonne dans toutes les disciplines, je me voyais bien prof de gym. Mais mon père n'était pas très chaud. Alors j'ai fait mon droit ; après la licence, j'ai voulu gagner de l'argent, être autonome. Je me suis fait embaucher au service juridique de Peugeot : c'était beaucoup de papiers, des petits bureaux, chacun dans son alvéole, pas du tout ce dont je rêvais. Comme j'ai toujours été consciencieuse, je faisais bien mon travail, ils ont commencé à s'intéresser à moi, à me faire visiter les usines, à faire des plans pour moi...

– Des plans de carrière ?

– Quelque chose comme ça. À ce stade, d'ailleurs, ils m'ont parlé d'une femme, très haut placée dans la hiérarchie de l'entreprise, qu'ils m'ont citée en exemple. J'ai demandé un délai de réflexion et puis je suis partie... Si j'avais suivi cette voie, j'aurais bien mieux gagné ma vie ! Mais j'ai toujours pensé qu'il valait mieux réussir en faisant ce qui vous plaît qu'en gagnant beaucoup d'argent et en s'ennuyant...

– Vous présentez alors les concours.

– À cette époque, le concours de commissaire n'était pas encore ouvert aux femmes. Mais le pénal m'attirait : en fac, j'avais suivi les cours de l'Institut de criminologie, qui m'avaient passionnée. J'ai donc préparé le concours de la magistrature et puis, en 1975, l'école de commissaire s'ouvre enfin aux filles – quatre places leur sont réservées. Je l'ai raté de peu. L'année suivante, il y avait huit places et j'étais mieux préparée ; je l'ai eu.

– Que sont devenues les quatre femmes de la promotion précédente ?

– Deux ont intégré la DST [1] tout de suite. Je crois me souvenir qu'ensuite elles ont choisi la vie de famille et ont demandé leur mise en disponibilité. Les deux autres

1. Direction de la surveillance du territoire, le service de contre-espionnage.

avaient choisi les Renseignements généraux. Une seule y a vraiment fait carrière. En tout cas, elles étaient toutes dans des services de renseignements, donc moins visibles. C'est sûrement pour ça qu'on a plus retenu la deuxième promotion que la première. Avec Mireille Ballestrazzi et Danièle Thierry, on est sorties du rang. Moi, j'ai été la première à choisir la PJ. À Paris, en plus !

– Vous étiez major de votre promotion ?

– Au concours d'entrée, mais pas à la sortie. Entre-temps, je n'avais plus l'école comme unique centre d'intérêt : j'avais rencontré mon futur mari...

– Vous êtes devenue très vite une figure médiatique...

– J'étais une jeune et plutôt agréable jeune femme, commissaire débutante de vingt-six ans au milieu des hommes et ça suscitait de l'intérêt. Il faut croire que j'avais le bon profil. Et puis le hasard s'en est mêlé : j'étais en stage à la troisième brigade territoriale et on enquêtait sur celui que la presse appelait « l'étrangleur des parkings ». Il avait tué plusieurs femmes après les avoir menacées avec un couteau ou une fourchette. On a fini par arrêter un suspect : un Yougoslave sur qui on a trouvé une fourchette. Mais il n'ouvrait pas la bouche et on n'avait aucune preuve – il n'y avait pas l'ADN, à l'époque ! Dans son portefeuille, on avait retrouvé la photo d'un petit garçon. Je suis allée l'interroger avec un inspecteur chevronné – je n'étais pas encore titulaire.

Devant un sandwich et une bière, et après des heures de questions, en lui parlant de son fils, j'ai réussi à accrocher son regard, puis à le faire parler. Et il a tout raconté, jusque dans les moindres détails !

– C'est de là que tout est parti...

– C'était une aubaine pour les journalistes. *France-Soir* a titré : « La commissaire stagiaire recueille les aveux du tueur ». J'ai signé le PV en tant que simple assistante, mais j'étais ravie. Le chef de la brigade a fait une conférence de presse, on m'a prise en photo et je me suis retrouvée à la une. Sans l'avoir souhaité, je vous l'assure. J'ai très vite compris aussi que, quand on devient trop visible, lorsque l'on est trop exposée, on suscite des jalousies. J'en ai pris mon parti.

– N'y a-t-il pas eu, à l'inverse, des moments où vous avez senti que certains voulaient vous mettre en avant parce que vous êtes une femme, qu'on voulait faire de vous un symbole ou un argument de marketing ?

– C'est incontestable. Étant entendu que si on veut que la pub soit bonne, il vaut mieux choisir les bons exemples ! Si vous réussissez, c'est bon pour l'image de la police ; mais si vous échouez, c'est plutôt contre-productif, y compris pour l'acceptation des femmes dans l'institution. Certaines ont ressenti cette pression et l'ont portée comme un fardeau : aucun droit à l'erreur. C'est un peu injuste, sûrement, mais c'est ainsi. Ça vaut sans doute aussi pour les hommes, mais, chez eux, les erreurs de casting se voient moins ; elles se fondent dans la masse...

Je pense que mon parcours, je l'ai forgé sur une légitimité professionnelle et une proximité avec les hommes – et les femmes ! – du terrain. Mais je sais bien qu'on m'a parfois poussée à l'avant-scène. Il y a eu des interventions médiatiques que l'on m'a vivement conseillées, en haut lieu. J'ai compris que, dans une certaine mesure, la communication faisait partie du métier. Il y a un minimum à faire, je l'ai fait. Mais j'ai toujours protégé ma vie privée, refusé d'écrire des livres, je ne me suis jamais prise pour un people.

– Sans trahir votre intimité, chacun sait que votre mari est policier lui aussi. Comment avez-vous conjugué vos carrières respectives et votre vie de couple ? Y a-t-il eu une forme de concurrence entre vous ?

– Non. Nous avons toujours fait deux métiers très différents. Dès la sortie de l'école de commissaires, il avait opté pour l'ordre public. Il avait ses contraintes, surtout en période de manifestations ; moi, j'avais mes planques, mes filatures... Mais notre pacte de départ prévoyait qu'il n'y aurait jamais de reproches au sujet des emplois du temps de l'autre.

– Ça se complique quand arrivent les enfants. Vous avez une fille...

– Oui, elle est née en 1980. Mais même à ce moment-là, nous nous sommes organisés. Mon mari fait partie de ces hommes modernes qui partagent les tâches. On a pris une jeune fille à domicile – jour et nuit – pour avoir l'esprit libre quand on était retenus l'un et l'autre par nos obligations. Je n'ai pas voulu sacrifier mon métier. Certaines l'ont fait. C'est un choix.

– Vous y avez pensé, parfois ?

– Jamais.

– Et votre mari l'a accepté sans peine ?

– Il me connaissait assez pour savoir que je n'aurais pas été heureuse.

– Comment avez-vous vécu la grossesse ?

– Formidablement. C'est une aventure extraordinaire pour une femme. En outre, ma résistance physique et ma bonne santé m'ont bien servi : j'ai fait des nuits de garde au Quai des Orfèvres et même des constatations sur des cadavres sans fléchir.

J'ai terminé ma grossesse au commissariat du VIIe arrondissement, place Saint-Thomas-d'Aquin où j'avais été nommée. C'était la première fois qu'on installait une femme à la tête d'un commissariat de quartier, mais le risque était relatif : c'était le plus petit de Paris... Et six mois après, on m'a envoyé l'Inspection générale des services. Juste pour voir si j'étais au niveau, capable de tenir un service. Mais tout s'est bien passé, j'adorais la diversité du travail et le contact direct avec les gens. Souvent, au début, des personnes arrivaient jusqu'à mon bureau en demandant à voir « le commissaire ». Quand ils comprenaient, c'était l'étonnement.

– Vous vous sentiez surveillée de près, comme si on guettait le moment de faiblesse ?

– Je savais que j'étais attendue à la fois par la hiérarchie, par les subordonnés – « Ah, une bonne femme, c'est bien notre veine ! » – et aussi par les administrés. C'était déroutant pour eux. Aujourd'hui, une femme commissaire, c'est devenu beaucoup plus normal.

– Avec la maternité, vous n'avez jamais éprouvé la culpabilité de ne pas rester avec votre enfant ?

– Un peu. Mais j'ai essayé de donner en intensité ce que je n'ai pas pu donner en temps. Le regret, c'est surtout de ne pas en avoir fait un second, parce que j'ai bien compris que pour cette administration, à l'époque, ça posait problème !

– On vous l'a dit ?

– On me l'a laissé entendre. C'était inédit, puisque j'étais la première. Il fallait me remplacer puis, à mon retour, déplacer mon remplaçant... Je l'ai tellement senti que je me suis dit : deux, c'est trop. Et ça, je l'ai regretté.

– Votre mari, il s'est fait une raison ?

– C'est une décision que nous avons prise ensemble.

– Et votre fille, elle ne vous a pas reproché, en grandissant, d'être une mère trop absente ?

– Non, au contraire : j'ai une grande complicité avec elle. Dans la petite enfance, j'ai dû lui voler pas mal de choses... Mais je crois que j'ai été là quand il fallait et qu'elle est fière de moi. Elle a eu peur, sans doute, quand elle a compris que la violence faisait partie de mon travail. Mais j'ai toujours cherché à avoir des contacts maternels avec elle, des histoires lues dans son lit, des sorties « entre filles ». D'une façon générale, je sais être disponible pour mon métier, mais je sais aussi fermer la porte, couper, passer à autre chose. Pour retrouver l'équilibre.

– Et le couple a résisté...

– Avec des moments difficiles, parfois, mais oui. Lui aussi était fier que je réussisse. S'il lui est arrivé de m'envier, je pense que c'était plutôt pour la passion que j'ai toujours eue pour mon travail.

– Être le mari de Martine Monteil, ça ne lui a pas attiré trop de sarcasmes ?

– Non. Ses collègues lui montraient gentiment les articles sur moi dans la presse et je crois que ça ne lui a jamais posé de problème. C'est un homme bien dans sa peau. Équilibré.

– Votre progression régulière, de poste en poste, n'a-t-elle pas suscité les rumeurs classiques sur le thème : « Elle a dû coucher avec untel », etc. ?

– Ah, ça, c'est terrible ! Quand vous réussissez, vous ne pouvez pas déjeuner avec un supérieur sans qu'aussitôt on imagine des tas de trucs. Déjà à l'époque de « l'étrangleur des parkings », on m'a prêté une liaison avec mon patron – qui aurait pu être mon père ! Un journal espagnol avait publié notre photo et la légende disait : « Le commissaire et son épouse ». Quel gag ! Une ou deux fois, dans ma carrière, ça m'a agacée. Mais de cela aussi j'ai pris mon parti : on ne peut pas empêcher les gens de parler... La seule chose qu'on peut faire, c'est montrer ce qu'on est. La réputation, ça existe. Moi, j'ai toujours été sérieuse. Point.

– Avez-vous le sentiment de diriger la police judiciaire autrement qu'un homme le ferait ?

– Pas réellement, sauf dans certains domaines... J'ai nommé une femme à la direction des ressources humaines – comme je l'avais fait, déjà, à la « PP[1] ». Je crois aux compétences féminines en matière d'organisation. Elles ont aussi le sens du dialogue, elles savent percevoir où sont les problèmes et je crois qu'elles ont une capacité d'écoute supérieure. Autre atout : elles sont plus persévérantes, elles ne lâchent rien – dans les

1. Préfecture de police de Paris. En jargon policier, ces initiales désignent plus généralement la police parisienne.

discussions budgétaires, c'est particulièrement utile... et dans les enquêtes aussi !

– Vous sentez-vous féministe ?

– Je n'aime pas ce terme. J'apprécie les femmes, comme les hommes, en fonction de leurs compétences. Je ne suis pas de celles qui préconisent qu'on favorise les femmes parce qu'il en faudrait plus dans telle ou telle fonction. Je ne crois qu'à la légitimité forgée par l'expérience du terrain et le travail.

– Pourtant, vous-même avez vécu, comme bien des femmes dans d'autres métiers, cette obligation de toujours faire ses preuves, à chaque poste, comme si rien de ce que vous avez fait avant ne comptait. C'est peut-être ce qui vous a plu : bluffer les hommes, encore et toujours...

– Les bluffer, je ne sais pas, mais toujours démontrer, ça oui. Leur prouver qu'ils ne s'étaient pas trompés sur moi. Quand j'ai quitté le Quai des Orfèvres, où j'avais passé trente ans, pour la direction centrale, je perdais un peu ma famille, je changeais d'univers ; j'ai vite vu que pour certains, il fallait que je refasse mes preuves. Alors j'ai fait comme toujours : je me suis investie à fond pour « prendre possession du poste », comme on dit. Mais sans passer mes journées à me dire : « Mon dieu, il faut que je prouve que je sais le faire ! »

Mon moteur à moi, c'est la passion du métier. Je n'ai jamais demandé aucun poste, aucune promotion. À mon départ de la Brigade criminelle, j'avais les larmes aux yeux. Devenir sous-directeur, je m'en fichais, je ne courais pas après le titre ; ce que je voyais, c'était surtout que je m'éloignais de la police de terrain. Quand j'ai été nommée directeur, je me suis dit : qu'est-ce que je vais faire après ? Car il y a toujours un après.

– Justement, parlons d'avenir. La police compte-t-elle beaucoup de futures Martine Monteil ? Vous reconnaissez-vous dans certaines d'entre elles ?

– Bien sûr, il y a des filles très bien, sérieuses et accrocheuses. Et disponibles. Avec ce qu'il faut d'autorité sans être cassantes. J'ai appris cela : il faut savoir dire les choses, même désagréables, mais ça ne sert à rien d'humilier.

– Ces femmes dont vous parlez, vous vous sentez un devoir vis-à-vis d'elles, comme une sorte de marraine pour elles ?

– Pas vraiment. Si elles font du bon travail, elles seront naturellement soutenues. Vous pensez bien que je ne donnerai pas à d'autres ce que je n'aurais pas voulu qu'on me donne, c'est-à-dire une sorte de favoritisme.

– Combien y a-t-il de femmes commissaires aujourd'hui ?

– Un peu plus de 20 % [1].

– Et combien dirigent un SRPJ [2] ?

– Aucune en ce moment.

– Ça n'est pas un effet « plafond de verre », ça ?

– Je ne crois pas. C'est une question de génération. Mireille Ballestrazzi l'a été. Nous avons des femmes à la tête de plusieurs divisions de la police judiciaire. Quand elles seront à maturité, certaines peuvent prétendre à la direction d'un SRPJ.

– Vous ne trouvez pas que ces quelques chiffres attestent que les femmes sont un peu pénalisées dans leur carrière ?

– Je ne pense pas. Et je n'accepterais pas qu'elles le soient.

– Donc il y en aura plus à de hautes fonctions dans dix ou quinze ans ?

– Logiquement oui. La montée en puissance des femmes dans la police est relativement récente. Souvent, elles prennent des postes en police urbaine ou en sécu-

1. Au 1er janvier 2007, sur 1 360 commissaires de police, on comptait 345 femmes, soit 20,23 %. Source : Police nationale.
2. Service régional de police judiciaire.

rité publique. En PJ, si vous voulez faire carrière, il faut bouger, déménager, emmener sa famille ; c'est donc souvent compliqué. C'est pourquoi certaines femmes refusent des postes, au risque d'être pénalisées par la suite. Je respecte leur choix. Mais je sais aussi que, lorsqu'une femme décide d'accepter un gros poste et de tenir le coup, elle s'investira, elle veillera à tout et, le plus souvent, elle réussira.

Véronique Morali

« Les femmes se sentent éternellement en probation. »

Modeste, elle se satisfait volontiers d'être présentée comme une femme d'influence. L'expression rend insuffisamment compte, pourtant, de l'importance acquise par cette énarque volontaire et chaleureuse dans le monde du capitalisme français. Née le 12 septembre 1958 à Paris, diplômée de l'Institut d'études politiques de Paris, titulaire d'une maîtrise de droit des affaires, elle est sortie de l'ENA en 1986 pour intégrer l'Inspection des finances. L'accession au saint des saints de l'administration lui ouvrait en grand les portes de la haute fonction publique, mais elle a choisi l'entreprise en participant, en 1990 au côté de Marc Ladreit de Lacharrière, à la création du groupe de services financiers Fimalac – dont elle a été successivement directeur général adjoint (1991-1994) puis directeur général (1994-2007). Membre de certains des conseils d'administrations les plus huppés de la place parisienne (Eiffage, Valéo, Club Méditerranée), elle est aussi active dans les réseaux de femmes les plus réputés, administratrice du Women's Forum, présidente de l'association Forces femmes – qu'elle a elle-même créée – et de la commission du dialogue économique au Medef. Devenue la compagne de Marc de Lacharrière, elle ne s'est séparée de lui qu'à titre professionnel en quittant Fimalac, à l'été 2007, pour devenir présidente de Chanel SAS. Elle est divorcée, mère de deux filles.

⁂

– Votre parcours fait de vous une femme à part, car vous avez ajouté à votre réussite personnelle un militantisme – associatif et syndical – en faveur des femmes en général qui n'est pas si fréquent. Beaucoup de femmes se bornent à agir dans leur propre entreprise ou dans leur univers professionnel – et certaines considèrent qu'elles n'ont même pas à le faire. Pourquoi être devenue la femme de réseaux que vous êtes et ne pas vous être contentée d'être une femme de pouvoir ?

– D'abord, je me vois davantage comme une femme d'influence, une femme d'ouverture, que comme une femme de pouvoir. En tout cas quelqu'un qui essaie de faire bouger les lignes, de bousculer les rigidités, de combattre les idées reçues et je crois que beaucoup de femmes partagent ce désir lorsqu'elles exercent une fonction de pouvoir. C'est pourquoi je crois que la solidarité féminine est une grande force, parce qu'elle se fonde sur une expérience et un quotidien partagés : la multidisciplinarité qui nous est imposée, entre les enfants, le travail et la maison, crée une connivence. Si certaines veulent l'ignorer ou s'en priver, c'est leur affaire. Moi, j'ai envie d'aider celles qui en ont besoin. Et pour être franche, j'ai trouvé dans les réseaux de femmes énormément de chaleur et d'amitié qui m'ont aidée à être en harmonie avec moi-même – je dirais presque : à me réparer.

– Vous réparer de quoi ?

– J'ai toujours vécu, depuis l'enfance, dans la peur du futur. Ma mère est morte quand j'avais seize ans, après dix années de maladie et de douleur. Elle avait un cancer évolutif, avec des périodes de rémission, des rechutes et, autour d'elle, mon père, mon frère et moi vivions dans cette impression que tout pouvait basculer d'un moment à l'autre. Si j'ajoute que ma famille maternelle étaient des Juifs venus de Russie et de Pologne, qu'ils ont eux aussi connu l'angoisse pendant la guerre, et que mon père est issu, lui, d'une famille de Juifs pieds-noirs d'origine italienne qui ont dû quitter l'Algérie au moment de l'indépendance, vous comprendrez que j'ai en moi un sentiment de précarité qui ne me quitte pas : cette hantise de se retrouver un jour sans rien ni personne et qui vous impose d'être autonome, de croire d'abord en ses propres forces.

– Avant la perte de votre mère, quels était votre cadre de vie, vos modèles familiaux ?

– Nous avons vécu à la Défense, puis à Neuilly, dans un milieu social aisé, mais simple. Mon père était ingénieur chimiste dans une entreprise américaine qui vendait des engrais, il voyageait beaucoup. Sa famille était ancrée dans la tradition juive, mais avec l'influence méditerranéenne : l'autoritarisme des hommes, les femmes vouées à les servir, des rôles bien définis et difficiles à contester. Ma grand-mère, dont j'étais très proche, avait été l'une des premières à conduire une voiture à Alger ; ça avait fait scandale !

Ma mère, elle, avait quitté sa famille à dix-huit ans pour l'Angleterre, ce qui était une manifestation d'indépendance assez rare à l'époque. Elle a travaillé comme secrétaire bilingue – les langues, c'était une façon d'échapper aux pogroms... Et puis elle est tombée malade et je me suis plongée dans le travail scolaire : c'était une façon de me rassurer, d'échapper au chagrin tout en me prouvant que j'étais capable d'y arriver. Elle est morte l'année de mon bac. Je me souviens : j'allais bosser mes maths à l'hôpital.

– Vous étiez bonne élève ?

– Très bonne. Je bossais sans arrêt. Mon père était exigeant avec moi – plus qu'avec mon frère, qui a quatre ans de moins – et plus il m'en demandait, plus je lui en donnais. J'ai passé un bac scientifique alors que je détestais les maths. J'étais complètement dans le système, la vraie polarde, sans doute assez ennuyeuse puisque je ne m'intéressais à rien. Je ne faisais pas de sport, je lisais juste ce qu'il fallait, j'avais peu de copines, je ne sortais pas. Je pesais dix kilos de plus qu'aujourd'hui, j'étais mal dans ma peau. Je n'avais aucune légèreté en moi. Mon seul rêve, c'était d'être sinon la major mondiale, en tout cas la première en tout.

– Une fois le bac en poche, vous entrez à Sciences-Po. Pourquoi avoir quitté la filière scientifique ?

– J'avais envie d'une formation généraliste, ouverte sur le monde. J'étais en attente d'échanges. À la mort de ma mère, mon père s'est mis à voyager sans arrêt pendant deux ans. Mon frère est allé en pension. Moi, j'ai travaillé tout l'été et j'ai réussi Sciences-Po – le bonheur ! Sortie de mon lycée de filles de Neuilly, j'ai vu des garçons de près pour la première fois. Et l'enseignement était passionnant. Je ne comprenais rien à l'économie, mais la vie politique, la culture générale m'attiraient – moi qui n'avais jamais lu *Le Monde* ! Des énarques venaient régulièrement nous présenter des cours et nous, on les regardait pétris d'admiration...

– Naissance d'une vocation... Vous avez intégré l'ENA tout de suite après ?

– Non. J'ai travaillé pendant un an, d'abord comme journaliste pigiste à la revue *Vie Publique* puis au *Point*, puis surtout au cabinet de René Monory[1], au ministère

1. Né en 1923, René Monory a été sénateur de l'Union centriste des démocrates de progrès (UCDP) en 1968. En 1977, il est nommé ministre de l'Industrie, du Commerce et de l'Artisanat par Raymond Barre, puis, en 1978, ministre de l'Économie jusqu'en 1981. En 1986, Jacques Chirac

des Finances, où je faisais la petite main au service de presse. Arrive 1981, l'élection de François Mitterrand, l'alternance. Comme je vivais avec un garçon qui préparait les concours des grandes écoles de commerce, je l'ai fait avec lui et je suis entrée à l'ESCP[1]. Un jour, j'ai revu Philippe Jaffré[2], que j'avais croisé au cabinet de Monory ; il m'a dit que je perdais mon temps et qu'il fallait que je me dépêche de préparer l'ENA. C'est ce que j'ai fait. J'ai réussi et là, enfin, j'ai eu l'impression d'être arrivée à quelque chose, de pouvoir me poser.

– Vous vous imaginiez haut fonctionnaire toute votre vie ?

– Je ne parle pas de la sécurité de l'emploi ; la sécurité que j'éprouvais, c'était le fait d'avoir réussi quelque chose de difficile, de m'être prouvé que j'en étais capable et de savoir que personne, jamais, ne pourrait me l'enlever.

– Vous deviez être mieux dans votre peau...

– Pour être vraiment sincère, je ne me suis jamais trouvée exactement comme je voudrais et après tout, tant mieux. Si on s'accepte parfaitement bien, si on est

lui confie le ministère de l'Éducation. En 1992, il devient président du sénat, fonction qu'il occupera jusqu'en 1998.

1. École supérieure de commerce de Paris

2. Né en 1945, Philippe Jaffré est inspecteur général des Finances. Après une carrière de haut fonctionnaire, il a été, entre autres, PDG d'Elf aquitaine et vice-président exécutif d'Alstom. Il est décédé en 2007.

en harmonie totale avec soi-même, on est moins animé par le désir d'avancer. J'étais amoureuse d'un garçon adorable de ma promotion – le coup de foudre en bibliothèque ! – et je me suis mariée avec lui pendant l'ENA. J'ai forcé le destin, mais c'était sans doute un peu trop rapide, un peu trop... conformiste.

– Le fait d'épouser un énarque ?

– Non, j'ai toujours pratiqué l'endogamie ! Ce qui était conformiste, c'était de choisir ce moment-là. J'avais vingt-six ans, il y avait très peu de filles à l'ENA, toutes mariées ou en passe de l'être. Et moi je savais qu'à un moment, je voudrais avoir des enfants. Alors j'ai fait comme les autres. Mais ça n'a pas marché très longtemps. Lui a eu un poste à la direction du Budget, moi dans les grands corps[1], et j'ai choisi l'Inspection des finances. C'était l'autonomie, le mouvement : partir en mission, diriger des brigades, chef de ci, chargée de ça... Ça peut paraître idiot ou puéril, mais c'était vraiment plaisant.

– Être chef, avoir des responsabilités, vous aimiez ?

– J'y ai pris goût.

1. Grands corps : l'Inspection des finances, le Conseil d'État, la Cour des comptes. À la sortie de l'ENA, les postes à pourvoir y sont réservés aux diplômés classés dans la « botte », c'est-à-dire les premiers rangs au classement de sortie.

– À ces niveaux, être garçon ou fille, ça a une importance ?

– Oui, quand même ! Dans cette période-là (le milieu des années 1980), nous étions très peu nombreuses à l'Inspection des finances – et pas plus d'une quinzaine depuis la création du corps ; la première, Élisabeth Bukstan, y était entrée en 1975. C'était un bastion masculin. Mais, du coup, nous qui y avions notre place, nous étions très visibles, très repérées, et ça nous donnait un petit plus. Si je devais donner un conseil aux filles d'aujourd'hui, je leur recommanderais de foncer là où il y a le moins possible de filles, parce que paradoxalement, quand on arrive à se frayer un passage, c'est plus facile de s'imposer ensuite, d'affirmer son existence.

– La présence des jeunes femmes dans la haute administration, dans les grands corps, dans les lieux de pouvoirs reste rare, mais tout de même moins marginale qu'il y a vingt ans[1]. À force d'être plus nombreuses, elles vont perdre ce petit avantage que vous aviez...

– Maintenant, il y a plus de filles partout – c'est à croire qu'il n'y a plus d'hommes nulle part ! Aujourd'hui, je trouve qu'on met trop l'accent sur l'augmentation du nombre de femmes dans telle ou telle catégorie ; à force,

1. La promotion 2006-2008 des élèves de l'ENA se distingue par un taux de féminisation record de 42,3 % à comparer aux 21 % de la promotion précédente. Cependant, la promotion 2007-2009 affiche une féminisation moins grande puisque sur les quarante-six élèves reçus au concours externe, on ne compte que douze femmes. Source : site internet de l'ENA.

on finit par donner l'impression d'une opposition entre sexes là où il faudrait insister sur la complémentarité. C'est pourquoi, d'ailleurs, je n'ai jamais cru à l'efficacité des quotas. Il vaut mieux montrer que la diversité est une richesse – de plus en plus d'entreprises le comprennent et l'intègrent dans leurs priorités – plutôt que de présenter cette évolution comme une conquête, presque une vengeance contre les hommes. C'est dangereux.

– Pourquoi ? Vous craignez un retour en arrière ?

– Évidemment. Tout peut se retourner, rien n'est encore consolidé. Ni la mixité dans le monde du travail ni la légitimité des femmes dans les fonctions de pouvoir ne sont acquises. Il faut continuer à travailler, à labourer, je dirais presque : à infiltrer, même. Le mouvement n'est pas irréversible. Regardez les jeunes générations : elles ne donnent pas l'impression d'avoir envie de poursuivre. Nous, nous avions Simone Veil, Françoise Giroud, les emblématiques, qui portaient une parole. Ma génération est celle des femmes d'action, qui ont commencé à donner une visibilité aux femmes dans des postes de responsabilité. Mais les plus jeunes, celles qui viennent après nous, ne s'inscrivent pas toujours dans cette logique. Elles rejettent l'aspiration à la carrière, elles veulent privilégier leur famille ; travailler, bien sûr, mais en se contentant de postes de bon niveau dans les entreprises – le secteur juridique, la comptabilité, les ressources humaines... –, si possible sans avoir à se battre. C'est une approche respectable ; mais du point de vue du combat des femmes, il faut bien dire que c'est une menace de régression.

– Revenons à vous : vous quittez l'Inspection des finances en 1990. Dans quelles conditions ?

– Mon insatisfaction naturelle m'oblige à bouger. D'une certaine façon, c'est une chance : certains sont cloués au lit par l'angoisse, moi, elle me fait avancer. Comme je n'avais pas de plan de carrière, je me suis fiée aux opportunités. Je venais de divorcer et mon ex-mari était à la direction du budget ; donc, impossible d'y aller moi aussi. J'ai donc été reçue par des chefs d'entreprise qui, déjà, cherchaient à recruter des femmes. On m'a proposé un poste à la direction financière de France Telecom – où on m'a dit : « Vous aurez 100 milliards à gérer », ce qui ne m'a pas donné particulièrement envie –, un beau poste au contrôle de gestion chez Matra, un autre à la Lyonnaise des eaux. Mais j'avais envie de quelque chose d'un peu plus original, moins industriel, plus glamour... À l'Inspection, j'avais monté un séminaire sur le thème « Luxe et médias » – vous voyez que cet intérêt vient de loin ! C'est ainsi que j'ai atterri dans le bureau de Marc de Lacharrière, qui était numéro deux de L'Oréal. Je l'entends encore me dire : « Chez L'Oréal, nous détestons les énarques » – lui-même l'était, pourtant ! Puis : « La légitimité dans le groupe se construit en partant dans les filiales à l'étranger. Êtes-vous prête à partir ? » J'ai dit non.

– Pour quelle raison ?

– J'avais rencontré le futur père de mes filles – à l'Inspection, bien sûr ; encore l'endogamie ! –, j'avais ma vie à construire. Ce n'était pas le moment.

– Mais vous avez quand même rejoint Marc de Lacharrière !

– Il était extraordinairement pétillant, ouvert. Il m'a dit : « Attendez, j'ai autre chose à vous proposer. Seriez-vous tentée par une vie d'entrepreneur ? » Il s'apprêtait à quitter L'Oréal pour monter Fimalac. Il possédait *La Revue des deux mondes*, les éditions Masson, une petite banque d'affaires, des participations en cascade et, surtout, il avait des idées, des intuitions qui donnaient envie de le suivre. Moi qui avais été formée à savoir où j'allais, avec quel titre, quel périmètre et quelle perspective, j'ai dit oui sans hésiter. Je suis partie à l'aventure. Il m'a nommée « chargée de mission auprès du président » – c'est-à-dire de lui – et je suis arrivée, en juin 1990. À ce moment-là, Fimalac, c'était un bureau, un ordinateur et une secrétaire... Nous avons construit ensemble, à partir de ça. Et là, je peux vous dire que je n'ai rencontré aucune difficulté particulière en tant que femme : c'est moi qui ai recruté tous les autres !

– Vous êtes devenue son bras droit ?

– Nous avons eu une vraie complicité professionnelle. J'avais tout à apprendre, il m'a tout appris et il a dû aimer cette position de mentor. On n'a jamais confondu les rôles, d'ailleurs : le patron, c'était bien lui – d'autant plus que le capital est à lui. Mais il m'a confié l'essentiel de la construction de Fimalac, l'intégration des filiales, la constitution des équipes, l'international ; c'était une chance incroyable et, en même temps, je l'ai vécue comme une sorte de pause dans ma course folle au « toujours plus », une occasion unique de me recentrer sur ma vie de femme. J'ai eu mes deux filles, j'ai pris des congés de maternité. Et parallèlement, j'ai pris du temps pour apprendre, pour créer des relations de confiance, me rendre légitime dans mon travail. Je me suis posée.

– La naissance de vos filles n'a pas bouleversé votre vie ?

– Pas en termes d'emploi du temps. J'ai voyagé mais je me suis efforcée d'avoir des horaires réguliers et, de toute façon, je sortais peu le soir – je suis d'un naturel un peu sauvage, j'aime bien rester chez moi, dans mon petit cocon. Ce qui a changé, c'est le départ de leur père pour Londres. Il travaillait dans une grande banque. Je l'ai encouragé à partir parce que c'était bon pour son cursus et aussi, je l'avoue, parce que ça ne me gênait pas vraiment. Le matriarcat, seule avec mes deux filles, m'allait assez bien. Il revenait tous les quinze jours, nos liens se sont distendus. J'étais peut-être un peu trop forte, dans le sens où je savais trop bien ce que je voulais... Nous nous sommes séparés.

– Vous ne vous êtes pas sentie en danger, vous si inquiète de l'avenir en général ?

– Pas du tout. Je me suis organisée. Je me suis installée avec mes filles et nous avons vécu seules pendant trois ou quatre ans, en fusion complète. Tout allait bien dans mon travail et je m'investissais beaucoup dans leur vie : je leur ai appris à lire, je les aidais pour les devoirs. J'avais quelqu'un à la maison pour les garder, mais j'étais très présente. Pour cette raison, j'ai de très hautes exigences vis-à-vis d'elles : elles ont tout, alors je leur demande beaucoup ; je surveille leurs notes, je m'angoisse dès qu'elles n'ont pas bien réussi un contrôle... Je suis consciente qu'il y a, dans cette attente à leur égard, une forme de réparation de ce qui m'a manqué avec ma propre mère, mais on ne se refait pas... Le jour où elles m'ont dit : « On n'a pas besoin de toi pour bosser », je me suis effondrée en larmes !

– Numéro un à la maison, mais numéro deux au travail... Pendant dix-sept ans, vous êtes restée le bras droit de Marc Ladreit de Lacharrière. Était-ce une façon de rester à l'abri, d'être protégée, ou une forme d'inhibition qui vous empêchait d'ambitionner un poste de numéro un ?

– Longtemps, la question ne s'est pas posée parce que Fimalac se développait, se transformait et que, si je n'étais pas le patron, j'avais à la fois un rôle de conseil et le pouvoir de mettre en musique. Mais c'est vrai aussi qu'il était rassurant d'avoir quelqu'un au-dessus de soi qui assume le risque principal. Être protégée n'était pas un objectif en soi, mais c'était un confort. On m'a fait des propositions, mais je n'ai pas donné suite. Il a fallu du temps avant que je ressente l'envie de me prouver que j'étais capable d'en sortir.

– Vous êtes aussi devenue la compagne de votre patron ; ça aurait pu vous inciter à chercher d'autres responsabilités plus tôt – ou à l'inverse, vous dissuader de l'abandonner...

– Nous n'étions pas les premiers à vivre ensemble tout en travaillant ensemble, mais il est vrai que c'est une situation assez particulière. Notre complicité s'est peu à peu transformée en une autre relation. Il a dix-huit ans de plus que moi, nous étions tous les deux séparés, nous nous sommes rapprochés d'une façon presque naturelle. J'ai été mal à l'aise au début, parce que je redoutais ce que les gens qui nous entouraient pourraient en penser. Je peux bien l'admettre : j'étais paniquée à l'idée qu'on insinue que je devais mes responsabilités auprès de lui à notre relation personnelle.

– Comment avez-vous fait ? Vous l'avez annoncé au personnel ?

– Exactement. Et tout s'est bien passé. Nous étions les deux personnes avec qui ils travaillaient depuis toujours ; eux aussi ont trouvé ça naturel...

– Tout de même, après tout ce que vous aviez réussi, vos diplômes, l'Inspection, la légitimité conquise chez Fimalac, les postes d'administrateur que vous occupiez dans de grands groupes cotés, vous avez eu peur d'une rumeur au-dessous de la ceinture. Un homme ne se serait jamais senti aussi fragile !

– C'est certain : on n'entend jamais courir de telles rumeurs sur un homme... J'admets que j'ai du mal à m'affranchir complètement du regard des autres mais je ne crois pas, hélas, être une exception : les femmes se sentent éternellement en probation ; tout ce qui pourrait jeter une ombre sur leurs aptitudes et leurs succès les terrorise. On n'efface pas du jour au lendemain des siècles d'automaticité à voir la réussite féminine assimilée à une faveur, obtenue en échange d'autres faveurs... Pour beaucoup d'hommes encore, quand une femme se distingue, il faut que ce soit pour d'autres raisons que ses seules compétences.

– Lorsque le couple travaille ensemble, est-ce qu'on réussit à préserver une part de vie privée authentique, qui échappe à la sphère professionnelle ?

– Ça aussi, c'était difficile, au début : garder un jardin secret, des espaces de liberté. On étouffe un peu quand même ! Mais Marc et moi, nous avons attendu plusieurs années avant d'habiter ensemble. Nous avons fait les choses progressivement.

– Et psychologiquement, n'avez-vous pas eu peur de vous placer dans une position de dépendance totale vis-à-vis de lui – le jour où le couple bat de l'aile, est-il encore possible de travailler ensemble ?

– On peut voir ça comme un danger ; d'autres pensent sans doute, au contraire, que c'est un confort absolu, que je suis invirable ! Sérieusement, ma seule préoccupation, c'est de ne jamais me trouver en situation de dépendance à l'égard de quiconque.

– C'est l'une des raisons qui vous ont, finalement, conduite à partir pour diriger Chanel, après dix-sept ans auprès de lui ?

– Je ne le dirais pas comme ça. C'était une opportunité formidable, dans un univers qui m'attire, une marque qui m'a toujours séduite – ma fidélité comme cliente en témoigne ! – et qui a rencontré chez moi l'intuition que le moment était venu. Pour avoir créé l'association Forces Femmes, qui aide les femmes de plus de quarante-cinq ans à retrouver un emploi, je sais que la plupart d'entre elles se demandent si elles vont être capables de reconstruire. Je passe mon temps à les encourager, à leur dire que tout reste possible. Je me voyais mal, confrontée à la même question, choisir l'immobilisme, jouer « petit-bras ». C'est un argument qui a pesé – toujours le regard des autres...

– Et Marc de Lacharrière, comment a-t-il ressenti votre départ ?

– Avec tristesse, mais nul n'est irremplaçable ; même pas moi ! Nous en avons parlé ensemble. C'était un déchirement de se quitter, mais justement, la vie privée fait qu'on ne se quitte pas vraiment. Pour nous aussi, c'est un renouveau : le soir, on a des choses à se raconter qui ne sont pas simplement la suite de la journée. Il continue, bien sûr, à me parler de Fimalac et moi, je lui demande parfois des conseils.

– À vous entendre raconter votre parcours, il ne semble pas que le fait d'être une femme vous ait pénalisée ; d'où vous est venu votre engagement en faveur des femmes ?

– C'est venu tard, en effet[1]. À l'Inspection des finances, on me demandait toujours de participer aux séances de *retape* : des réunions avec les élèves de l'ENA en cours de formation pour les attirer vers les différents corps. Sachant qu'il y avait des jeunes filles, on m'y envoyait pour montrer que la vie d'une femme était possible et même agréable à l'Inspection. On peut dire que c'était les prémices de mon engagement !

En fait de déclic, c'est un ensemble d'occasions d'agir pour les femmes qui m'a incitée à m'engager. Il y a eu

1. Dans *L'Express* du 11 février 1999, Véronique Morali a été l'une des quatorze signataires d'un appel lancé par Élisabeth Badinter contre le projet de loi sur la parité en politique intitulé : « Oui à l'égalité, non à la parité ».

le Forum des femmes [1], qu'a fondé Aude de Thuin, puis Force Femmes qui s'inscrivait dans la même logique : le souci de rapprocher les expériences de femmes venues d'horizons différents et qui éprouvaient cette envie commune qu'aucune ne formulait – appartenir à un réseau structuré qui puisse agir efficacement pour améliorer la place des femmes dans l'univers du travail. Dans nos situations respectives, nous faisions toutes ce que nous pouvions ; moi, je m'étais investie dans des réseaux professionnels ou dans ceux des grandes écoles, je donnais des cours... Mais ça ne suffisait pas. Je suis fière d'avoir pris ma part à ces projets. Mais il reste beaucoup à faire pour que les évolutions deviennent naturelles.

1. Le Women's Forum for the Economy and Society a été créé en 2005. Cette manifestation qui regroupe des femmes du monde entier est souvent présentée comme le « mi-Davos, mi-Porto Alegre des femmes ». Sa créatrice Aude de Thuin estime que la montée en puissance économique des femmes est aujourd'hui une réalité qui modifie de façon significative nos sociétés. Or, alors que le rôle des femmes est déterminant dans les changements, leur voix n'est guère audible dans les assemblées où se dessine l'avenir de notre monde. Pour y remédier, le Women's Forum se veut un lieu de débat, de partage, de réflexion et d'action, qui donne la parole aux femmes sur tous les grands enjeux actuels et futurs de nos sociétés.

Nicole Notat

« Je suis passée pour la sorcière assoiffée de pouvoir. »

De son vaste bureau, au sommet d'un gratte-ciel de la banlieue nord qui offre une vue imprenable sur Paris, elle dirige l'agence de notation qu'elle a créée en 2002, Vigeo. Dans le monde des entreprises hexagonales, son expérience et son carnet d'adresses sont parmi les plus recherchés. L'ancienne secrétaire générale de la CFDT (1992-2002) reste une personnalité marquante de l'histoire du syndicalisme français, une référence. Née le 26 juillet 1947 à Châtrices (Marne), elle a grandi dans la ferme familiale, exercé le métier d'institutrice, milité sans tarder jusqu'à devenir, à partir de 1981, la protégée d'Edmond Maire, qui en fera son héritière. Coquette et organisée, on devine chez cette femme d'autorité une forme de prudence, une raison qui lui évite de s'égarer là où, parfois, les sirènes l'attirent. Elle aime compter mais sait se passer de briller : c'est sans doute pourquoi la politique ne l'a jamais tentée. Elle est célibataire et n'a pas d'enfant.

⁂

– Diriez-vous que vous étiez prédestinée à l'exercice du pouvoir ?

– Je ne le dirais pas comme cela. Je crois qu'il y a, en effet, des individus plus ou moins disposés à prendre des responsabilités, des initiatives, à se sentir à l'aise dans une position de leader ou de décideur. J'imagine donc qu'on ne devient pas numéro un tout à fait par hasard, qu'on ne se retrouve pas un beau jour en position de responsable sans en avoir les dispositions ni surtout les envies – même si cela peut arriver sans qu'on l'ait su.

– Vous êtes fille d'agriculteurs ; d'où vous est venu ce goût de l'engagement qui vous a porté jusqu'à la tête d'un grand syndicat ?

– Sans doute mon père a-t-il contribué à me donner à la fois le virus de l'indépendance et l'intérêt pour la chose publique. Il avait été ouvrier des fours à chaux et s'était engagé dans la Résistance durant la guerre. Il a toujours été un citoyen intéressé par l'actualité, la politique, les grands débats. Et c'était un laïcard forcené, qui exprimait parfois des positions très tranchées. Avec l'âge, j'ai trouvé une forme de complicité avec lui parce que moi aussi je m'intéressais à ces sujets – une complicité conflictuelle, souvent, parce que nous n'avions pas forcément les mêmes opinions !

– Dans la ferme familiale, pourtant, c'étaient plutôt les femmes qui étaient aux commandes, non ?

– C'est vrai. La ferme appartenait à la famille de ma mère. Quand son père est mort, c'est ma grand-mère qui a pris les choses en main. Mon père, lui, n'était pas un vrai agriculteur ; il n'était entré dans cet univers qu'en épousant ma mère. C'est pourquoi l'exploitation obéissait à une sorte de pouvoir matriarcal... C'est ma mère qui s'occupait de la traite, de la fabrication du beurre qu'elle allait elle-même vendre à la ville une fois par semaine ; elle aussi qui s'occupait des comptes, de la gestion.

– Vous auriez pu prendre la suite ?

– Je n'ai jamais été dans ce moule-là. Enfant, je m'amusais beaucoup à la ferme, à traire les vaches, à monter sur le tracteur... Mais la légende familiale raconte que, très vite, je n'ai plus aspiré qu'à me plonger dans mes bouquins – plus encore qu'à jouer à la poupée. Mais je me sentais très libre, je ne ressentais aucune pression particulière quant à mon avenir. Il se trouve qu'en outre mon frère n'envisageait pas autre chose que de reprendre la ferme – c'est d'ailleurs ce qu'il a fait. Je percevais parfois des tensions entre mes parents, qui ne s'entendaient pas toujours, et cela me pesait, mais je ne pense pas en avoir subi de conséquences sur mon parcours.

– Est-ce pour cela que vous n'avez jamais voulu vous marier ? Il a été écrit plusieurs fois, dans des portraits que la presse vous a consacrés, que vous avez fait ce choix très jeune et que votre père vous l'avait conseillé...

– Si je m'en rapporte, là encore, à la légende familiale, j'aurais dit à l'âge de cinq ans que je deviendrais institutrice et que je ne me marierais pas. Je ne sais pas si j'ai vraiment prononcé ces mots mais je revois bien mon père me dire : « Ne te marie pas trop vite, réfléchis, fais attention. » Dans son esprit, cela voulait dire qu'il fallait profiter de la liberté, ne pas se laisser entraver, ne pas s'enfermer dans un carcan.

– Vos parents vous ont-ils poussée à faire des études ?

– Sans aucun doute. Quand je suis entrée en sixième, comme j'étais bonne élève, ils ont choisi pour moi un collège dans la Meuse, plutôt que le lycée de Sainte-Menehould, plus proche mais moins réputé. Ils voulaient que je réussisse. Mais j'ai dû loger dans une famille, et je déprimais un peu. Quand je suis devenue demi-pensionnaire, je faisais les trajets jusque chez ma grand-mère – une dizaine de kilomètres – à pied, puis en bus quand la ligne a été créée.

Ensuite, j'ai passé mon bac (scientifique) à Nancy et suis entrée à l'école normale de Bar-le-Duc, avant de retourner à Nancy pour suivre une spécialisation sur l'enfance inadaptée.

– C'était une vocation ?

– À partir de quinze ou seize ans, j'ai passé la plupart de mes étés comme monitrice dans des colonies de vacances. L'association qui les organisait montait aussi, avec la DDASS, des camps d'adolescents en difficulté. Ils ont fait appel à moi. J'ai fait cela pendant une bonne dizaine d'années – même après être devenue institutrice. J'y ai rencontré une réalité sociale très éprouvante et des jeunes filles bourrées de problèmes, mais si attachantes qu'on avait envie de les aider à s'en sortir. C'est pourquoi j'ai voulu, dans l'Éducation nationale, poursuivre une expérience voisine.

– Vos premiers postes ont-ils été difficiles ?

– J'aimais ce métier. J'ai enseigné à l'Institut médico-éducatif de Bar-le-Duc, avec des jeunes de onze à quatorze ans qui venaient de la DDASS – ça c'était assez sportif ! –, puis dans un collège, à Nancy, dans un quartier qu'on dirait « sensible » aujourd'hui. J'y suis restée trois ou quatre ans, et ensuite j'ai débuté mon parcours syndical.

– À quand remonte votre vrai engagement syndical ?

– À Mai 68. J'étais en dernière année de formation à Bar-le-Duc ; ce n'était pas le Quartier latin, mais on allait quand même aux manifs, pour ne pas rester en dehors du coup. Il y a aussi deux autres éléments importants : d'abord, c'était une époque où je cherchais à me démarquer de mon père et donc, parce qu'il était absolument laïcard, je m'étais mise à aller à l'église ! D'autre part, j'avais commis, dès mon entrée à l'École normale, un acte de rébellion en refusant d'adhérer au SNI [1], l'organisation ultra-majoritaire à laquelle on était presque censé s'inscrire automatiquement en arrivant. Dans ma promotion, nous n'étions que trois à avoir refusé. C'est ainsi que je me suis rapprochée de jeunes collègues qui revendiquaient, eux aussi, leur confession chrétienne et j'ai fait un bout de chemin avec eux. À la CFDT.

– Comment la petite instit de la Meuse grimpe-t-elle en quelques années jusqu'aux instances dirigeantes de la confédération ?

– Dès mon adhésion au SGEN [2], on m'a donné de petites responsabilités – il faut dire qu'on était peu nombreux ! Quand je suis arrivée à Nancy, c'était plus structuré ; mais assez vite, on m'a redonné des responsabilités. De fil en aiguille, sans l'avoir vraiment cherché, je me suis retrouvée secrétaire régionale du syndicat pour la Lorraine. Dès lors, on me connaît un

1. Syndicat national des instituteurs.
2. Syndicat général de l'Éducation nationale, qui regroupe les enseignants de la CFDT.

peu au niveau à la direction nationale du SGEN et aussi au siège régional de la CFDT.

Après, c'est tout simple : en 1981, Edmond Maire[1] a décidé d'imposer la mixité dans les instances de décision de la confédération. Or la seule femme qui siégeait à la commission exécutive était partie pour l'Élysée après l'élection de François Mitterrand. Ils ont donc interrogé tous les dirigeants régionaux pour trouver de nouvelles têtes. Et c'est comme ça qu'un jour Edmond Maire a demandé à me rencontrer.

– Sa volonté d'imposer la mixité au sommet du syndicat, c'était assez avant-gardiste...

– Sans doute, mais il était comme ça. Rappelez-vous, dans les années 1970, les combats féministes pour l'avortement, la contraception, la CFDT défendait déjà des positions très ouvertes. Je pense que lui et d'autres avaient pris conscience avant beaucoup qu'une organisation qui voulait assurer son avenir et être vraiment représentative ne pouvait pas se passer de la moitié du genre humain !

– Les hommes du syndicat l'ont accepté sans grogner ?

– Les dirigeants nationaux portaient cette idée. Moi, j'étais la seule femme dans une équipe de dix et la difficulté principale venait de mon inexpérience plus que de mon sexe. Mais ils avaient le sentiment que leur réussite

1. Secrétaire général de la CFDT de 1973 à 1988.

était liée à la mienne et comme en plus, j'avais le soutien du chef...

– Une femme sur dix membres, c'était une mixité toute relative !

– Certes. Mais en 1982, quand je suis officiellement élue au congrès, la CFDT lance et fait voter le principe de l'élargissement du Bureau national aux femmes : de trente et un sièges (dont une seule femme), on est passé à trente-neuf, et ces places ont été réservées à des femmes. C'était un progrès sensible, qui ne s'est pas fait tout seul. Le débat a été vif. Certains étaient hostiles à l'idée d'instaurer des conditions spéciales pour l'accès des femmes aux responsabilités. Mais Edmond Maire y tenait énormément. Et il obtenait ce qu'il voulait[1].

– Y compris avec vous. Vous avez parfois raconté qu'après votre première entrevue vous aviez eu très peur d'accepter les fonctions qu'il vous proposait...

– Oh, oui ! Et encore, ça n'était pas grand-chose par rapport à ce que j'ai ressenti quand il s'est agi de devenir secrétaire générale... Cette peur, je crois qu'elle renvoie vraiment à ce que je suis : dans mon parcours, je ne décide jamais vraiment ; j'ai des envies, mais seules les circonstances – et parfois la volonté des autres – font

1. En 2007, le bureau national de la CFDT comporte treize femmes sur trente-huit membres (34,2 %) et la commission exécutive élue par ce même bureau en compte trois sur neuf, soit 33,3 %. Source : Conseil économique et social.

que je les réalise. C'est mon côté « bonne élève » : l'envie de ne pas échouer qui, ajoutée à une bonne dose de fierté et d'amour propre, m'empêche de me lancer si je ne suis pas totalement sûre de réussir au bout. Mes hésitations viennent de là.

– Comment les avez-vous dominées ?

– En cédant à la pression des autres. Et en succombant à un argument que j'ai retenu et dont je me suis resservi quand j'ai trouvé en face de moi des gens dont les hésitations m'évoquaient les miennes – c'est d'ailleurs une attitude le plus souvent féminine, les hommes, eux, se posent rarement ces questions... Un jour, un des dirigeants m'a dit : « Maintenant, ça suffit ; il y a un moment où il faut que tu admettes que les autres aussi savent ce qu'ils font en te demandant d'y aller. Nous non plus, on n'a pas envie de se planter, donc fais confiance. » Alors je me suis dit : après tout, pourquoi pas ?

– Cette peur, vous l'avez retrouvée à chaque fois que vous avez monté une marche ?

– En tout cas, je l'ai ressentie à nouveau quand Edmond Maire a annoncé son départ. Il n'avait qu'une idée en tête : faire de moi son successeur. Moi, j'avais l'impression que c'était comme un saut à l'élastique dans le vide et j'ai refusé. Je sentais trop que s'il avait cherché à m'imposer, il y aurait eu un conflit parce que la majorité des dirigeants penchaient pour la candidature de Jean Kaspar, qui était légitime et qui en avait envie – sans doute plus que moi à ce moment-là.

– Durant ces années d'apprentissage, vous êtes-vous familiarisée avec l'exercice du pouvoir ?

– J'ai surtout appris comment on fait ses preuves devant un collectif. Au Bureau national, j'ai vu les paires d'yeux braqués sur moi quand j'avais un dossier à porter, un débat à conduire ; depuis, je sais ce que c'est que d'être mise sous surveillance, observée, guettée dans l'attente de la première faille. Je ne me suis pas plantée, mais j'ai vécu ce que Françoise Giroud a décrit bien avant moi : il faut donner dix fois plus qu'un autre, travailler ses dossiers, vérifier cent fois qu'on n'a rien oublié, anticiper les questions pour préparer les réponses.

– Vous voulez dire que c'était clairement plus difficile parce que vous étiez une femme ?

– Oui. C'était une sorte d'examen. Avec une vraie différence. Ensuite, une fois qu'on a fait ses preuves, ça va mieux.

– Vous n'étiez pas très féministe au départ ; l'êtes-vous devenue au fil de votre parcours ?

– J'ai toujours eu une sensibilité, depuis mes premières années dans les sections d'éducation spécialisée ; j'ai tenu des débats, parlé avec ces ados de l'avortement, ce qu'il fallait en penser, travaillé avec le Planning familial. De même, quand j'entre à la direction de la CFDT, Yvette Roudy vient de rédiger la loi sur l'égalité professionnelle : on est en plein débat sur les discriminations hommes-femmes et j'ai la responsabilité de ces questions-là... Mais il est vrai que je n'ai jamais été une militante féministe au sens propre.

– Durant votre ascension, avez-vous mis votre vie personnelle entre parenthèses ?

– Je me suis énormément investie mais pas au point de sacrifier ma vie privée. Par exemple, je n'ai jamais renoncé à mes vacances.

– N'avez-vous pas eu envie de fonder une famille ?

– J'ai été marquée par une première expérience affective entre seize et dix-huit ans, qui ne s'est pas très bien terminée. Ensuite, les choses n'ont jamais été aussi fluides que je l'avais rêvé adolescente, si bien que, sans en avoir fait le choix conscient, j'ai eu des vies amoureuses successives mais sans passer devant M. le maire...

– ... mais sans avoir d'enfant non plus. C'était un renoncement volontaire ?

– Quand j'étais institutrice, vers l'âge de trente ans, je me suis posée la question d'avoir un enfant que j'élèverais seule. J'y ai renoncé en pensant aux conséquences, non seulement pour moi mais pour l'enfant aussi. Par la suite, la vie que j'ai menée ne m'a jamais amenée à reconsidérer ce choix. Ça n'a pas été une obsession, ni un remords.

– À partir de quand avez-vous été regardée comme la dauphine d'Edmond Maire ? Vos relations avec les autres en ont-elles été affectées ?

– C'était en 1985, dans un article du *Matin de Paris*, dans lequel Edmond lui-même laissait entendre qu'une femme pourrait le remplacer et qui était illustrée par une photo où on le voyait avec moi. Il n'est parti qu'en 1988, mais à partir de là, j'ai observé des regards différents : j'étais devenue l'ambitieuse, celle qui convoite le pouvoir, qui ne doit avoir que ça en tête... Dans ces cas-là, il n'y a pas grand-chose à faire : si vous démentez, on ne vous croit pas, on prend ça pour de la coquetterie ou, pire, de l'hypocrisie. Surtout les hommes, qui ne peuvent pas imaginer que si la voie royale s'ouvre devant vous, vous pourriez ne pas l'emprunter !

– Edmond Maire lui-même a donc dû être déçu quand vous avez finalement décliné sa proposition...

– Sûrement. Je pense qu'il devait se dire qu'en progressant l'envie finirait par venir. Il se souvenait qu'en 1981 j'avais d'abord dit non. Vous connaissez la suite...

– Tout de même, vous n'avez pas l'impression que vous aviez intériorisé le fameux « plafond de verre », cette limite invisible que les femmes, souvent, n'arrivent pas à dépasser ?

– Bien sûr que si !

– Votre exemple est presque caricatural : vous avez préféré être numéro deux alors qu'on vous offrait d'être numéro un...

– On peut le voir ainsi. En fait, il y avait une sorte de compromis : j'étais numéro deux mais beaucoup voulaient me voir apparaître, me mettre en avant et Jean Kaspar me donnait volontairement une grande importance. Il ne décidait rien sans qu'on en ait parlé avant. C'est pour cela que, durant cette période, j'ai davantage approché la réalité de la fonction de secrétaire général qu'avec Edmond Maire. J'ai pu apprivoiser la fonction et, plus encore, l'idée que je m'en faisais.

– Jusqu'à dominer votre peur ?

– Exactement. J'ai fini par me regarder dans la glace avec cette peur.

– Au point que votre prise du pouvoir à la CFDT a finalement été présentée comme un putsch ! C'en était un ?

– Si on veut. Je suis devenue secrétaire générale en octobre 1992 alors que le congrès avait reconduit Jean Kaspar six mois plus tôt. Mais il faut dire que la crise couvait à la tête du syndicat depuis des mois et que c'était devenu intenable. Mon prédécesseur se sentait affaibli : il avait du mal à décider et il avait en plus commis l'erreur de rendre publique sa liaison avec l'attachée de presse du syndicat... Alors il est exact qu'à un moment j'ai fait savoir que j'étais prête à assumer les fonctions mais j'avais aussi dit à Jean que si ma présence le gênait, qu'elle l'empêchait d'exercer pleinement son pouvoir, j'étais disposée à m'en aller. Quand finalement c'est lui qui a choisi de partir, je suis passée pour la sorcière, la femme vicieuse, assoiffée de pouvoir... Ç'a été dur.

– Vous en avez tiré des leçons sur la difficile conjugaison de la vie privée et de la vie publique dans les fonctions de pouvoir ?

– J'ai toujours été convaincue qu'il fallait bien séparer les deux choses. Et je crois l'avoir toujours fait pour moi-même.

– Quitte à en payer le prix. Ne trouvez-vous pas désagréable d'être régulièrement présentée comme une célibataire endurcie, pour ne pas dire une « vieille fille » ?

– Oh, j'ai même entendu que j'étais homosexuelle – ce qui d'ailleurs ne serait pas une tare... Il y a eu un temps où je me disais : « Si j'étais mariée avec trois mômes, on me ficherait la paix ! » J'en ai pris mon parti. En tout cas, ce n'est pas une question qu'on se pose à propos d'un homme...

– Vous avez parfois raconté qu'après votre accession à la tête de la CFDT, il vous avait encore fallu batailler pour conquérir votre légitimité.

– On m'a fait payer les conditions de ma prise de pouvoir. Les trois années suivantes ont été très éprouvantes. On me faisait régulièrement sentir que je n'avais pas été élue. Il m'a fallu attendre jusqu'au congrès de Montpellier, en 1995, pour être officiellement élue secrétaire générale – et encore, le congrès a refusé de me donner le quitus sur ma gestion durant ces trois années...

– 1995, c'est aussi l'année des grandes grèves contre le plan Juppé de réforme de l'assurance-maladie, que vous aviez approuvé. Vous avez été sévèrement chahutée...

– Il y a eu des moments d'adversité, d'injures, parfois même de violence – en tout cas de pression physique –, mais j'avais la conviction de faire ce que je devais. Et aux excès de violence répondaient des gestes de sympathie, d'encouragement qui me confortaient. Bien sûr, il y a eu aussi les attaques au-dessous de la ceinture...

– Vous faites allusion à la phrase de Marc Blondel[1] : « Moi, je ne couche pas avec Alain Juppé ? »

– À celle-là et à d'autres. Ces attaques sont faites pour blesser, pour atteindre la femme derrière la fonction.

1. Alors secrétaire général de Force ouvrière.

Face à cela, ma ligne de conduite n'a jamais varié : je refuse de me situer sur le même registre ; je serre les dents et je ne réponds pas. Je n'ai même pas voulu saisir la justice, pour ne pas entrer dans un engrenage. Sur le coup, ça n'a pas été facile. Après coup, j'ai réalisé que mon image en était sortie améliorée. Je n'étais plus la sorcière ni l'intrigante, mais celle qu'on attaquait, qu'on insultait... Finalement, Blondel m'a rendu service !

– Diriez-vous que vos dix années à la direction d'un des principaux syndicats français a, d'une façon ou d'une autre, fait progresser la cause des femmes ?

– Oui. Sans doute le fait d'avoir été à la tête d'une organisation où l'on n'avait vu que des hommes est-il en soi quelque chose qui a compté. Aujourd'hui, dans les syndicats ou dans les partis politiques à travers le monde, c'est devenu moins exceptionnel ; c'est même devenu un élément d'attractivité et j'en suis ravie. J'ai modestement le sentiment d'avoir participé à rendre cette évolution plus fluide, plus naturelle. Mais avec ou sans moi, la CFDT a toujours été impliquée dans toutes les avancées en faveur des femmes. Beaucoup de progrès ont été faits vers l'égalité professionnelle, même si le vrai passage de l'égalité de droit à l'égalité de fait reste à atteindre.

– À quel moment et pour quelles raisons avez-vous décidé de quitter vos fonctions – c'est-à-dire d'abandonner votre pouvoir ?

– Paradoxalement, l'épreuve des grèves de 1995, avec le choix d'une ligne d'indépendance vis-à-vis des partis politiques et les contestations qu'il a suscitées, a fait franchir un cap à la CFDT. Après cela, tout a très bien marché, j'ai adoré cette période. En 1998, au congrès de Lille, j'ai été réélue à plus de 77 %. Dès ce moment, j'ai su que je passerais la main en 2002. Et ces quatre dernières années ont été les vraies années de bonheur dans mes responsabilités. J'étais bien dans ce que je faisais, j'avais le sentiment de maîtriser les sujets et, en même temps, je gardais l'idée que diriger un syndicat, c'est une fonction, pas un métier. J'avais envie d'autre chose.

– La politique ne vous a pas tentée ?

– On m'a proposé d'entrer dans le gouvernement de Jean-Pierre Raffarin, en 2002, après la réélection de Jacques Chirac. Ou plus exactement, Alain Juppé m'a contacté pour me demander si j'étais prête à accepter une proposition. J'ai répondu non. Sans hésiter.

– La peur, encore une fois ?

– Non, pas cette fois. Simplement la conviction que mon désir n'était pas là et que ce n'était pas un service à rendre à la CFDT. Sans compter que ma légitimité comme dirigeant syndical n'induisait pas automatiquement une légitimité ni une compétence dans des fonctions politiques...

– Vous avez préféré prendre la tête de l'entreprise : Vigeo[1], une agence de « notation sociale ». En quoi consiste votre activité ?

– Nous mesurons la qualité de l'engagement des entreprises en faveur du développement durable et des droits fondamentaux des salariés. Pour définir *a contrario* ce métier, je dirais que nous nous préoccupons de tout ce dont les financiers ne s'occupent pas. Du niveau de l'investissement sur ces grands sujets, on peut déduire la capacité d'une entreprise à maîtriser ces deux nouveaux risques dont on parle beaucoup désormais : le risque d'image et le risque environnemental.

– L'égalité professionnelle fait-il partie des critères que vous examinez ?

– Bien sûr, au même titre que toutes les formes de discriminations dans le monde du travail.

– Constatez-vous des progrès sur ce terrain ?

– Il faut se garder d'une lecture naïve ou angélique du monde des affaires, mais j'ai le sentiment d'une relative prise de conscience des investisseurs et des patrons, qui commencent à réaliser que la qualité des réponses

1. Au départ, Vigeo s'appelait Arèse. Cette agence de notation extra-financière avait été créée par Geneviève Férone, qui a importé en France ce nouveau concept.

apportées à ces questions sociales ou environnementales n'est pas sans rapport avec la sécurité des placements et la pérennité des valeurs boursières. Il reste à vérifier cette évolution au fil du temps : je n'ignore pas qu'il y a mille et une situations concrètes qui attestent que tout n'a pas changé dans les entreprises.

– Ni surtout à leur tête : vous avez publiquement pris position pour l'instauration d'un quota de femmes dans les conseils d'administration...

– Face aux inégalités que je constate depuis plus de vingt ans – entre hommes et femmes, mais pas seulement –, s'il suffisait d'affirmer les principes de l'égalité républicaine pour assurer la promotion de l'égalité dans les faits, ça se saurait. En France, tout l'arsenal juridique nécessaire existe. Et pourtant, je continue de penser, comme la CFDT l'a toujours prôné, que les retards ne pourront être comblés qu'avec des mesures particulières au seul bénéfice de la catégorie défavorisée.

– C'est de la discrimination positive ?

– Peu importe le terme. Je ne suis évidemment pas favorable à des quotas à l'américaine mais je pense que des coups d'accélérateur sont nécessaires. La loi Roudy[1] allait déjà dans ce sens, la loi sur la parité en

1. La loi du 13 juillet 1983, dite loi Roudy, qui impose l'égalité professionnelle entre les femmes et les hommes reste peu appliquée. C'est pourquoi elle a été renforcée en 2001 par la loi dite Génisson. Le 23 février 2006, une nouvelle loi sur l'égalité salariale entre les hommes et les femmes

politique aussi. Et quand l'Institut des administrateurs français recommande aux grandes entreprises d'arriver à 25 % de femmes dans les conseils d'administration, je considère en effet que c'est un objectif aussi légitime que le chiffre d'affaires que l'on exige d'un directeur commercial à atteindre. Mais c'est aussi un exemple qui montre le chemin qui reste à parcourir.

---

a été adoptée. Le texte prévoyait d'imposer au moins 20 % de femmes dans les conseils d'administration ou de surveillance des entreprises. Moins d'un mois plus tard, cette disposition était déclarée inconstitutionnelle.

Laurence Parisot

« Quand vous découvrez le plaisir de diriger,
rien ne vous arrête. »

Elle n'en a pas spécialement l'allure, mais sans conteste le tempérament : c'est une patronne. À l'entendre raconter les étapes de son parcours, fait de conquêtes successives accomplies au culot, l'envie de réussir et le goût du pouvoir éclatent chez cette jeune femme menue coiffée à la garçonne, qui avoue sans peine un penchant pour la vitesse – et pas seulement dans la carrière : depuis sa jeunesse, elle adore piloter les voitures les plus rapides... Née le 31 août 1959 à Luxeuil-les-Bains (Haute-Saône), diplômée en droit et en science politique, elle a dirigé l'institut de sondages Louis Harris (1986-1990) avant de présider l'Institut français d'opinion publique (IFOP). Entrée au comité exécutif du Medef en 2003, elle en est devenue la présidente deux ans plus tard, patronne des patrons soucieuse de féminiser le monde de l'entreprise et bien décidée, à titre personnel, à ne pas s'arrêter là. Elle est célibataire et n'a pas d'enfant.

⁂

– Vous êtes, depuis votre élection à la tête du Medef, l'incarnation de l'entreprise dans notre pays et, à ce titre, vous louez très souvent, dans vos discours, l'esprit de compétition et le goût de la performance. Est-ce par fonction ou est-ce un trait de votre personnalité ?

– Depuis mon enfance, aussi loin que je me souvienne, je n'ai jamais eu d'autre objectif, dans toutes mes activités, que d'être la première. Ou j'étais la meilleure ou je ne l'étais pas et j'irais jusqu'à dire que je me désintéresse parfois d'un domaine où je sens que je n'ai aucune chance de l'être. Adolescente, j'ai rêvé d'être championne du monde de ski nautique parce que j'étais douée pour ce sport. J'en ai parfois voulu à mes parents de ne pas avoir pu aller dans une école spécialisée où j'aurais pu m'entraîner pour atteindre le plus haut niveau. Ça ne s'est pas fait. Heureusement j'aime toujours ce sport et heureusement aussi, je suis numéro un au Medef !

– Pouvez-vous nous décrire les conditions de vie de votre enfance ? Vous êtes issue d'une famille d'entrepreneurs...

– D'entrepreneurs et d'enseignants. J'ai été élevée à Saint-Loup-sur-Semouse, un gros bourg de Haute-

Saône dont le cœur économique est l'usine de meubles fondée par mon grand-père en 1936 puis dirigée par mon père et mes oncles. Mais hormis ce grand-père qui avait la passion du dessin et l'esprit d'entreprise, le reste de la famille Parisot est formé de professeurs et d'instituteurs. Ma mère, elle, est la fille d'un neuropsychiatre, qui fut prisonnier pendant la Seconde Guerre mondiale ; ma grand-mère, sa femme, l'a fait évader ! Elle avait un brevet d'aviateur, c'était une sorte de pionnière...

– Votre mère avait-elle un emploi ?

– Non. Elle a fait le choix de ne pas travailler, j'ignore pourquoi. Mais c'est une femme audacieuse, anticonformiste et, à certains égards, féministe. À Saint-Loup, elle a été la première à porter un pantalon ! Elle n'était pas inactive, en tout cas ; elle lisait, réfléchissait, discutait, avait une pensée politique élaborée – souvent, nous n'étions pas d'accord... Et je l'ai toujours entendue, comme mon père, vanter les mérites et l'importance du travail.

– L'entreprise familiale devait avoir une grande place dans votre enfance...

– Assurément. L'usine s'est développée au début des années 1960 – ce sera un grand groupe dans les années 1970 – et j'en entends parler tous les jours à la maison et à l'école, puisque la plupart de mes camarades de classe sont des fils d'ouvriers ou d'employés qui travaillent dans l'entreprise familiale. Même les bûchettes en bois qu'on utilisait pour apprendre à compter sortaient des ateliers de M. Parisot ! C'était une raison supplémentaire pour moi de vouloir compter plus vite que tout le monde...

– Aviez-vous, dès cette époque, un avenir, un métier particulier en tête ?

– Je rêvais d'être astronaute. En 1969, ma mère m'a réveillée en pleine nuit pour voir les images de Neil Armstrong posant le pied sur la lune... J'ai abandonné l'idée car je n'étais pas assez forte en maths et en physique. Un autre souvenir me revient : à l'âge de cinq ou six ans, je m'étais fabriqué un album de photos avec des images découpées dans les journaux, les magazines. Je l'ai gardé et, vu d'aujourd'hui, c'est assez stupéfiant de constater que j'y avais collé des photos de Khrouchtchev, Kennedy, Johnson... Je ne sais pas si ça exprimait une vocation, mais sans doute au moins une forme d'ambition.

Plus tard, j'ai pensé devenir avocate – il y avait un feuilleton télé qui me plaisait et qui mettait en scène des avocats –, mais le seul métier dont j'ai longtemps eu envie, c'est le journalisme. J'y ai renoncé quand j'étais en dernière année à Sciences-Po, sans doute parce que je me disais qu'être grand reporter aux quatre coins du monde, ça n'était pas gagné.

– Vous voilà donc à Sciences-Po ; vous ne vous êtes pas sentie perdue à Paris, arrivant de votre village ?

– Je pleurais tous les jours. J'étais paumée. C'est que j'avais, bien sûr, un côté province, mais en même temps, une connaissance du monde extraordinaire : je ne savais rien de Paris mais j'avais été plusieurs fois en vacances avec mes parents en Afrique et aux États-Unis. À Sciences-Po, on me connaissait comme celle qui portait des bottes de cow-boy et qui lisait *L'Équipe* plutôt que *Le Monde* – il n'arrivait pas jusqu'à Saint-Loup !

– C'est pourtant vers la politique et les sondages que vos pas vont vous conduire...

– Il y a une scène fondatrice que je dois vous raconter. C'était au moment des élections législatives de 1973. J'étais avec mes parents devant la télévision, à attendre les résultats – à l'époque, on annonçait les « fourchettes ». Ça me passionnait. Et je revois le journaliste qui dit : « C'est Pierre Weil, président de la Sofres, qui va donner les fourchettes et Alain Lancelot commentera les résultats. » Des années passeront et Alain Lancelot sera mon prof à Sciences-Po puis Pierre Weil, mon premier patron.

En fait, après mon diplôme – et la maîtrise de droit public que j'ai obtenue en même temps à Nancy –, j'ai commencé à travailler sur un projet de thèse en science politique, dont le sujet est : « Le lobby patronal dans le grand commerce ». C'est assez étonnant, non ? C'est à cette époque-là, en 1985, qu'Alain Lancelot, qui était le directeur de Sciences-Po, m'a envoyée voir Pierre Weil, qui recrutait des chargés d'études pour une de ses filiales, l'institut Louis Harris. Il m'a embauchée.

– L'histoire dit que vous n'avez pas perdu de temps : six mois plus tard, vous dirigiez la société !

– À Sciences-Po, j'avais appris les rudiments de la méthodologie en sciences sociales qui donnent les bases pour exercer le métier de sondeur. L'institut était une petite boîte – entre vingt-cinq et trente personnes – mais, surtout, il y régnait une pagaille sans nom. Les dysfonctionnements internes étaient légion, l'information circulait mal, la situation commerciale était difficile et aucune stratégie n'était définie. Je me suis immédiatement dit qu'on allait dans le mur. Alors j'ai demandé un rendez-vous à mon patron et j'ai postulé pour devenir directrice générale. Il a hésité quelques mois, mais il m'a nommée. Ça peut paraître bizarre, mais c'est ainsi.

– C'est surtout incroyablement gonflé ! Vous n'aviez que vingt-cinq ans. Comment avez-vous pu faire preuve d'une telle assurance ?

– Honnêtement, je me le demande parfois. Penser que je pourrais y arriver était une première audace, et le dire en était une seconde. Pierre Weil a été un peu étonné. Je sais qu'il a montré mon écriture à une graphologue en qui il avait confiance et qui lui a dit qu'il pouvait foncer. Une discussion s'est alors engagée entre nous et il a finalement été convaincu. Souvent, c'est aussi la réaction des autres qui vous renforce dans l'idée que vous pouvez réussir. En tout cas, je n'ai pas eu peur : j'avais l'impression de voir si nettement ce qui n'allait pas que la démarche m'a paru naturelle...

– Vous ne vous êtes pas sentie gênée de revendiquer aussi explicitement la place de quelqu'un pour vous faire nommer ?

– Ça ne m'a posé aucun problème. La directrice générale qui était en place ne faisait pas ou mal ce qu'il fallait faire. La remplacer était la bonne solution pour elle comme pour l'entreprise.

– Vous avez alors eu à diriger, à encadrer des gens plus vieux que vous. Était-ce aussi simple ?

– Oui. Même dans des domaines dont je ne savais presque rien. Il y a eu une phase durant laquelle j'apprenais le soir ce que j'aurais à dire le lendemain. Je bossais nuit et jour. Mais j'étais heureuse qu'on m'ait fait confiance et j'étais réellement passionnée par l'idée que le collectif, l'équipe que nous formions au sein de l'entreprise, fasse mieux demain qu'aujourd'hui – qu'on augmente les ventes, qu'on gagne de nouveaux clients, que nos études soient meilleures, nos analyses plus intelligentes, etc.

– Et vos subordonnés, ceux qui vous avaient vue arriver six mois plus tôt comme une débutante, comment prenaient-ils votre ascension fulgurante ?

– Je n'ai pas le souvenir de difficultés particulières. Quatre ans plus tard, quand j'ai quitté Louis Harris pour aller diriger l'IFOP, beaucoup de ceux-là m'ont suivie.

– Durant vos années Sciences-Po puis vos débuts de spécialiste de l'opinion, étiez-vous préoccupée de la cause des femmes ?

– Oui et non. La nomination de Françoise Giroud au gouvernement par Valéry Giscard d'Estaing, en 1974, fut pour moi une date politique : j'ai adoré ce moment de modernité et je me souviens d'avoir été effondrée lorsqu'elle a démissionné. Et puis il y avait Simone Veil, bien sûr... Donc, je suivais évidemment ce qui se passait, les évolutions formidables qui s'annonçaient pour les femmes. Sans pour autant avoir un engagement militant parce que la plupart des associations féministes empruntaient une logique gauchiste que j'ai toujours réprouvée.

– Et dans votre parcours personnel, les limites opposées aux femmes étaient-elles un sujet de préoccupation, voire un handicap que vous identifiez comme tel ?

– Pas vraiment, car je dois dire que j'ai mis un temps fou à déceler la misogynie autour de moi. J'étais pour la cause des femmes car je voyais la nécessité d'avoir une égalité des droits et des chances mais j'étais aveugle face aux manifestations sexistes. J'en ai certainement été victime très longtemps, mais sans le savoir, en tant que chef d'entreprise, mais il m'a fallu des années pour comprendre que, si je n'obtenais pas tel contrat alors que notre offre était effectivement la meilleure, c'était parce qu'il y avait un enjeu sexiste. Et c'est bien là l'un des aspects les plus compliqués de ce problème : quand on en est victime, on peut facilement penser que c'est parce qu'on n'est pas assez capable, parce qu'on a commis des erreurs ; on n'examine l'hypothèse sexiste qu'en dernier recours. On a tort.

– Vous voulez dire qu'on vous refusait des contrats parce qu'on préférait travailler avec un institut de sondages dirigé par un homme ?

– J'en suis sûre. Mais à partir du moment où vous en prenez conscience, les choses changent.

– Votre défi à la tête de Louis Harris s'est-il soldé par une réussite ?

– Oui. La situation s'est nettement redressée. Mais notre développement avait une limite : il ne fallait pas gêner la maison-mère Sofres. Quand je me suis sentie frustrée, j'ai réfléchi à l'idée de devenir son seulement dirigeante, mais aussi actionnaire. Outre la Sofres, l'institut avait un actionnaire américain, la société Louis Harris. Je suis donc allée rencontrer le patron américain pour lui proposer un accord : M. Harris en personne, qui avait été le conseiller de John Kennedy, un personnage exceptionnel. Hélas, rien n'était possible et, comme je n'avais pas informé Pierre Weil de ma démarche, il m'en a beaucoup voulu...

À ce moment-là, tout le monde savait, dans le milieu des sondeurs, que l'IFOP[1] était en difficulté et que son

1. Institut français d'opinion publique, l'un des principaux instituts français, fondé en 1938 par le sociologue Jean Stoetzel.

actionnaire de référence, le groupe de consultants Bossard, ne savait pas comment s'en sortir. Je suis allée les voir et j'ai refait le même coup que chez Louis Harris : « Confiez-moi la direction et je crois que je peux vous aider à redresser à l'IFOP. » C'est comme ça que j'ai pris la tête de l'IFOP. Mais comme j'avais de la suite dans les idées, j'avais posé une condition : devenir actionnaire. Après quelques hésitations, ils ont dit OK.

– Vous avez acheté des parts de la société ?

– Absolument. J'ai emprunté de l'argent à ma famille pour acquérir 30 % des actions. Le prix n'était pas très élevé, parce que l'IFOP était au bord de la cessation de paiement. J'ai été nommée présidente en 1990, j'avais trente ans. Je me suis mise au travail et, grâce au concours des syndicats, qui avaient du poids dans l'entreprise, j'ai redressé la situation.

– Qu'avez-vous su faire que vos prédécesseurs n'avaient pas fait ?

– J'ai parlé avec franchise aux déléguées syndicales – c'étaient toutes des femmes ! – et, surtout, je leur ai parlé de notre attachement au métier. Avant mon arrivée, les dirigeants nommés par Bossard ne le connaissaient pas, ou si peu ; ils confondaient le métier des sondages avec le métier du conseil. Grave erreur. Peut-être le fait que nous ayons dialogué entre femmes a-t-il eu son importance : je pense qu'on se parle plus facilement, plus sincèrement.

– Vous êtes PDG d'un important institut, vous avez trente ans. À cet instant de votre parcours, la question de la vie privée se pose-t-elle ?

– Pas dans le sens où vous me la posez. Je n'entrerais dans aucune considération relative à ma vie privée, mais je dirais qu'il y a, dès cette période, des moments de rupture ou de déchirure qui m'ont conduite à penser, assez vite, que la vie de célibataire m'irait plutôt bien. C'est une conviction qui s'est ancrée en moi assez tôt. C'est un choix.

– Pas un renoncement, donc. Bien d'autres femmes en pleine ascension, comme vous, se sont finalement laissées happer par la carrière, en se disant « On verra plus tard » pour le couple, la famille... Ne pas être mère n'a pas été une source de frustration ?

– À un moment, si. Je me souviens très bien, ça a peut-être duré un an. Mais ça n'a jamais été douloureux. J'aime beaucoup les enfants, mais je suis contente de ne pas en avoir. Je n'en dirai pas plus.

– Quel est votre moteur : est-ce toujours la volonté d'être numéro un, l'ambition pure ?

– Il est difficile de définir ce qu'est vraiment l'ambition. Je ne conteste pas être ambitieuse mais je n'ai jamais, en tout cas, recherché le pouvoir pour le pouvoir, ce pouvoir un peu pervers qui cherche à contrôler et à manipuler par pur goût de la manipulation et du contrôle. C'est une forme de pouvoir que j'ai rencontrée, dans le monde de l'entreprise, dans celui de la politique.

Moi, je crois en une autre forme de pouvoir : celui de faire quelque chose pour soi et pour les autres. Je pense avoir toujours été ainsi mais certaines occasions, certaines rencontres m'ont aidée à en prendre conscience.

– Il y a aussi la dimension du plaisir à exercer le pouvoir, dont vous ne parlez pas...

– C'est vrai, mais cela aussi, je ne l'ai réalisé que tardivement. J'éprouve énormément de plaisir à présider le Medef mais ce n'était pas une ambition qui venait de soi. Tout est parti du jour où Ernest-Antoine Seillière, que je n'avais jamais rencontré, m'a téléphoné pour me proposer d'entrer au conseil exécutif. J'ai dit oui sans hésiter, presque par curiosité, en pensant que je pourrais très bien céder la place au bout de quelques mois si je m'ennuyais. Conclusion : quand vous découvrez le plaisir de diriger, que vous avez le goût de réaliser des choses et que votre position vous en donne la possibilité, rien ne vous arrête...

– Le pouvoir rend-il différent ?

– Le danger, c'est la grosse tête. Ça peut arriver très vite.

– Vous vous êtes sentie menacée ?

– Ça m'est arrivé.

– On dit souvent que les femmes y résistent mieux que les hommes. Vous êtes d'accord ?

– C'est possible. Elles sont plus pragmatiques. Je crois même avoir entendu François Hollande dire de Ségolène Royal qu'elle perdait moins de temps que lui pour avancer sur les sujets concrets.

– Et le regard des autres, change-t-il quand on a du pouvoir ?

– Tout à coup, on ne dit plus que du bien de vous, tout ce que vous faites suscite des « bravo, c'est génial »... Mais il faut une certaine vigilance pour détecter les phénomènes de cour et repérer dans votre entourage ceux qui passent leur temps à vous flatter. À certains moments, on est plus sensible à ces discours favorables, je l'ai constaté. Ça peut encore m'arriver. C'est comme quand vous buvez une coupe de champagne de trop : vous avez à peine le temps de sentir les choses déraper.

– Il y a donc bien une ivresse du pouvoir ?

– Il faut croire puisque cette comparaison m'est venue sans que je l'aie cherchée... Mais la célébrité qui l'accompagne, elle, m'a beaucoup coûté. Ne pas pouvoir s'asseoir à la terrasse d'un café sans être reconnue, devoir sans cesse surveiller sa tenue, son attitude, c'est très pénible. Au début, j'en ai pleuré.

– Vous n'aviez pas mesuré ce risque ? Qu'est-ce qui vous a déterminée à briguer la succession d'Ernest-Antoine Seillière ?

– Une fois entrée au conseil exécutif du Medef, en janvier 2003, j'ai découvert à quel point c'était un carrefour d'idées et de décisions, un lieu stratégique et passionnant. À la fin de l'année, Seillière m'a demandé de faire partie d'un groupe informel, qu'on appelait le « G4 » parce qu'il comptait quatre membres ou à peine plus et qui se réunissait autour de lui tous les lundis matin. Là, j'étais vraiment dans le vif du sujet ! Et tout naturellement, quand la question de la succession a commencé à être posée, je me suis sentie intéressée. J'ai toujours eu envie de faire quelque chose pour la France, vraiment – ça peut paraître ridicule mais, depuis l'enfance, je suis très patriote. Je me suis dit que c'était une occasion formidable de servir mon pays, en faisant un job extraordinaire.

– Avez-vous recherché son appui, son soutien ?

– Je lui ai demandé un rendez-vous et je lui ai dit franco : « Si un jour vous vous posez la question de votre succession, j'envisage d'être candidate. » Il m'a regardée, sidéré, pendant quelques secondes et il m'a répondu : « L'avantage, c'est que ça ne se compare pas. » En une seconde, il avait compris l'avantage qu'il y avait à ce qu'une femme lui succède... Un peu plus tard, il m'a dit : « Vous pourriez être une espèce d'Angela Merkel française. » C'était flatteur, non ? Mais, en réalité, ce qu'il a fait de déterminant, c'est surtout d'avoir organisé les conditions d'une succession démocratique, avec une pluralité de candidatures et un vrai débat public, qui rompait avec les oligarchies précédentes qui s'arrangeaient derrière des portes capitonnées – et toujours entre hommes. Pour la première fois, on a fait une vraie campagne électorale. Et j'ai adoré ça.

– Pourquoi ?

– La rencontre des électeurs, qui vous parlent, vous confient leurs difficultés, vous livrent leurs idées : ça vous donne une force incroyable. Avec deux collaborateurs très proches, on a fait un vrai tour de France, épuisant mais génial !

– Vous êtes-vous heurtée à un machisme patronal ?

– Pas dans mes tournées en province ni dans mes réunions. Si je n'avais pas rencontré un réel appétit de modernité, jamais je n'aurais été élue. Le machisme, c'est à Paris que je l'ai aperçu, dans les appareils ; c'est le plaisir d'être entre soi, entre habitués, surtout dans quelques puissantes fédérations. Dans l'un de mes discours, devant tous les plus hauts dirigeants du mouvement, je leur ai lancé : « Je sais le plaisir que vous avez à être entre vous, comme dans un club anglais réservé aux hommes. Mais je sais aussi que vous pouvez trouver d'autres avantages si vous acceptez la mixité. » Ce jour-là, je crois avoir déminé le problème de la misogynie en le posant sur la table, carrément.

– Ça n'a quand même pas suffi à le résoudre !

– Bien sûr que non. Les habitudes, les codes ne changent pas en un jour. Pour mon élection, le collège électoral comptait dix-sept femmes sur cinq cent soixante et un grands électeurs… Et je me souviens bien que, en janvier 2006, j'ai prononcé un discours-programme à Arcs-et-Sénans qui a été applaudi par tous les dirigeants du Medef sauf sur un point : le passage où j'ai suggéré qu'il faudrait « aller plus loin dans les accords professionnels sur l'égalité homme-femme ». À ce moment-là, on a entendu les mouches voler…

– Que faites-vous, justement, pour aller plus loin sur ce terrain ?

– Tout ce que je peux. Avant mon arrivée, pas une commission du Medef n'était présidée par une femme. J'ai fait en sorte qu'il y en ait trois et cinq autres au conseil exécutif, où nous n'étions que deux. C'est encore peu, car le conseil compte quarante-cinq membres, mais un tiers sont les présidents de fédération – donc pas choisis par moi –, les présidents des Medef régionaux sont à peine moins – eux aussi sont élus – et je ne peux influer que sur le petit quota de « personnalités qualifiées ». J'essaie aussi, quand même, de convaincre de plus en plus de femmes de se présenter aux présidences des Medef territoriaux. J'en ai assez qu'on nous oppose toujours cet argument incroyable : « On voudrait bien promouvoir des femmes, mais il n'y a pas assez de candidates. »

– C'est faux ?

– Évidemment ! Regardez en politique, c'est incontestable. Mais je dois quand même admettre que j'ai changé d'avis sur la parité. À l'origine, j'étais contre la loi. Maintenant, je considère que certains coups de pouce sont nécessaires – peut-être pas en allant jusqu'à la discrimination positive, mais des incitations réelles, oui, il en faut. Le mouvement de fond est amorcé. Nous sommes quelques-unes à avoir montré, dans nos domaines respectifs, que c'était possible d'y arriver en étant femmes. Quoi qu'on en pense, Ségolène Royal a ouvert une voie qui ne va pas se refermer parce qu'elle a perdu. Une des choses qui continue de m'émouvoir et de me rendre fière, c'est de recevoir des lettres de jeunes filles qui me disent : « Vous êtes un exemple pour moi, vous me donnez du courage. » Notre responsabilité est là : nous devons montrer que des chemins existent et en même temps profiter des pouvoirs que nous avons pour ouvrir les portes aux autres.

– Vous êtes restée une spécialiste des mouvements d'opinion. En tant que telle, avez-vous le sentiment que la place des femmes s'est améliorée en France ces dernières années ?

– Je suis très prudente. Jusqu'à la fin des années 1990, on pouvait dire que la société française connaissait d'énormes progrès sur cette question – avec, en point d'orgue, la loi sur la parité. Depuis, beaucoup d'études ont révélé une inquiétude chez les femmes, tous milieux et tous âges confondus, et même la crainte d'une régression, d'un retour en force de la misogynie et des inégalités. On observe, par exemple, la montée d'une mode très macho, issue notamment de la culture des banlieues, qui revient à une forme d'abaissement des filles et qui tend à pénétrer tous les milieux. Peut-être l'épopée de Ségolène Royal aura-t-elle marqué un coup d'arrêt à cette évolution ; mais il faut bien convenir qu'elle-même a dû subir des attaques très misogynes et un procès en incompétence qui ne lui aurait certainement pas été intenté si elle avait été un homme... C'est la preuve que rien n'est acquis. Et que notre attention, face à cette régression qui menace, ne doit pas diminuer.

Perrette Rey

« Certains de mes concurrents ont utilisé des méthodes ignobles. »

Ce qui frappe d'emblée, chez elle, c'est son incroyable vitalité. Souriante et apprêtée, la présidente du tribunal de commerce de Paris se déplace pour introduire en personne les visiteurs dans son majestueux bureau, signe d'une simplicité qui n'est pas feinte. Si ses fonctions ont fait d'elle l'une des personnalités les plus puissantes du monde économique français, elle n'est pas connue pour cultiver les réseaux ni pour fréquenter les dîners en ville – « Qu'y fait-on à part dire du mal ? », répète-t-elle volontiers. Née le 27 août 1942 à Saintines (Oise), diplômée de l'Institut d'études politiques et de l'Institut d'administration des entreprises de Paris (1965), docteur en droit (1993), elle a d'abord travaillé dans l'entreprise paternelle, puis créé sa propre société de conseil (1969), avant d'intégrer le groupe des Banques populaires. Elle y a effectué l'ensemble de sa carrière (1977-2000), occupant successivement plusieurs postes de direction, jusqu'à devenir conseillère du président (1995). Élue parallèlement juge consulaire en 1992, elle a accédé à la présidence de la juridiction parisienne en 2004, juste après avoir été portée à la tête de la Conférence des juges consulaires de France (2003). Elle est mariée, mère d'un fils et d'une fille.

⁂

– Notre tradition nationale ne reconnaît pas de véritable pouvoir aux juges – la Constitution elle-même ne parle que d'une « autorité judiciaire ». À la tête de l'une des principales juridictions françaises, considérez-vous que vous occupez une fonction de pouvoir ?

– Ce n'est pas ce qui me motive. Je ne crois pas, au demeurant, que la justice soit un pouvoir. Je la vois davantage comme un recours : elle est le tiers impartial à qui deux adversaires demandent de trancher leur litige. Le pouvoir, au sens où on l'entend généralement, j'aurais plutôt tendance à m'en méfier – comme je me méfie de l'argent et des honneurs, parce qu'ils sont une menace permanente contre l'indépendance, la seule vraie force des juges. Cela dit, si l'on me prête un pouvoir et que cette réputation peut m'aider à faire adopter les réformes auxquelles je tiens, je ne vais pas multiplier les démentis ! Disons simplement que je ne suis pas obsédée par l'idée d'être le chef.

Perrette Rey

– Quand vous étiez petite fille, vous imaginiez-vous faire une carrière, avoir des responsabilités importantes ?

– En tout cas, j'avais la volonté de ne pas ressembler au modèle que ma famille maternelle m'imposait : *Kindern, Kirsche, Küche*, comme disent les Allemands – les enfants, l'église, la cuisine. Ma mère avait grandi en Indochine au temps des colonies. Son père y était gouverneur d'une province, elle avait gardé des manières de grande dame, un certain complexe de supériorité. Elle ne s'est jamais remise du changement de vie que lui a imposé le retour en France. Elle n'a jamais travaillé : elle a écrit quelques romans, mais elle s'est arrêtée quand elle s'est mariée. Puis il y a eu la guerre et ses trois enfants – je suis la deuxième, entre mes deux frères. La frustration que lui inspirait son existence de femme au foyer était assez évidente. Du coup, nous vivions dans des conditions somptueuses sur le plan matériel – dans un bel appartement du XVIe arrondissement de Paris –, mais épouvantables sur le plan psychologique, et indigentes sur le plan affectif.

– Elle vous parlait de ses regrets, de ses états d'âme ?

– Jamais. Ni de cela ni d'autre chose, d'ailleurs. À la maison, c'était l'éducation à l'ancienne : mes parents se vouvoyaient, nous les vouvoyions et les enfants n'étaient admis à la table des repas qu'à partir de treize ou quatorze ans. Il n'y avait pas beaucoup de communication. La seule activité extérieure que je connaissais de ma mère, c'était le militantisme politique dans lequel elle s'était lancée assez jeune ; d'abord dans les Jeunesses communistes, puis à l'extrême droite – sans doute stimulée par la chute de l'empire colonial français, qu'elle-même avait vécu si douloureusement. À vrai dire, je n'ai jamais eu de liens de proximité avec elle. C'est difficile à formuler, mais je pense qu'elle me détestait. J'ai tiré de cette blessure une force qui m'a beaucoup aidée dans ma vie.

– Que voulez-vous dire ?

– Quand votre propre mère se désintéresse de vous, quand vous êtes niée dans votre existence même, vous n'avez pas d'autre choix que de vous battre. Vous voulez prouver que vous valez quelque chose.

– Quels rapports aviez-vous avec votre père ?

– J'en avais assez peu. Il venait, lui, d'un milieu très modeste : ses parents étaient des ouvriers belges, il avait fait la guerre de 14-18, été blessé à Verdun, gazé à Ypres. Il a créé seul son entreprise de métallurgie à Aubervilliers, qui fabriquait des pièces pour l'industrie automobile. À la force du poignet, il en a fait une belle PME. Je suppose que son mariage s'inscrivait dans une forme d'ascension sociale et ma mère avait, par conséquent, une grande influence sur ce qui se faisait et ne se faisait pas à la maison. Mais il m'apparaissait aussi équilibré qu'elle était excessive. Je l'admirais.

– Avait-il, lui, des ambitions pour sa fille ?

– Il avait en tête que ses trois enfants travailleraient dans l'entreprise familiale : l'aîné aurait eu une fonction technique, moi une fonction administrative et financière et le benjamin une fonction commerciale. Moi, je n'aimais pas l'idée de travailler sous l'œil paternel – c'était n'avoir aucune indépendance, moi qui en rêvais... Mes envies étaient bien plus lointaines : je m'imaginais dans la diplomatie, aux quatre coins du monde. En classe, j'étais brillante : j'ai eu mon bac avec mention très bien, puis je suis sortie major de Sciences-Po, tout en faisant mon droit. Je voulais présenter le concours d'entrée à l'ENA, mais mon père s'y est catégoriquement opposé. Il m'a dit : « Si tu fais l'ENA, tu ne seras jamais capable de diriger une entreprise. »

– Vous avez cédé ?

– Oui. Je dois dire qu'à ce moment-là ma priorité était de gagner mon autonomie le plus vite possible – la vie familiale était de plus en plus oppressante pour moi. Je me voyais mal me relancer dans trois années d'études.

Alors je suis entrée dans la société de mon père. J'avais vingt-quatre ans, un titre de directeur et un salaire minable. Il m'avait placée à la tête de son usine à Fourmies. Je ne me sentais pas à l'aise dans cette position d'héritière mais je faisais mon apprentissage. Je me revois en train de haranguer les ouvriers, un jour où ils menaçaient de se mettre en grève. C'est là que j'ai appris l'importance – et le pouvoir – de la parole. Mais dans mon esprit, je montrais à mon père que j'étais de bonne volonté et je trouverais bien une occasion de voler de mes propres ailes. Je ne pouvais pas prévoir que je serais mise à la porte !

– Vous avez été licenciée par votre père ?

– Pire : chassée. Dans des conditions de violence qui m'ont marquée à tout jamais. Mon père vieillissait, il semblait de plus en plus vouloir s'appuyer sur moi ; ma mère ne l'a pas supporté : elle l'a convaincu que j'intriguais pour écarter mes frères de la succession et qu'il fallait me mettre à la porte. Alors un soir, il m'a convoquée et m'a jeté tous ces reproches à la figure. Il avait toujours été mon modèle : c'était si douloureux de l'entendre me dire ces choses que je n'ai pas su répondre. Ce soir-là, j'ai quitté l'usine et la maison sans savoir où j'allais dormir. Je n'ai jamais revu mes parents. Il m'a fallu trouver le moyen de renaître.

– Vous voulez dire que cette rupture a constitué le véritable point de départ de votre carrière ?

– C'est évident. Je me suis reconstruite à partir de ce choc. Je n'ai pas eu d'autre choix que d'aller de l'avant. Je garde toujours en mémoire cette phrase du philosophe Leconte de Nouy : « Quand un homme réussit à savoir exactement ce qu'il veut, sa volonté d'exécution devient irrésistible. » Eh bien, je peux vous dire que c'est aussi valable pour une femme !

– Comment avez-vous choisi votre voie ?

– En même temps que je débutais dans l'entreprise de mon père, j'avais suivi les cours de l'IAE [1] de Paris. L'un des examinateurs que j'y avais croisés, un polytechnicien, m'a offert de rejoindre sa société de conseil. C'est là que je me suis formée à la gestion et à l'informatique. C'était la fin des années 1960. L'ordinateur était encore peu répandu. Je suivais les cours du soir qu'organisaient les grands constructeurs – IBM, Bull, etc. –, je me passionnais. Et comme je passais bien auprès des clients, j'ai vite monté ma propre société. Dix salariés, une start-up avant l'heure. Un de mes premiers gros chantiers a été la fusion des systèmes informatiques d'EDF et de Gaz de France. Je me sentais bien. Libre.

– Ça ne devait pas être très courant, à l'époque, une femme chef d'entreprise, *a fortiori* dans le milieu scientifique.

– Je ne me posais pas la question. On me le faisait remarquer, parfois, d'autant que j'étais jeune et avenante ! Tous mes clients, mes interlocuteurs étaient des hommes, mais ça ne me gênait pas. Après tout, mon père m'avait poussée à travailler à ses côtés comme si j'avais été un garçon. Simplement, je veillais à mettre en avant un savoir-faire, un professionnalisme. Je n'ai pas changé depuis : je suis attachée à n'exercer que des

1. Institut d'administration des entreprises.

fonctions où ma compétence soit indiscutable – je me suis posé la question, bien sûr, avant de me présenter à la présidence du tribunal de commerce.

– Il y avait déjà eu le traumatisme de votre expérience familiale, et voilà que vous créez une entreprise, avec ce que cela suppose de mobilisation personnelle. Gardiez-vous quand même une place pour la vie privée, pour fonder votre propre famille, avoir des enfants ?

– Avoir des enfants, c'était se marier. Je l'ai fait, en 1969. Lui était ingénieur dans le bâtiment. Nous avons eu nos deux enfants très vite. Mais ça n'a pas marché entre nous. Nous avons divorcé cinq ans plus tard. J'ai vécu quelques années de galère. Je travaillais quinze heures par jour, je courais partout. J'avais accepté, en plus de ma société, la direction d'une revue qui s'appelait *Informatique et Gestion* – c'est d'ailleurs là que j'ai connu mon second mari. Je recrutais des jeunes filles pour garder mes bébés, mais elles me faisaient faux bond à un rythme soutenu. Ces années-là, c'était un enfer.

– Vous culpabilisiez de ne pas passer plus de temps auprès de vos enfants ?

– Sur le coup, pas tellement. Quand j'ai accouché de mon aîné, je n'ai été physiquement absente de mon bureau qu'une semaine – et encore je signais des parapheurs à la clinique ! Mais tant que vous n'avez pas de grossesses difficiles, vous n'y pensez pas. Plus tard, on regrette. Moi, je n'ai pas compris que les toutes premières années de la vie de mes enfants allaient conditionner nos relations futures. Je n'ai pas été assez présente, je n'ai pas été la mère que j'aurais voulu être – ni sans doute celle qu'ils auraient pu espérer. Cela, oui, je le regrette.

– Vos enfants en ont souffert ?

– J'imagine que de la même manière que j'ai voulu m'affranchir du modèle de mes parents, ce n'est pas par hasard que l'un a été décorateur, puis ethnologue, et que l'autre est comédienne. Leurs choix sont une façon de me dire : « Nous avons choisi une vie qui ne se limite pas au boulot. »

– Avec l'expérience de la vie et de l'entreprise qui est aujourd'hui la vôtre, quels enseignements en avez-vous tirés ? Pensez-vous qu'une femme doit forcément sacrifier sa carrière pour ses enfants ?

– Non, je pense que nous arrivons à une époque où il n'y aura pas de limite au pouvoir pris par les femmes, y compris dans les entreprises. Il faudra peut-être encore dix ou vingt ans, mais d'une certaine façon nous y sommes. Il y a trop d'exemples éclatants pour ne pas provoquer un entraînement. L'heure est donc venue pour la société de modifier ses structures d'accueil pour enfants afin de permettre à toutes les femmes de concilier leur carrière professionnelle avec leur vie personnelle. Pour celles qui sont cadres, qui ont des équipes à manager, il reste difficile de leur trouver un remplaçant pour la durée du congé de maternité. Je crois qu'il faudrait explorer la voie du temps partiel pour qu'elles puissent trouver un équilibre provisoire entre le travail et la maison [1]. C'est aux entreprises d'inventer ces solutions, parce que ce sont elles qui pâtissent du désarroi de toutes ces femmes qui n'y arrivent pas et qui culpabilisent.

– Vous-même avez toujours privilégié le travail ?

– Oui, je le crains. Sauf quand j'ai décidé de vendre ma société pour entrer dans une banque. Je m'étais remariée l'année précédente – en 1976 –, je devais avoir besoin de souffler un peu, de trouver des bases plus nettes, des horaires plus rigides. Mais je dois dire que dès que j'ai commencé, je me suis sentie décalée : j'avais du mal à me contenter des heures ouvrables, moi qui m'étais toujours levée à l'aube pour être sur le pont à 7 heures. En fait, je me disais – comme quand je travaillais avec mon père – que ce serait transitoire. Et j'y suis restée vingt-trois ans !

– Mais votre objectif de départ, qui était apparemment de mieux concilier vie familiale et vie professionnelle, l'avez-vous atteint ?

1. Dans l'état actuel de la société, le temps partiel, loin d'être choisi, reste subi par la plupart des femmes qui le pratiquent.

– Pas autant que je l'aurais voulu. Ma chance a été que mon deuxième mari, qui n'avait pas d'enfant, s'est totalement investi dans l'éducation de mes enfants. C'est un homme sensible et très généreux : il leur a appris à lire et à écrire, il leur a donné du temps et du cœur. Comme moi, il a suivi la voie qu'il s'était choisie : je l'avais connu journaliste ; il a suivi des cours du soir pendant des années et il est devenu expert-comptable. Il possède une grande richesse de sentiments. Il a été un beau-père formidable. Paradoxalement, c'est lui qui m'a aidée à comprendre que je ne donnais pas assez à mes enfants.

– Vous nous avez dit que, selon vous, la responsabilité des solutions à inventer pour aider les femmes incombait aux entreprises. Ne pensez-vous pas que l'État a un rôle à jouer pour susciter ces évolutions ?

– Notre tradition colbertiste fait qu'on attend toujours de l'État qu'il résolve nos problèmes. Or je pense qu'il est grand temps de comprendre qu'il y a de bonnes raisons de faire leur place aux femmes sans avoir besoin de lois pour l'imposer. Aujourd'hui, les entreprises françaises sont engagées dans une compétition mondiale ; elles se comparent à des concurrents étrangers qui, pour beaucoup, ont vu depuis longtemps l'intérêt de la mixité et de la diversité. C'est ce mouvement-là qu'il faut suivre, pas les directives d'un État qui, de toute façon, a autre chose à faire !

– Il n'empêche qu'on ne peut pas nier qu'il existe, en cette matière, un retard français par rapport aux pays du nord de l'Europe. N'est-il pas illusoire de ne compter que sur les bonnes volontés pour le combler ?

– Quand on veut, on peut. Dès lors qu'on a décidé d'intégrer vraiment les femmes dans les entreprises, on est capable de trouver une organisation qui le permette. Je crois au pouvoir de l'évidence : la condition qui est posée est de savoir si on accepte comme normal que les jeunes femmes travaillent, qu'elles peuvent acquérir des responsabilités, qu'on mise sur elles, et qu'en même temps la vie est ainsi faite qu'elles peuvent être absentes pendant un an parce qu'elles ont un enfant. Toutes les grandes entreprises connaissent ces situations, elles y font face. C'est plus difficile pour les PME, *a fortiori* pour les toutes petites structures. Mais c'est le sens de l'histoire.

Moi-même, quand j'ai commencé dans la banque, j'ai recruté une assistante. J'ai un peu honte de l'avouer, mais j'ai choisi une jeune femme parmi vingt-cinq parce qu'elle m'avait confié qu'elle ne pouvait pas avoir d'enfant... Résultat : un an et demi plus tard, elle était enceinte ! Et dix-huit mois après, elle attendait le second ! Ça m'a servi de leçon. En tout cas, je l'ai gardée avec moi jusqu'à mon départ au tribunal de commerce.

– Entre-temps, vous avez fait une véritable carrière de banquière. Recrutée pour gérer la clientèle des PME, vous avez fini bras droit du président. Diriez-vous que votre ascension a été naturelle ou aviez-vous une stratégie ?

– J'étais ambitieuse et j'ai toujours aimé le travail bien fait. Au départ, je voyais plutôt la banque comme un univers hostile. Pour la dirigeante de PME que j'étais, le banquier n'était pas toujours un interlocuteur très compréhensif – et puis ma mère avait voulu me faire épouser un des banquiers de mon père, quelle horreur ! Quand les Banques populaires m'ont sollicitée, je me suis dit que je pourrais précisément les aider à faire mieux...

Je dois aussi à l'un des anciens présidents du groupe, Jean Martineau, de m'avoir appris à ne pas vouloir à tout prix mettre en avant mes qualités intellectuelles. C'était un homme peu conceptuel mais il était doté d'une grande intuition des relations humaines. Il fut aussi l'un de mes prédécesseurs au tribunal de commerce de Paris. Je n'ai pas oublié le jour où il m'a donné ce conseil : « Madame Rey, vous êtes trop intelligente et ça ne vous sert à rien. Non seulement ce n'est pas par l'intelligence qu'on convainc les autres, mais surtout, trop d'intelligence fait peur. » La leçon, qu'il appliquait lui-même avec infiniment d'habileté, c'est qu'on avance moins par les compétences et le mérite que par le contact, le comportement, la capacité à communiquer avec les autres. Dans tous les métiers, il y a 20 % de technique et 80 % d'humain. Quand on l'a compris, on sait ce qui est le plus important.

– De ce point de vue, est-ce un avantage d'être une femme ?

– Je crois, en effet, que les femmes sont plus naturellement douées du sens relationnel – même s'il y a du yin et du yang en chacun d'entre nous. Mais encore faut-il qu'elles s'appuient sur leur sensibilité, sans vouloir singer les hommes.

– Mais les hommes ont souvent l'audace de demander des postes là où les femmes hésitent. Les responsabilités de plus en plus importantes qui vous ont été confiées, les avez-vous réclamées ou sont-elles venues sans que vous ayez besoin de vous manifester ?

– Il m'est arrivé de faire savoir que j'étais intéressée par un poste. Il m'est arrivé aussi d'en refuser. Dans les deux cas, j'avais tiré du conseil de Jean Martineau la conclusion que je pouvais oser. C'est aujourd'hui un trait de ma personnalité : je ne me sens aucune entrave, aucun empêchement à agir.

– D'où le culot dont vous avez fait preuve quand vous vous êtes lancée à la conquête du tribunal de commerce !

– Sans doute, mais à ceci près qu'avant de me porter candidate à la présidence du tribunal, j'y avais siégé comme juge durant plus de dix ans. J'y suis entrée en 1992, mais l'idée remontait à deux années auparavant. J'étais tombée sur une circulaire qui indiquait que les juridictions consulaires cherchaient à recruter des chefs d'entreprise. J'en avais parlé à Jean Martineau – toujours lui – parce qu'il se trouve qu'il avait été président du tribunal de commerce de Paris. Les yeux pétillants de malice, il m'avait répondu : « Ça vous ira comme un gant », mais il avait ajouté : « Je préfère vous le dire tout de suite, vous ne serez jamais présidente. Dans ce milieu-là, il y a 90 % d'hommes alors une femme à leur tête, il n'y en a jamais eu et il n'y en aura jamais. »

– Il disait vrai ?

– Sans l'ombre d'un doute ! L'histoire retient qu'en 1931 la question de l'admission éventuelle des femmes avait été examinée au cours d'un congrès des juges consulaires, qui se tenait à Reims. À quelques voix près, ils avaient tous voté contre. L'argument principal était qu'une femme était incapable des considérations philosophiques pourtant indispensables à la fonction de juge ; qu'elle n'avait pas non plus l'esprit de l'historien qui permet de prendre du recul et qu'enfin, elle ne pouvait juger qu'avec son cœur et non avec sa tête... Il a fallu attendre 1947 pour que la première femme soit élue au tribunal de commerce de Paris. Deux ou trois ans après, deux autres femmes sont arrivées. Un ancien greffier m'a raconté que le président les avait accueillies avec ces mots : « J'espère bien que votre exemple ne sera pas suivi par d'autres... » Vous voyez qu'on revient de loin [1] !

---

1. En 2007, le tribunal de commerce de Paris comprenait 172 juges, dont 88 % d'hommes.

– Ça n'a pas suffi à vous dissuader...

– Non, mais je n'ai pas tardé à constater que le machisme était toujours d'actualité. Avant l'élection aux tribunaux de commerce, il y a un organisme appelé le CIEC[1] qui sélectionne les candidatures avant de les soumettre au vote. Je m'y suis présentée et après l'épreuve technique, j'étais classée première. À l'oral, j'ai fait un exposé tellement brillant sur le sujet que j'avais tiré au sort que... je me suis fait retoquer ! Comme le bruit s'était répandu que j'avais été écartée parce que je flanquais trop la trouille à ces messieurs, le président de l'époque, Philippe Grandjean, m'a convoquée pour me supplier de me représenter l'année suivante.

J'ai vraiment hésité – mon amour-propre en avait pris un coup. Mais je suis revenue et, cette fois, j'ai fait exprès de me montrer moins à l'aise, de buter sur quelques mots... et j'ai été admise – mais à l'avant-dernière place !

– Dix ans plus tard, vous faites campagne pour la présidence du tribunal et vous gagnez. Était-ce le signe que le machisme avait reculé ?

– C'est drôle, mais cette conclusion ne me serait pas venue à l'esprit !

En fait, je pense que j'avais assez attendu pour faire mes preuves – toujours mon souci d'avoir une compé-

1. Comité interprofessionnel des élections consulaires.

tence reconnue – et que j'étais devenue relativement légitime. Au congrès de Lyon, en 2002, j'avais été désignée comme rapporteur sur la réforme du droit de la faillite et, toute modestie mise à part, je peux dire que j'avais fait un tabac. À la fin de mon discours – une heure et demie sans notes, quand même ! –, dans lequel j'appelais les juges consulaires à redresser la tête et à regagner la confiance des justiciables, j'avais eu droit à une standing ovation. Au fond, ma campagne est partie de là. Je crois que j'ai bénéficié d'un effet de sympathie après cette prise de position, mais ça n'a pas empêché certains de mes concurrents d'utiliser contre moi des méthodes ignobles.

– Lesquelles ?

– Le mensonge, l'insinuation, le dénigrement. On a fait croire que j'avais été mise en examen dans une affaire de malversation, certains ont suggéré que j'appartenais à la franc-maçonnerie, d'autres au contraire que je détestais les francs-maçons, on m'a décrit comme autoritaire – vous savez, l'argument habituel : si une femme a de l'autorité, on parlera toujours d'autoritarisme... Mes quatre rivaux étaient des hommes et, de fait, il y avait une alliance informelle contre moi dans laquelle tous les coups étaient permis et qui s'est retournée contre eux.

Pourtant, on ne peut pas dire que je caressais l'électeur dans le sens du poil : j'étais la seule à annoncer que, pour rendre des décisions, les juges devraient suivre une formation spécifique et se soumettre à un examen. Ça ne m'a pas empêchée d'être élue au premier tour, ce qu'aucun homme n'avait réussi à faire...

– Votre élection vous paraît-elle avoir constitué un signal de modernisation ou au contraire une exception sans lendemain ?

– Il m'est difficile de répondre à cette question. D'un côté, j'ai été élue et plusieurs fois réélue à la tête de la Conférence des juges consulaires de France, qui regroupe tous les tribunaux de commerce du pays, ce qui tend à prouver qu'il n'y pas d'opposition particulière à la présidence d'une femme. Mais de l'autre, je suis obligée de constater que sur les quarante administrateurs élus, je suis la seule femme. Aux dernières élections, deux autres femmes se sont présentées pour y siéger ; elles ont été battues. L'une d'elle, qui préside le tribunal de commerce de Tarascon, arrivait – comme par hasard – juste après le dernier élu ! Tout se passe comme si on supportait une femme, mais pas plus...

– Dans cette position particulière, justement, vous sentez-vous un devoir vis-à-vis des autres, pour améliorer la place des femmes ?

– Je ne participe à aucune campagne et je ne fais aucun lobbying particulier en ce sens. Mais j'essaie de me montrer attentive quand je sais – ou que je sens – qu'une collègue rencontre des difficultés personnelles. Je crois que l'un des enjeux principaux est là : il faut travailler à la normalisation de la réussite des femmes pour épouser un mouvement qui, on le voit depuis quelques années, s'accélère. Pour cela, je suis sûre qu'il faut davantage compter sur la vertu de l'exemple que sur des formes de militantisme qui inquiètent plus qu'autre chose. C'est pourquoi j'accepte volontiers de faire part de mon expérience devant des associations ou des réseaux de femmes, mais je n'ai jamais voulu appartenir à aucun club. Sauf mon club de sport, bien sûr : j'y vais tous les samedis et dimanches matins pour suivre mon cours de gym. Mon mari m'accompagne !

Valérie Toranian

« Les femmes ne doivent pas être effrayées par le pouvoir. »

Elle n'aimerait pas qu'on dise qu'*Elle*, c'est elle. De fait, elle n'est pas de celles qui aiment se mettre en avant. Directrice de la rédaction du premier magazine féminin français, elle ne s'y affiche pas chaque semaine en photo. Devenue journaliste presque par hasard, elle réserve sa plume aux grandes occasions. La publication de son livre, *Pour en finir avec la femme* [1], retentissant petit essai paru en 2004, a montré que cette discrétion n'était pas de la timidité. Énergique et sensible, la patronne de *Elle* a tout de la self-made woman : d'abord pigiste pour la presse féminine, elle est devenue, en 1996, chef du service Beauté du magazine fondé, un demi-siècle plus tôt, par Hélène Lazareff. Promue rédactrice en chef Beauté et rédactrice en chef adjointe des pages Mode, elle a ensuite pris la rédaction en chef du journal en 1998, avant d'être nommée à sa tête en 2002. Elle est en outre vice-présidente de la Fondation

1. Valérie Toranian, *Pour en finir avec la femme*, Grasset, 2004.

Elle, qui finance des projets liés à l'éducation et à la formation des femmes dans le monde. Les succès et la réputation du magazine ont contribué à faire d'elle l'une des femmes les plus en vue du monde médiatique français – dont l'homme qui partage sa vie est lui aussi l'une des figures : Franz-Olivier Giesbert, le directeur du *Point.* Elle est divorcée, mère de deux fils.

⁂

– Dans le livre que vous avez publié il y a quelques années, *Pour en finir avec la femme*, vous déploriez la « dérobade » des femmes face au pouvoir, racontiez que, à la différence des hommes, « elles trouvent souvent d'excellentes raisons de s'arrêter tout près du but », et formuliez cette conclusion presque en forme de manifeste : « Les femmes doivent exiger le pouvoir en cessant de le redouter. » Est-ce une façon de résumer votre parcours ?

– Peut-être... Je suis comme beaucoup d'autres femmes : le pouvoir me fait peur. Depuis que j'exerce des responsabilités dans mon journal, cette peur ne m'a pas quittée. Je l'ai éprouvée dès l'instant où on m'a proposé ces fonctions et j'ai pris l'habitude de vivre avec. De toute façon, je ne suis pas quelqu'un de serein. J'ai l'angoisse de mal faire, de me tromper, de prendre la mauvaise décision. Mais j'essaie d'assumer ; et de m'appliquer à moi-même ce que je pense à propos de l'autocensure des femmes : on ne peut pas se plaindre sans cesse de l'omnipotence des hommes et se laisser toujours freiner par nos doutes et nos culpabilités. Le pouvoir, il faut le prendre, s'en emparer. Pas pour le confisquer, pour en faire quelque chose.

– C'est l'une des phrases clés de votre livre : « Le pouvoir, c'est un permis de construire. » À la tête de *Elle*, vous le vivez ainsi ?

– J'essaie en tout cas. Observez le poids des mots : dans l'expression « prendre le pouvoir », il y a quelque chose de négatif, une connotation morale déplaisante, surtout dans nos sociétés européennes où l'humilité, la modestie et la discrétion sont des valeurs suprêmes – à l'inverse de la société américaine, où la moindre réussite est valorisée. Alors si ce pouvoir, vous le « prenez » en étant une femme, c'est encore pire : vous ne pouvez être qu'une horrible carriériste, la fille sans foi ni loi prête à tout pour arriver, l'intrigante aux dents qui rayent le parquet.

Moi je ne fais pas de politique, ni de réseau ni de carrière : j'essaie d'apporter des changements, de faire évoluer les choses dans le sens que je crois bon, de transformer, de moderniser, d'orienter le journal. Ça suppose des tâtonnements, des hésitations, des loupés, mais je suis convaincue qu'un chef sert à cela avant tout. C'est plus créatif que de simplement gérer le pouvoir pour le pouvoir. Ma légitimité, je ne la tire que de mon travail ; pas de mes origines, pas de mon milieu, ni de mes diplômes.

– Vos origines, justement : pouvez-vous nous raconter d'où vous venez, quelle fut votre vie durant l'enfance, vos modèles familiaux ?

– Je me sens d'abord le fruit d'une intégration réussie. Mes grands-parents paternels étaient des Arméniens rescapés du génocide, qui ont débarqué à Marseille au début des années 1920. Mon grand-père est mort avant ma naissance, mais ma grand-mère, elle, a été une figure importante pour moi. J'ai été très proche d'elle parce qu'elle a longtemps habité dans l'appartement situé au-dessus du nôtre – nous vivions à Paris, près de la place de la République – et j'ai passé du temps avec elle. Elle a connu le parcours classique de l'immigré, très modeste, travaillant chez elle, à longueur de journées, comme couturière pour des façonniers du Sentier.

Mon père était fils unique ; elle voulait surtout qu'il soit bien élevé et qu'il porte de beaux habits pour aller à l'école. Elle était loin des rêves d'ascension sociale ; elle voulait juste que son enfant ait une vie meilleure qu'elle, dans ce pays qui les avait accueilli et envers lequel, ils étaient très reconnaissants. Mon père a fait toutes sortes de métiers, dans le commerce, la banque, l'immobilier.

– Et votre mère, elle travaillait aussi ?

– Oui. Elle était professeur de français, latin et grec, issue de la « classe moyenne », comme on dit aujourd'hui : sa famille habitait Boulogne-Billancourt ; son père était ingénieur dans le bâtiment, sa mère ne travaillait pas, sauf à élever ses six enfants. Ma mère avait l'amour des lettres et ses parents l'ont accompagnée dans son désir de devenir enseignante – avoir une fille qui travaille ne les choquait pas. Et pour moi, qui la voyait penchée sur ses copies, le soir à la maison, c'était une image valorisante, cette mère qui travaillait.

– Et de vous-même, plus tard, quelle image vous faisiez-vous ? À quel métier songiez-vous ?

– À aucun. Je savais seulement que je n'avais pas envie d'être prof. Ma mère aurait sans doute rêvé que je fasse de grandes études, mais j'ai eu envie de voler de mes propres ailes très tôt. Pourtant, quand j'étais enfant, j'étais plutôt bonne élève ; j'ai même passé un bac scientifique alors que je n'avais de goût ni pour les maths ni pour la physique. Ensuite, j'ai traîné en fac sans projet précis – une année de langues O, une année d'histoire, langues O à nouveau... J'avais quitté la maison à dix-huit ans, je vivotais, habitant chez des copains, puis très vite avec mon futur mari, enchaînant les petits boulots – j'ai même été standardiste ! Je me disais que je verrais bien. C'est comme ça que, par hasard, j'ai commencé dans la presse.

– Où était-ce ?

– J'ai d'abord travaillé dans une agence de photos. Je rédigeais des légendes, je réceptionnais les reportages, je préparais les enveloppes pour les journaux... Puis j'ai écrit mes premiers articles dans un magazine qui s'appelait *Sept jours Madame*, lancé en 1984 par Hachette pour concurrencer *Femme actuelle*, qui connaissait un succès considérable. On m'a proposé des sujets, j'ai dit oui. Je ne savais pratiquement rien faire ; c'était vraiment ce qu'on appelle une formation sur le tas ! Je devais gagner 4 500 francs par mois, et à l'époque, ça suffisait à mon bonheur. C'est dire si je manquais d'ambition...

– Pourquoi avoir choisi la presse féminine plutôt que la presse généraliste ? La question des inégalités hommes-femmes vous attirait ?

– Alors là, pas du tout ! J'avais bien participé à quelques manifs, quand j'étais étudiante, mais sans autres convictions que celles de toutes les jeunes filles de mon âge. Non, la raison est moins flatteuse : j'étais uniquement guidée par la nécessité de gagner ma vie – même modestement – et je me sentais déjà mal à l'aise pour écrire des articles de conseils pratiques sur le maquillage ou le bronzage ; je me voyais encore moins postuler à *L'Express* ! J'étais une lectrice de la presse féminine – *Elle* bien sûr, mais aussi *Marie-Claire*, *Cosmo*, etc. – et j'apprenais en lisant comment écrire mes propres papiers. On me confiait un sujet, je le faisais. Je me débrouillais. Je bricolais. De cette façon, je me suis spécialisée, petit à petit, dans la rubrique Beauté.

Après la fermeture de *Sept jours Madame*, j'ai fait des piges à *Cosmopolitan*, à *Votre Beauté*, avant d'être embauchée à *Jours de France*, que Jacques Chancel tentait de relancer avec une nouvelle formule[1] – mon premier vrai emploi, mal payé, mais avec un statut de journaliste, de « rédactrice Beauté » comme on disait à l'époque. Et puis le journal s'est planté, j'ai repris les piges et j'ai atterri à *Elle*, où j'ai commencé à faire mon trou. Si bien qu'après la naissance de mon premier fils, en 1989, le rédacteur en chef, Jean-Dominique Bauby[2], m'a demandé de collaborer plus régulièrement au magazine. C'est à lui que j'ai proposé, avec une amie journaliste, une nouvelle rubrique : une page de conseils pour vivre mieux en économisant de l'argent, qu'on a baptisé « Système Elle ».

– Vous y êtes allée au culot ? Vous parliez tout à l'heure de la peur ; vous ne l'avez pas ressentie, sur le coup ?

– C'est différent. J'avais sans doute le trac mais je n'avais pas grand-chose à perdre. Au pire, il m'aurait répondu : « Continue à faire tes papiers et laisse-moi diriger le journal comme je l'entends. » Ça n'aurait pas été bien grave. Mais j'ai eu la chance d'être souvent au bon endroit au bon moment. On m'a fait confiance. La trouille, elle vient après, une fois qu'on vous a confié le job. J'y ai toujours répondu en me disant : « Tu as dit que tu le ferais, fais-le. Fonce. »

1. En 1986.
2. Jean-Dominique Bauby (1952-1997). Rédacteur en chef de *Elle* de 1991 à 1995, il fut victime d'un locked-in syndrome et raconta son calvaire dans un livre, *Le Scaphandre et le Papillon* (Robert Laffont, 1997), qu'il dicta par clignements d'une paupière.

– Mais la chance de recueillir cette confiance, c'est bien vous qui l'avez provoquée, elle n'est pas venue par hasard !

– C'est vrai, j'ai toujours été active. J'ai toqué à la porte pour faire savoir que j'avais des idées, des propositions. Voilà comment, pour avoir lancé quelques suggestions sur le traitement de la beauté dans un brainstorming où on m'avait demandé de jouer la candide, je me suis retrouvée nommée chef de service pour rénover la rubrique. Sur le coup, je n'avais pas d'ambition précise – je m'imaginais juste préparer une note pour Jean-Dominique Bauby et me la faire payer comme un article ! Il m'a dit : « Pas question. Ce sont vos idées, c'est à vous de les appliquer... » De la même manière, c'est Anne-Marie Périer[1] qui m'appellera, par la suite, pour me confier un poste de rédactrice en chef adjointe des pages Mode du journal.

– Ce n'était pourtant pas votre spécialité à l'époque ?

– Pas du tout mais, précisément, elle m'a dit qu'elle cherchait un regard neuf sur l'expertise de la mode dans *Elle*, qu'elle jugeait trop figée, trop élitiste. Bien sûr que j'ai pensé : « Mais qu'est-ce que j'y connais, à la mode ? » Mais ni plus ni moins que je ne me suis demandée : « Est-ce que je saurai diriger un maga-

1. Fille du comédien François Périer, Anne-Marie Périer-Sardou a été rédactrice en chef de *Elle* de 1984 à 1992, puis directrice de la rédaction jusqu'en décembre 2001. Valérie Toranian lui a succédé.

zine ? » quand elle m'a proposé la rédaction en chef... Quand elle m'a invitée à déjeuner pour m'offrir le poste, j'étais pétrifiée ! J'ai accepté, je me suis lancée et j'ai appris à faire ce job... en le faisant. Je lui ai simplement glissé : « Si j'explose en vol, qu'est-ce que je deviens ? »

– Et elle n'a rien répondu, bien sûr !

– Bien sûr que non. C'est l'une des choses que j'ai apprises à l'usage. On ne répond jamais à ce genre de question. De même que personne ne vous forme jamais aux responsabilités qu'on vous confie. J'ai passé des heures avec les maquettistes, avec les photographes, j'ai réfléchi au visuel, à la mise en scène, je me suis efforcée de comprendre le métier de directeur artistique. J'ai fait plein d'erreurs, j'ai progressé. Et je continue d'apprendre.

– En cela, vous vous distinguez nettement de la plupart des femmes de pouvoir, ou du moins de celles qui exercent des responsabilités importantes. On sent chez elles une prédisposition à savoir mieux que les autres. Vous semblez n'avoir jamais éprouvé un tel sentiment...

– En effet. Moi, je n'ai pas l'impression de savoir. Ces femmes-là ont des parcours d'excellence qui n'ont rien à voir avec le mien. Être toujours la première, c'est leur façon de faire leurs preuves. Ma manière à moi, c'est de rester en mouvement, de n'être jamais passive.

– Mais pour diriger les autres, n'est-il pas nécessaire de savoir ce qu'ils ne savent pas ?

– Si, il faut savoir décider. Dans ma fonction, je tranche ; mais je ne sais rien. J'apprends. J'essaie. Parfois, je me trompe. Et j'ai la chance extraordinaire de pouvoir mesurer le résultat : le journal paraît toutes les semaines, on y voit, à longueur de pages, ce qui fonctionne et ce qui ne fonctionne pas. Il y a tant de métiers où il est presque impossible de « faire bouger les lignes », comme dit Laurence Parisot. Moi, je suis condamnée à une remise en question hebdomadaire, qui oblige à progresser sans cesse, à s'adapter.

C'est d'ailleurs en accord avec mon tempérament : je préfère être jugée sur des résultats que sur des relations, des réseaux, un mode de comportement dans les réunions... Le pouvoir de réaliser, ce « permis de construire » dont j'ai parlé, il peut se diluer dans les jeux de pouvoir. Moi, je reste calée sur mon objectif : pourquoi m'a-t-on nommée ? Qu'attend-on de moi ? Comment puis-je m'améliorer encore ? Derrière ces questions, il y a de l'insécurité. J'ai tendance à penser que beaucoup de femmes la ressentent comme moi. C'est peut-être pour cela qu'en général, elles passent moins de temps à entretenir leur réseau – pas parce qu'elles seraient moins « politiques » que les hommes, mais parce que seul le travail et les résultats concrets peuvent les rassurer.

– Et l'exercice du pouvoir au quotidien, peut-on l'apprendre ?

– J'ai appris à être un supérieur, à arbitrer les litiges, à avoir la responsabilité du travail des autres – ce qui inclut le devoir d'affecter chaque personne au poste où elle pourra donner le meilleur d'elle-même. Je ne sais pas si c'est cela, le pouvoir, mais disons que ce sont les obligations d'un chef. À l'usage, j'ai aussi constaté que face à moi, les gens peuvent se montrer différents de ce qu'ils sont hors ma présence. Sans oublier l'une des leçons principales : le chef ne peut pas se faire aimer de tout le monde et donc, même dans la presse – et plus encore dans une rédaction majoritairement composée de filles –, il est très difficile de rester dans une relation de copinage, affective et sympathique, avec ceux sur qui vous disposez d'une autorité hiérarchique. C'est parfois dur à admettre, parce que ça vous condamne à un certain isolement, mais c'est ainsi.

– Souvent, les promotions et la réussite suscitent en outre les jalousies, les commentaires déplaisants sur le thème : « Sa vie privée est un désastre », « ses enfants sont à l'abandon »... L'avez-vous vécu ?

– Je ne sais pas si on a pu dire de telles choses sur moi mais je n'ai pas besoin de ces insinuations pour être dans la culpabilité. Je corresponds trait pour trait au profil type de la femme qui se jure, tous les 1er janvier, qu'elle rentrera à 19 heures le soir à la maison et qui n'y arrive jamais. Accepter de diriger les autres, c'est un choix. Si je prends les responsabilités qu'on me propose, je sais que je serai à mon bureau jusqu'à 20 heures et que je ne pourrai pas faire mieux que de sauver quelques instants pour les enfants, essayer d'être là les week-ends – et encore pas tous – et dans les moments importants. Bref, que malgré tous mes efforts d'organisation, je serai globalement une mère-qui-n'est-pas-suffisamment-là et ça, croyez-moi, ça me travaille assez pour que je ne me préoccupe pas de ce que peuvent dire ou penser les autres de moi.

– N'est-ce pas une différence majeure avec les hommes qui pèse sur la carrière des femmes ? Eux éprouvent rarement cette forme de culpabilité...

– Bien sûr que c'est une différence, mais que peut-on y faire ? Le rapport que nous avons à nos enfants, à la maternité, à notre position de femme, est ainsi fait. Certaines femmes qui ne travaillent pas culpabilisent tout autant quand leur enfant est en échec scolaire ou qu'il a des comportements violents. Cette culpabilité est au fond du cœur des femmes ; aucun traitement social, aucune loi ne pourra l'en faire disparaître.

– La société dans laquelle nous vivons n'entretient-elle pas ce sentiment de culpabilité ? Après tout, dans certaines civilisations antiques, les femmes laissaient leurs enfants aux esclaves pour prendre des responsabilités dans la Cité...

– Le regard des autres, en effet, n'est pas indifférent. Il accentue, parfois il manipule les sentiments. Et les remarques de l'institutrice ou du directeur d'école sur les cahiers qu'on oublie de signer le soir et les devoirs qu'il faudrait faire avec votre enfant – « Rappelez-vous, la dernière fois, quand vous aviez trouvé un moment, il était transformé... » – n'aident pas à garder confiance. Beaucoup d'entre nous portent un jugement sévère sur elles-mêmes et s'installent dans l'ambivalence : elles voudraient être des femmes et des mères exemplaires mais à chaque alerte, elles se reprochent de ne pas s'en donner tous les moyens.

Il y a quelque chose de touchant dans le parcours de cette génération – dont je suis – qui a voulu prendre des responsabilités et s'épanouir dans le travail tout en s'efforçant de résoudre les problèmes de vie privée qui en découlaient. C'était un sacré défi et il faut avouer que, pour nous, cette difficulté était stimulante ; il y avait comme une jubilation à affronter les idées reçues, à bousculer l'ordre social établi, à se mettre à l'épreuve. Pas forcément pour faire carrière, d'ailleurs : ce que je dis vaut aussi pour la jeune employée qui prend son RER pour filer au bureau après avoir laissé ses petits à la crèche ; elle souffre mais elle y arrive, et elle se dit fièrement : « Nous, les femmes, on y arrive toujours. »

– Et le couple, comment survit-il à cette épreuve ? Vous-même avez divorcé. La réussite professionnelle a-t-elle pesé sur votre relation avec votre mari ?

– Sans doute en partie. Dans tout ce que nous devons gérer pour harmoniser nos vies, l'une des difficultés principales est de garder une place pour la vie privée – et, dans ce cadre, pour la vie de femme, que beaucoup ont tendance à sacrifier par rapport à la vie de mère. J'ai connu mon mari très jeune, j'ai forcément changé au fil des ans. Mais je ne suis pas sûre que ce soit mon parcours professionnel qui m'ait le plus changée.

– Le journal que vous dirigez, *Elle*, a-t-il selon vous un rôle particulier à jouer au service de la cause des femmes ?

– Je ne le dirais pas en termes aussi politiques. Je pense que nous sommes avant tout les reporters des évolutions sociales qui affectent la vie des femmes : nous montrons ce qui change, dénonçons parfois ce qui ne change pas, mettons en valeur les femmes qui réussissent, donnons la parole à celles qui souffrent et qui s'interrogent. C'est cela, le *Elle* dont nous sommes – nous qui le faisons chaque semaine – les héritières, celui d'Hélène Lazareff et de Françoise Giroud. Cela dit, attention : nous ne faisons pas un journal féministe militant ; nous faisons un journal féminin, avec une vraie conscience de femme.

– Expliquez-nous la différence.

– Nous avons des combats, notre engagement au côté des femmes d'Afghanistan[1] en témoigne, et bien plus

1. Le 30 avril 2001, pour la première fois de l'histoire du journal, la femme qui faisait la couverture de *Elle* n'avait pas de visage : son tchadri le dissimulait entièrement. L'intégralité du magazine était consacré au martyre des femmes afghanes sous le régime des talibans, martyre qualifié de « crime contre l'humanité » par la rédaction. Par la suite, *Elle* lancera *Roz*, un magazine féminin à destination des Afghanes.

encore notre traitement de l'affaire du voile islamique[1], qui a été pour moi une vraie révélation de l'importance de la question des femmes dans la société française d'aujourd'hui. Mais le vrai secret de fabrication du *Elle*, ce qui a toujours fait son succès, c'est un dosage subtil entre le fond et la forme, les sujets de société et de mode, la réflexion et la beauté, un certain engagement et une vraie légèreté. Dans *Elle*, nos lectrices doivent trouver aussi bien ce qui les fait penser que ce qui les fait rêver. Même dans les années 1970, quand le journal posait dans chaque numéro les grandes questions de cette époque, la liberté sexuelle, l'orgasme, le point G, le viol, il y avait en même temps la mode, la beauté, la déco et les fiches-cuisine ! Notre identité est dans ce mélange parce que nous cherchons sans cesse à réconcilier les deux parts de la femme : la part de féminisme qui est en nous, avec nos irritations et nos révoltes, et la part de féminité, qui renvoie à nos envies d'être belles, d'être drôles, de séduire. D'ailleurs, j'ai observé que les hommes qui ont été rédacteurs en chef du *Elle* ont toujours eu envie, en arrivant, de ranger les sujets d'une façon très classique : les articles de société, les reportages, les sujets légers, la mode... Moi, j'essaie au

1. Le 8 décembre 2003, le magazine *Elle* lançait une pétition pour demander au président de la république Jacques Chirac de faire adopter par le Parlement une loi interdisant tous les signes visibles religieux à l'école et dans les services publics. « Le voile islamique nous renvoie toutes musulmanes et non musulmanes à une discrimination envers la femme qui est intolérable », pouvait-on lire dans la pétition, signée par de nombreuses personnalités. La loi finalement adoptée le 15 mars 2004 interdit le port de signes manifestant une appartenance religieuse dans les établissements scolaires publics.

contraire de perpétuer ce mélange dont je me sens la garante, presque la gardienne du temple...

– Le féminisme vous paraît-il dépassé ?

– Le tout est de savoir qui porte aujourd'hui en France le combat féministe. J'ai malheureusement l'impression que celles qui font le plus de bruit ont une grille de lecture qui n'a pas changé depuis les années 1970, marquée par l'idéologie d'extrême gauche. Elles continuent à prôner la lutte des sexes comme prolongation de la lutte des classes, elles dénoncent la féminité comme un asservissement de la femme, elles font de l'homme un ennemi au même titre que le patron ! Et le 1er Mai, elles défilent avec la Ligue communiste révolutionnaire...

C'est cette radicalisation que je critique, pas le féminisme en lui-même, qui a permis de grandes avancées pour les femmes. Depuis les grands combats qu'ont suscités la légalisation de l'avortement, l'avènement de la contraception ou la pénalisation du viol, je regrette que les mouvements féministes se soient détournés de l'essentiel. Regardez les Chiennes de gardes : elles sont capables de hurler quand les Galeries Lafayette mettent des filles dans les vitrines mais elles se taisent sur ce qui se passe dans les banlieues parce qu'il paraît qu'en parler ferait le jeu de l'extrême droite. C'est nul !

– Pourquoi disiez-vous que l'affaire du voile avait été un révélateur pour vous ?

– Elle a provoqué un grand débat de société comme la France n'en avait plus connu depuis longtemps. Tout le monde en parlait, se disputait, changeait d'avis... Et moi, cette controverse, je l'ai vécue comme un puzzle qui se mettait en place sous mes yeux, un moment où ma conscience de journaliste rencontrait ma conscience de femme. J'ai trouvé intolérable que l'on pose exclusivement la question du foulard en termes identitaires et religieux. La question était ailleurs : peut-on accepter, ici et maintenant, après tout ce que les femmes ont conquis de droits et de libertés, que des filles portent sur leur corps, dans le sanctuaire républicain de l'école, un morceau de tissu qui n'est rien d'autre qu'un symbole de l'infériorité des femmes ? Mais les féministes traditionnelles ne l'ont pas posée de cette façon – pas plus que les partis politiques, d'ailleurs – et je continue de penser qu'il y avait, dans cette espèce d'aveuglement, une indication forte de l'état du débat sur la question des femmes dans notre pays.

– La candidature de Ségolène Royal à l'élection présidentielle a-t-elle livré, selon vous, d'autres indications ?

– Elle a apporté une vertu d'exemplarité. J'ai dit combien j'étais persuadée que les femmes ne doivent pas être effrayées par le pouvoir : elle ne l'a pas été, elle s'est lancée pour gagner et ça, c'est une chose qui restera. Maintenant, il y a aussi des choses qui m'ont gênée dans sa campagne : on ne peut pas avoir répété pendant des années qu'un homme n'a pas de qualités supérieures pour occuper des postes et soudain inverser le raisonnement pour considérer qu'une candidate incarnerait mieux qu'un homme le changement, la proximité et le pragmatisme. Nous sommes des femmes, mais nous sommes aussi des citoyennes ; nous avons notre pensée, nos convictions, notre conscience politique. Autrement dit, nous ne votons pas pour une femme parce qu'elle est une femme.

– Vous lui reprochez d'avoir cherché à susciter en sa faveur un vote féminin ?

– Il n'y a pas de vote féminin et c'est tant mieux ! Parce que ce ne serait jamais qu'une forme de communautarisme. Toutes les femmes ne sont pas attaquées lorsque Ségolène Royal est attaquée ; de même que l'échec d'une seule ne suffit pas à disqualifier toutes les autres... Les attaques machistes dont elle a été l'objet pendant la campagne interne au Parti socialiste l'ont servie et il est vrai qu'elles étaient ignobles – Angela Merkel aussi en a subi en Allemagne et, à présent, plus personne n'en parle. Mais la victimisation est un danger qui menace la condition des femmes. On ne peut pas vouloir prendre les places, tout bousculer sans état d'âme et, à la première difficulté, se réfugier dans un statut de victimes. Ça, c'est le contraire du féminisme tel que je le conçois.

Qui sont-elles ?

Michèle Alliot-Marie, femme politique, ancienne présidente du RPR, ministre de l'Intérieur.

Fadela Amara, femme politique, fondatrice de l'association Ni putes ni soumises, secrétaire d'État chargée de la politique de la Ville.

Armelle Carminati-Rabasse, consultante, responsable des ressources humaines et de la diversité du groupe Accenture dans le monde.

Arlette Chabot, journaliste, directrice générale adjointe chargée de l'information de France 2.

Teresa Cremisi, éditeur, présidente de Flammarion.

Mercedes Erra, publicitaire, coprésidente de Euro-RSCG Worldwide.

Élisabeth Guigou, femme politique, députée, ancien ministre.

Claudie Haigneré, médecin, chercheur et astronaute, ancien ministre.

Valérie Hermann, chef d'entreprise, présidente de Yves Saint Laurent.

Anne-Marie Idrac, chef d'entreprise, ancien ministre, présidente de la SNCF.

Eva Joly, magistrate, ancien juge d'instruction, conseillère spéciale du gouvernement de Norvège pour le développement et la lutte contre la criminalité économique.

Cathy Kopp, ingénieur, ancienne présidente d'IBM France, directeur général des ressources humaines et du développement durable du groupe Accor.

Christine Lagarde, avocat, femme politique, ancienne présidente du cabinet américain Baker & McKenzie, ministre de l'Économie et des Finances.

Anne Lauvergeon, ingénieur, chef d'entreprise, ancienne secrétaire générale adjointe de l'Élysée, présidente d'Areva.

Martine Monteil, commissaire de police, ancien chef de la Brigade criminelle, directeur général de la Police judiciaire.

Véronique Morali, chef d'entreprise, présidente de Chanel SAS, fondatrice et présidente de l'association Force Femmes.

Nicole Notat, enseignante, syndicaliste, ancienne secrétaire générale de la CFDT, fondatrice et présidente de l'agence de notation Vigeo.

Laurence Parisot, politologue, chef d'entreprise, présidente du Medef.

Perrette Rey, chef d'entreprise, présidente du tribunal de commerce de Paris et de la Conférence des juges consulaires de France.

Valérie Toranian, journaliste, directrice de la rédaction du magazine *Elle*.

Table

Pour l'éditeur, le principe est d'utiliser des papiers composés de fibres naturelles, renouvelables, recyclables et fabriquées à partir de bois issus de forêts qui adoptent un système d'aménagement durable.

En outre, l'éditeur attend de ses fournisseurs de papier qu'ils s'inscrivent dans une démarche de certification environnementale reconnue.

Cet ouvrage a été composé par
Nord Compo à Villeneuve-d'Ascq

Impression réalisée sur CAMERON par
BRODARD ET TAUPIN
La Flèche

pour le compte des Éditions Stock
31, rue de Fleurus, 75006 Paris
en septembre 2007

Imprimé en France
Dépôt légal : octobre 2007
N° d'édition : 93213 – N° d'impression : 43779
54-07-6025/8